개정판

교본해설

레지오 마리애 길잡이

김영대 지음

성바오로

A Guide for Legio Mariae

Kim Yeong Dae

Copyright © 2000 by Kim Yeong Dae
Published by ST PAULS, Seoul, Korea

ST PAULS
20, Ohyeon-ro 7-gil, Gangbuk-gu, Seoul, Korea
Tel 02-944-8300, 02-986-1361 Fax 02-986-1365

국립중앙도서관 출판시도서목록(CIP)

(교본해설)레지오 마리애 길잡이 / 김영대 지음. — 개정판. —
서울 : 성바오로, 2005
  p. ;   cm

ISBN 978-89-8015-408-1
ISBN 89-8015-408-9

238.24-KDC4
248.482-DDC21   CIP2005001047

차례

책 머리에 · 5
추천의 글 · 8
레지오 마리애 창설 70주년 기념 특별 강론 · 12
새 교본의 내용을 잘 이해하기 위하여 · 18

제1장 명칭과 기원/27
제2장 레지오의 목적/40
제3장 레지오의 정신/44
제4장 레지오의 봉사/61
제5장 레지오 신심의 개요/72
제6장 성모님에 대한 레지오 단원의 의무/86
제7장 레지오 단원과 성삼위/99
제8장 레지오 단원과 성체/108
제9장 레지오 단원과 그리스도 신비체/121
제10장 레지오 사도직/127
제11장 레지오의 기본 요소/140
제12장 레지오의 외적 목표/148
제13장 단원의 자격/154
제14장 쁘레시디움/160
제15장 레지오의 선서문/175
제16장 일반 행동단원 이외의 단원 등급/179

제17장 세상을 떠난 레지오 단원들의 영혼/189
제18장 쁘레시디움 회합의 순서/198
제19장 회합과 단원/218
제20장 레지오의 조직과 규율은 바꿀 수 없다/233
제21장 나자렛의 성가정/238
제22장 레지오의 기도문/251
제23장 레지오 기도문은 변경하지 못한다/261
제24장 레지오의 수호성인들/264
제25장 레지오의 그림/281
제26장 뗏세라/286
제27장 레지오의 벡실리움/290
제28장 레지오의 관리/296
제29장 레지오 단원의 충성/310
제30장 행 사/314
제31장 레지오 확장과 단원 모집/325
제32장 예상되는 반대 의견/329
제33장 레지오 단원의 의무/336
제34장 쁘레시디움 간부들의 임무/348
제35장 자 금/358
제36장 특별한 언급이 필요한 쁘레시디움/362
제37장 활동의 예와 방법/369
제38장 빠뜨리치안회/399
제39장 레지오 사도직의 주안점/409
제40장 모든 피조물에게 복음을 선포하여라/435
제41장 그 가운데에서 으뜸은 사랑입니다/446

책 머리에

 교회 발전에 헌신하는 전국의 단원 여러분 가정에 성모님의 은총이 가득하시기를 기원합니다. 새 교본의 출판에 따라 교본 공부에 도움이 되도록 쓴 '레지오 마리애 길잡이'를 필독하면 여러분의 교본 공부에 큰 도움이 될 것이며 단원생활에도 위로와 격려가 될 것입니다.
 조국과 아시아를 복음화하고 세계를 하느님께 봉헌하고자 하시는 성모님은 당신의 착한 군대인 레지오의 강한 대열을 갈망하고 계십니다. 그러므로 레지오 사도직의 스승인 '프랭크 더프'가 교본에서 가르쳐 준 규칙에 따라 레지오는 관리, 운영되어야 합니다.
 레지오 단원의 기본 임무 중 첫번째는 교본 공부를 철저히 하는 것입니다. 레지오의 정신과 조직을 잘 이해하지 못하면 훌륭한 단원으로 성장할 수가 없기 때문입니다. 교본 공부를 강조하는 것은 튼튼한 기초를 다져서 그 위에 레지오 신심의 집을 짓자는 것입니다.

레지오 정신과 목적, 그리고 조직의 원리에 대해서 잘 이해하지 못한 상태에서는 활동의 결과를 기대할 수 없으며 이는 마치 모래 위에 큰 건물을 지으려고 하는 것처럼 헛된 일입니다. 왜냐하면 레지오에 대한 지식을 쌓아야 레지오의 조직이 튼튼해지고 알찬 활동의 결실도 맺을 수가 있기 때문입니다.

세계 각국에서 레지오가 한결같이 교본의 원칙을 지키며 일치된 모습으로 활동하고 있음을 자랑스럽게 생각합니다. 작은 섬나라의 수도 더블린에 자리한 꼰칠리움이 전세계의 레지오를 관리하는 모습은 우리에게도 큰 감명과 교훈이 되고 있습니다.

레지오는 성모 마리아의 벡실리움 깃발 아래서 일치와 결합, 협력, 사랑, 순종의 신앙 공동체와 유대를 실감할 수 있어야 합니다. 레지오는 지역적인 특별한 사정이 있다 하더라도 교본대로 관리, 운영되어야 합니다.

전세계의 레지오는 오직 하나입니다. 레지오의 위력을 오도하고 일치를 흔드는 행위는 성모님에게 대한 불충스런 행위이므로 절대로 있어서는 안 됩니다.

레지오의 성인 루도비코 마리아께서는 "예수 그리스도의 법을 지키지 않는 사람은 그리스도인이 아닌 것과 같이 수도자도 자기 수도회의 규칙을 지키지 않으면 수도자가 아닙니다."라고 했는데 오늘날 단원들이 마음에 되새겨야 할 교훈입니다.

또한 십자가의 성 요한은 "규칙을 지키는 데 용감하고 굳세십시오. 규칙이 그대들의 영광이 될 것입니다."라고 했습니다.

새 교본에 따른 규칙을 익히고 정성을 다하는 착하고 충성스런 단원이 되어 성모님의 사랑과 은총을 넘치도록 만끽하기 바랍니다.

단원은 레지오의 길잡이인 교본을 여러 번 반복해서 읽고 온전히 소화시켜 영양소로 만들어 가슴에 축적해 두어야 합니다. 즉 레지오의 정신과 목적 및 조직의 관리와 운영에 대해서 확실하게 알고 있어야 한다는 뜻입니다.

「레지오 마리애 길잡이」가 나오기까지 조언과 지도를 해주신 여러 사제와 동료들에게 감사드립니다.

2000년 5월 31일

한국 레지오 마리애 도입 47주년에

김영대(루도비코)

추천의 글

성모님의 정신으로 순명하고 교회 발전에 봉사하는 레지오 단원 여러분에게 격려와 위로를 드립니다. 레지오 마리애는 한국 교회의 자랑이며 복음화의 큰 힘입니다.

더욱 분발해서 레지오 사도직 수행에 정성을 다하기를 부탁드립니다.

여러분은 레지오의 모든 회합과 활동에 있어서 교본의 정신과 규율에 따라 겸손한 봉사와 협력의 기풍을 더욱더 진작시켜 나가야 합니다.

레지오가 전세계에서, 그리고 또 특별히 한국에서 이처럼 활발하게 활동을 하고 성공적으로 사도직을 펴나가는 비결이 무엇이겠습니까?

저는 무엇보다도 기도의 힘이라고 생각합니다.

예수님의 생애를 보면 예수님께서도 아버지 하느님의 뜻을 받들어서 이 세상 구원의 성업을 완수하시기 위해 참으로 열심히 기도하신 것을 알 수 있습니다.

당신의 전도생활을 시작하면서 40일 동안 광야에 나가 재를 지키면서 기도하셨고, 전도여행을 하는 동안에도 늘 기도하셨고, 또 제자들을 양성하는 여러 중요한 계기에는 특별히 기도를 하셨습니다.

열두 사도를 선발하기 전에는 산에 올라가서 밤새워 기도하셨고, 제자들에게 수난의 예고를 시작할 때에도 기도 중에 곰곰이 생각하셨던 것으로 나타납니다.

제자들이 전교여행에서 돌아와서 그들의 활동 결과를 보고했을 때는 예수님께서 기쁨에 넘쳐 하느님을 찬미하는 기도를 바치셨습니다.

타볼산에서는 기도하는 중에 당신의 거룩한 모습을 보여 주심으로써, 제자들이 주님의 수난을 보면서 받게 될 마음의 충격에 미리 대비시켜 주셨습니다.

게쎄마니 동산에서 지극한 고뇌 중에 바친 기도는 아버지께 달려드는 절규였습니다.

또 십자가상에서는 극심한 고통과 번민 중에 아버지를 향해 "주님, 어찌하여 나를 버리셨나이까?" 하고 부르짖으며 비탄의 기도를 바치셨습니다.

예수님은 아버지 하느님의 뜻만을 찾고 또 그 뜻을 받들어 실천할 영성적 힘을 얻기 위해 열심히 기도를 하셔야 했습니다.

기도하지 않고서는 당신께 맡겨진 그 위대하고도 어려운 사명을 완수할 수가 없으셨던 것입니다. 그리고 마지막 만찬에서는 앞으로 당신을 이어서 하느님의 구원사업을 계속해 가야 할 사도들이, 하느님 안에 항상 일치해 있으면서 거기서 모든 힘을 얻게 되도록 제자들을 위해 간절한 기도를 길게 바치셨습니다.

이 세상에서 그리스도의 사도직을 수행해야 하는 우리들은 마땅히 기도 중에 주님과 깊은 일치를 이루고 살아야 합니다.

예수님께서 부활 승천하신 다음에 제자들과 성모님은 한자리에 모여서 열심히 기도하는 중에 성령을 받았고 그때부터 용감하게 유다인들에게 예수 그리스도를 증언하기 시작했던 것입니다.

참으로 열렬한 기도가 없이는 우리의 사도직 활동이 지탱될 수 없고 또 소기의 목적을 달성할 수도 없습니다.

비록 이 세상의 여러 종교들이 서로 다르고 아직 온전치 못한 요소들이 섞여 있기도 하지만 그 종교의 신봉자들이 막연하게나마 어떤 초월자의 섭리를 믿고 그분의 힘에 의지하는 기도를 바치는 것은 그 나름으로 큰 보람이 있는 것이고, 인류의 회개와 일치를 위해 기여하는 것이 될 수 있는 것입니다.

단원 여러분이 헌신적 봉사를 다할 수 있기 위해서는 무엇보다도 기도에 의탁해야 합니다.

모든 단원들은 묵주기도와 까떼나 봉송을 정성껏 바치고 평소의 기도생활에도 열성을 다 하십시오.

우리는 기도로써 오늘의 세상을 성화하고 개혁할 수 있습니다.

기도는 가장 기본적인 믿음의 행위입니다.

예수님은 우리에게 겨자씨만한 믿음만 있어도 산을 옮길 수 있다고 하셨습니다.

기도로 표현되는 우리의 믿음이 세상을 변혁시키고 완성하시는 하느님의 능력과 은혜를 받을 수 있도록 우리 마음을 열어 주고, 굳세게 해줄 것입니다.

오랫동안 레지오 사도직에 봉사해 온 김영대(루도비코) 형제가 새 교본의 길잡이를 펴내게 되어 교본 공부에 도움이 되리라고 생각합니다.

대희년, 은총의 해에 단원 여러분 가정에 주님의 평화가 함께 하시기를 축원합니다.

2000년 8월 15일
성모승천 대축일에
한국 중재자이신 마리아 세나뚜스
총재 대주교 윤공희(빅토리노)

레지오 마리애 창설 70주년 기념 특별 강론

친애하는 형제 자매 여러분,

우리는 오늘 레지오 마리애 창립 70주년을 맞이하여 이를 기리는 미사를 봉헌하고 있습니다. 단원 여러분에게 진심으로 축하합니다. 창립 이래 지난 70년 동안 전세계 레지오 마리애가 인류 복음화와 세계평화를 위하여 기도와 봉사로써 이룩한 공은 참으로 말로써 표현할 수 없을 만큼 크다고 하지 않을 수 없습니다. 요즘 무신론적 공산주의의 종주국인 소련에서는 74년간 하느님을 부인하면서 종교를 말살해 오던 일당 독재의 공산당이 해체되고 소련 연방 자체가 와해되어 가고 있습니다. 이것은 실로 역사에 큰 획을 긋는 혁명입니다. 그리고 공산주의에 물든 러시아의 회개를 위하여 기도하라는 파티마 성모님의 분부에 따라서 온 세계의 많은 신자들, 특히 레지오 마리애 단원들이 지난 70년간 열심히 묵주기도를 바쳤기 때문입니다.

우리나라에서도 레지오 마리애는 1953년 도입된 이래 오늘까지 38년간 개개인의 성화와 교회의 내적 신장, 그리고 민족 복음화에 크게 기여했습니다. 특히 지난 10년간 우리는 선교 2백 주년과 세계 성체대회를 교황 성하를 모시고 뜻 깊게 거행하였고, 그런 가운데 우리나라 신자 수는 1백 32만에서 2백 75만으로 배가 되었습니다. 이것은 하느님의 은총이요 성모님의 도우심이지만 레지오 마리애 단원 여러분의 기도와 봉사에 힘입은 바 크다 해도 과언이 아닐 것입니다. 오늘 이 자리를 빌려서 기도와 봉사에 열심히 해준 여러분 모두에게 진심으로 감사드립니다.

그런데 우리가 오늘 여기 모인 것은 과거를 회상하고 업적을 자랑하기 위해서가 아닙니다. 레지오 마리애의 세를 과시하기 위해서는 더더욱 아닙니다. 오늘 이 모임의 취지는 지난 세월에 받은 하느님의 은총과 성모님의 도우심에 감사드리면서, 우리 모두 레지오 단원으로서 우리 믿음을 새롭게 하고 우리 모두의 뜻과 힘을 합하여 더욱 열심히 봉사하기 위해서입니다. 무엇보다 먼저 우리 각자가 성모님을 본받아 진실한 신앙인이 되고, 그 신앙에 살며, 그 신앙을 더욱 힘차게 말과 행실로 증거하는 사람이 되기 위해서입니다.

레지오 마리애는 여러분이 잘 아는 바대로 지금으로부터 70년 전 바로 오늘, 즉 1921년 9월 7일 성모님의 탄생 전날 저녁에 창설자 프랑크 더프 씨와 뜻을 같이 하는 15명의 신자들이 아일랜드 더블린 시에서 모임으로써 조촐히 시작되었습니다. 누구도 이 모임이 오늘날 세계에서 제일 큰 사도직 단체로 성장하리라고 내

다보지 못했습니다. 그것은 처음에는 예수님께서 하늘나라에 비유한 작은 겨자씨에 불과했습니다. 그러나 거기에는 레지오의 생명인 성령이 함께 계셨고 성모님의 각별한 도우심이 있었습니다. 그 때문에 이 겨자씨는 자라서 오늘날 레지오 마리애를 교회 내에서 세계적으로 가장 크고 가장 강한 평신도 단체가 되게 했고, 철의 장막 공산세계를 무너뜨리면서 인류 복음화와 세계평화를 이룩해 가는 막강한 성모님 군단을 이루게 했습니다.

레지오 마리애의 힘이 얼마나 큰지 지난 세월 수많은 레지오 마리애 순교자들을 낸 중국에서는 천주교 신부 한 사람을 1개 사단 병력과 같다고 하고, 레지오 마리애 단원 한 사람은 공산군 1개 중대와 맞먹는 신령한 힘을 가졌다고 탄복했다고 합니다. 이런 큰 힘을 가진 레지오가 우리나라에서는 행동단원과 협조단원을 합하여 무려 39만 명을 헤아리고 있습니다. 그 중 서울 세나뚜스만 23만 8천 4백 44명입니다. 참으로 감사스러운 일입니다. 여러분이 열심히 신앙생활을 하고 사랑을 실천하면서 이 땅의 평화를 위하여 기도하면 민족 복음화와 함께 이 땅에서도 공산세력과 그 장벽은 무너질 것이요, 7천만 동포가 갈구하는 평화통일도 이룩될 것입니다.

왜 레지오 마리애가 이렇게 힘이 셉니까? 헤아릴 수 없이 많은 사람들을 주님께로 이끌고 공산주의 철의 장막을 무너뜨린 그 힘은 어디서 옵니까? 돈입니까, 권세입니까, 지식입니까? 아닙니다. 그것은 세속적 의미의 힘이 아닙니다. 그것은 정신의 힘, 영의 힘이며 믿음과 겸손 그리고 사랑입니다. 성모님처럼 하느님을 전적으로 믿고 그 하느님 뜻에 겸손되이 자신을 아낌없이 내맡기는 데에, 그리고 헌신적으로 이웃을 사랑하는 데에, 레지오 마리애의 힘이 있습니다. 이것은 곧 온 세상 모든 인간을 죄와 죽음에서 구하기 위하여 당신 자신을 남김없이 바치신 그리스도의 힘 바로 그것입니다.

저도 그렇고, 한국의 주교님과 모든 사목자들이 모두 레지오 마리애를 참으로 사랑합니다. 그 이유는 돈이 많은 신자, 세속적인 의미로 지식이나 지혜가 많은 신자, 지위가 높은 신자가 여기에 많아서가 아닙니다. 오히려 반대로 평범하고 소박하면서도 믿음이 강하고 겸손되이 기도와 활동으로 헌신적으로 봉사하는 신자가 여기에 많기 때문입니다. 참으로 믿음과 겸손과 사랑, 이것은 레지오 마리애의 정신이요 특성입니다. 그 때문에 레지오는 남녀노소를 불문하고 지식이나 지위의 고하, 신분상의 구별도 없이 누구나가 참여할 수 있는 보편성을 띠고 있습니다. 이같이 레지오는 성모님을 통하여 모든 이를 그리스도 안에 믿음과 사랑으로 하나되게 하는 견고한 유대입니다. 레지오 마리애 단원 여러분은 어떤 일이 있어도 이 특성을 잃지 않기를 간곡히 당부합니다.

저는 레지오 마리애가 우리나라에서 가장 큰 평신도 사도직 단체로 자랐다고 했습니다. 사실 40만이 가까운 평신도 단체는 달리 없습니다. 실로 막강합니다. 그러나 이것은 레지오 마리애에게 큰 유혹이 될 수 있습니다. 그것은 자기를 과시하고 자기 영광을 찾고 싶은 그런 유혹입니다. 그것은 복음에서 보듯이 예수께서 하느님의 아들로서 당하신 바로 그 유혹입니다. 저는 이런 유혹이 이미 현실적으로 우리의 마음속에 들어와 있다고 생각합니다. 우리는 물론 이 유혹을 이겨야 합니다. 그래서 저는 레지오 마리애 단원 여러분과 지도자 되시는 분들이 예수님의 겸손을 깊이 묵상하며 살기를 부탁드리고 싶습니다.

겸손은 무엇입니까? 어떤 분이 겸손을 설명하여 그것은 땅과 같다고 했습니다. 우리 발 아래 있는 땅은 모든 것 아래 있습니다. 땅은 자신을 완전히 열고 모든 것을 받아들입니다. 하지만 땅은 자신을 그렇게 열고 있기 때문에 하늘에서 내리는 태양과 빗물을 받아서 그 썩은 데서 새로운 생명이 싹트게 하고 30배, 60배, 100배의 열매를 맺게 합니다. 이것이 바로 예수님의 겸손입니다. 그분은 실로 우리 모두의 죄와 나약까지도 다 당신의 가슴에 품으셨습니다. 우리 모두를 살리기 위하여 당신은 죽으셨습니다. 오늘날 우리는 이 주님의 겸손을 깊이 묵상하고 배워야겠습니다.

이 달은 순교자 성월입니다. 우리 순교 선열들이 고초 속에서 목숨을 바쳐 증거한 믿음을 기리고 본받는 데 이 달의 의미가 있는 것입니다. 순교 선열들에게 하느님은 참으로 모든 것이었습니다. 하느님은 모든 생명과 존재의 근원이시오 구원이시며 빛과 희망, 기쁨이셨습니다. 그 때문에 우리 순교 선열들은 박해 아래에 천주교를 믿으면 가진 모든 것을 빼앗기고 목숨까지 잃는 것을 알면서도 하느님께 대한 믿음을 잃지 않고 신명을 바쳐 이를 힘차게 증거했습니다. 오늘날 우리에게 필요한 것은 바로 이같이 굳센 믿음입니다. 하느님을 모든 것 위에, 모든 것에 앞서 진실히 믿고, 사랑하고 따르는 삶입니다.

또한 우리 순교 선열들은 그 어려운 박해 속에서도 친형제같이 사랑했습니다. 이분들은 박해의 손길을 피해 있던 피난 중에도 서로가 궁한 처지이면서도 가진 모든 것을 나누었습니다. 체포되어 혹독한 고문 아래 문초를 받을 때에는 서로 격려하고 서로를 위해 기도함으로써 믿음을 굳건히 지키도록 도왔습니다. 순교 선열들의 이 같은 믿음과 사랑은 박해자들까지 감동시켰습니다. 그리하여 마침내 박해자들 중에서 회개하고 영세 입교하여 자신도 순교자가 되는 경우마저 있게 되었습니다.

친애하는 한국 레지오 마리애 여러분, 우리는 이 같은 깊이의 신앙인이 되어야겠습니다. 그러면 여러분은 참으로 성모님이 지극히 사랑하시는 아들 그리스도를 닮은 사람이 될 것입니다. 그리스도와 같이 여러분의 모습은 빛날 것입니다. 여러분은 진실한 땅의 소금, 세상의 빛이 될 것입니다.

1991년 9월 7일
김수환(스테파노) 추기경

새 교본의 내용을 잘 이해하기 위하여

새 교본이 나오기까지

세계 레지오 마리애는 성모 성탄 전야인 1921년 9월 7일 저녁에 보좌신부인 포터 신부와 프랭크 더프, 그리고 15명의 남녀 젊은이들이 모여서 첫 회합을 했다.

교본의 필요성에 따라 아주 요약된 수첩 크기의 최초 교본(한국 레지오 마리애 기념관에 보관)을 1941년에 출판했다. 이 교본은 1929년에 초안을 하고 1934년, 1937에는 증보판을 내면서 보완해 오다가 드디어 출판한 것이다. 이어서 1965년, 1969년, 1985년, 1993년에 수정 및 증보판을 출판했다.

레지오 마리애 한국 세나뚜스 협의회에서는 1993년에 꼰칠리움에서 출판한 영어로 쓴 교본을 2000년 3월 15일에 번역하여 출판했다. 특히 이번에 발간한 새 교본은 단원 누구나 이해할 수 있도록 쉽게 번역한 교본이기 때문에 단원들의 사랑을 독차지하게 될 것이다.

교본에 대한 개정과 수정, 그리고 증보판을 낼 수 있는 권한은 꼰칠리움만 가지고 있다. 교본은 현재 세계 60여 개 국어로 번역되어 사용되고 있다.

새 교본을 내용에 따라 분류하면

◆ 레지오의 정체(正體)
제1장 명칭과 기원
제2장 레지오의 목적
제11장 레지오의 기본 요소
제12장 레지오의 외적 목표
제32장 예상되는 반대 의견
◆ 레지오의 신학적인 내용
제5장 레지오 신심의 개요
제7장 레지오 단원과 성삼위
제8장 레지오 단원과 성체
제9장 레지오 단원과 그리스도 신비체
제10장 레지오 사도직
◆ 레지오의 영성
제3장 레지오 정신
제4장 레지오의 봉사

제6장 성모님에게 대한 레지오 단원의 의무
제15장 레지오 선서문
제17장 세상을 떠난 레지오 단원들의 영혼
제22장 레지오 기도문
제24장 레지오의 수호성인들
제25장 레지오의 그림
제29장 레지오 단원의 충성
제33장 레지오 단원의 의무
◆ 레지오 조직체계와 관리 운영
제13장 단원의 자격
제14장 쁘레시디움
제16장 일반 행동단원 이외의 단원 등급
제18장 쁘레시디움 회합의 순서
제19장 회합과 단원
제20장 레지오의 조직과 규율은 바꿀 수 없다
제21장 나자렛의 성가정
제23장 레지오 기도문은 변경하지 못한다
제26장 뗏세라
제27장 레지오의 벡실리움
제28장 레지오의 관리
제30장 행사
제31장 레지오 확장과 단원 모집

제34장 쁘레시디움 간부들의 임무
제35장 자금
제36장 특별한 언급이 필요한 쁘레시디움
제38장 빠뜨리치안회
◆ 레지오의 사목 및 선교활동
제37장 활동의 예와 방법
제39장 레지오 사도직의 주안점
제40장 모든 사람에게 이 복음을 선포하여라
제41장 이 중에서 가장 위대한 것은 사랑입니다

창설자 프랭크 더프에게 영향을 끼친 성직자들

(1) 몽포르의 성 루도비코 마리아

성인이 쓴 「복되신 동정 마리아께 대한 참된 신심」은 프랭크 더프에게 레지오를 창설하는 동기를 일깨워 준 성모 신심의 가르침에 대한 저서이다. 프랭크 더프는 교본 안에 성인의 참된 신심이 가득하도록 기도하면서 교본을 저술하였다.

(2) 성 바오로 사도

레지오의 수호성인이며 선교의 모범을 보여 준 성인이다.

12사도는 아니지만 신약성경 27권 중 13권을 저술하였으며 사도행전의 절반 이상이 성 바오로의 행적이다. 레지오는 선교하는 단체이므로 선교 성인의 정신과 행적을 자주 교본에서 만나게 했다. 그래서 성인의 서간을 인용하고 선교 사명감에 불타오르도록 격려한다.

(3) 비오 11세 교황(제259대; 1922~1939)

가톨릭 운동에 앞장 선 교황으로 레지오를 특별히 사랑하신 교황이다. 프랭크 더프와 레지오에 대한 끊임없는 격려는 레지오 발전에 큰 동기가 되었다. 평신도 사도직을 사랑하는 교황으로 역사에 빛나고 있다.

(4) 성 뉴먼 추기경(John Henry Newman; 1801~1890)

신학자이며 호교론자인 뉴먼은 1847년에 사제서품을 받았으며 1848년에 사제 수도회인 오라토리오회(oratorio)를 창설하였다. 1879년에 레오 13세 교황으로부터 추기경에 임명되었다. 2019년 10월 13일에 프란치스코 교황에 의해 시성됐다.

(5) 제이 데 컨 시리오 신부

프랭크 더프는 신부의 저서인 「성모님에 대한 이해(The Knowledge of Mary)」를 탐독하고 성모님의 신심에 불타올랐으며 아주 큰 감명을 받았다고 한다. 이 저서는 하느님의 계획 안에서 성모님이 차지하시는 지위와 장엄한 소명, 티 없이 완전하신 성모님의 생애에 대하여 쓰고 있다.

(6) 제2차 바티칸 공의회 문헌

프랭크 더프는 바티칸 공의회에 참관인으로 초청받았다. 교본은 레지오가 시대에 맞게 적응하기 위해 공의회 문헌을 18회에 걸쳐 인용하고 있다. 그래서 레지오는 가장 성스럽고 완벽한 평신도 사도직 단체이다.

(7) 빈첸시오 아 바오로회

프랭크 더프는 청년시절에 빈첸시오 회원으로 활동하였다. 그러다가 영혼을 구원하는 사명감에 뛰어드는 심정으로 레지오를 창설하였다. 당시 모든 교회는 굶주린 사람들을 돕는 구제활동에 전념하고 있었다. 물론 구제활동도 중요하지만 더 중요한 것은 영혼의 구원임을 깨달아 레지오를 창설하고 활동을 시작하였다.

레지오 마리애 길잡이

"레지오 마리애!
이 얼마나 완전하게 선택된 이름인가!"
(비오 11세)

제1장
명칭과 기원

명칭

레지오 마리애(Legio Mariae)는 교회가 공인한 신자단체로서 모든 은총의 중재자이시며 원죄 없이 잉태되신 성모님의 강력한 지휘 아래, 세속과 그 악의 세력에 끊임없이 대적하는 교회의 싸움에 복무하기 위하여 **조직된** 성모님의 군단이다.

"개인이든 단체이든 인간의 모든 삶은 그 자체가 선과 악, 빛과 어둠 사이에서 벌어지는 매우 극심한 투쟁이다."(「사목헌장」 13 참조)

레지오 단원들은 충성과 덕행과 용맹으로써 위대한 천상의 모후께 맞갖은 봉사를 드리고자 성령께 선서한 성모님의 정예부대이다. 레지오 마리애는 군대의 형태로 조직되었으며 그것은 고대 로마 군단을 본딴 것이다. 명칭도 로마 군대에서 쓰는 군대 용어이다. 레지오 마리애에서 사용하고 있는 각급 평의회의 꾸리아 (Curia), 꼬미씨움(Comitium), 레지아(Regia), 세나뚜스(Senatus), 꼰 칠리움 레지오니스(Concilium Legionis)와 기본단위인 쁘레시디움 (Praesidium)은 모두 로마 군단에서 본딴 것이다. 그러나 레지오 마리애의 조직과 무기는 이 세상의 것이 아니다.

기원

1) 레지오 마리애 탄생

1921년 9월 7일 저녁 8시 성모 성탄 축일 전야에 아일랜드의 더블린시 프란시스 거리, 마이러 하우스(Myra House, Francis street, Dublin, Ireland)에서 프랭크 더프를 비롯하여 15명의 단원들이 첫 번째 회합을 했다.

치밀한 구상 없이 조직되었기 때문에 이 군대는 초기에는 아주 보잘것 없었다. 하지만 아무 준비 없이 첫 회합을 한 모습은 오늘날의 회합 모습과 동일하였다. 제대 차림도 오늘날의 제대 차림과 같았다. 한 사람의 영감으로 꾸민 제대가 오늘날과 같이 훌륭하게 꾸며질 수 있었던 것은 바로 성모님이 주관하셨기 때문이다.

레지오 마리애의 창설자이며 레지오 마리애 사도직의 스승이신 프랭크 더프는 믿음이 훌륭한 성가정에서 출생하여 모범적인 신 앙생활을 했으며, 특히 몽포르의 성 루도비코 마리아가 저술한

「복되신 동정 마리아께 대한 참된 신심」을 감명 깊게 읽고서 평신도 사도직에 대한 열망이 불타올랐던 것이다.

그는 20대의 젊은 여성 15명과 함께 무릎을 꿇고 머리를 숙이고 성령께 기도를 바쳤다.

그러고는 묵주기도를 바쳤으며, 마지막 기도를 바친 다음에는 성모상 주위에 둘러앉아서 성모님의 주관 아래 하느님을 기쁘게 해드리고 하느님께서 세상에서 사랑과 영광을 온전히 받으실 수 있는 방안을 서로 논의했다.

누가 먼저 계획한 것도 아니고, 그저 평범한 사람들의 단순한 제안에서 비롯된 첫 모임이 새로운 세계에 힘이 될 위대한 조직체가 되고, 이 땅의 모습을 새롭게 할 성모님의 군단이 될 줄이야 누가 감히 예측이나 할 수 있었으랴!

성모님의 이름으로 온 세상에 생명과 기쁨과 희망을 나누어 주는 거대한 성모님의 군단을 그들 자신이 창설하고 있다는 역사적인 사실을 짐작이나 할 수 있었겠는가!

창설 첫해에는 4개 쁘레시디움으로 성장하고, 5년이 경과하는 동안 9개 쁘레시디움으로 확장되었으며 다른 교구로 진출하는 데는 6년이 걸렸다. 7년이 되는 해에 외국으로 진출했으며, 창설 8년 만에 남성 쁘레시디움이 설립되었다.

1999년 현재 레지오는 세계 136개 국가에 2,000여 교구, 세나뚜스 150개, 행동단원 225만 명, 협조단원 500만으로 조직된 세계에서 가장 큰 평신도 사도직 신심단체이다.

단원들의 지침서인 공인 교본은 세계 60개 언어로 번역되어 출판되고 있다. 교본 초판을 1953년에, 그리고 개정 보완판이 1965년, 1969년, 1985년에 이어 1993년 12월 8일에 출판됨으로써 초판 이후 4번째의 개정 보완판이 나왔다.

레지오 마리애의 최상급 기관은 창설지인 아일랜드의 더블린에 있으며 세계 각국에 설립된 세나뚜스(국가 최상급 평의회)에서는 꼰칠리움 레지오니스(세계 중앙 평의회)에 매월 월례 보고를 한다. 레지오 마리애 조직은 교회 행정기구를 떠나서 전세계적으로 특수한 조직 원리에 따라 조직되어 일치된 모습으로 관리, 운영되고 있다.

꼰칠리움 회의는 매월 셋째 주일 오후 3시에 시작하여 7시에 끝나는데 대개 4시간 이상 소요되고, 280명 정도의 성직자, 수도자 의원들이 참석한다.

꼰칠리움의 회의록 작성은 85개 국어로 이루어지며 최근에 파키스탄의 우르두어로도 작성을 시도하고 있다.

또한 세계 여러 국가의 평의회와 통신연락을 하기 위해 15개 그룹으로 지역을 분리하여 담당하고, 그 통신원의 수는 약 200명에 달하고 있다. 통신원들은 그룹별로 매월 1회 회합을 하며 주로 영어, 프랑스어, 포르투갈어, 스페인어로 통신한다.

이러한 일을 하기 위해 꼰칠리움에는 어학 교실이 상설되어 있고 최근에는 러시아어, 폴란드어, 중국어를 공부하여 통신을 시도하고 있다.

세계 모든 국가의 레지오는 교본의 원칙을 철저히 준수하면서 한결같이 일치된 모습으로 활동하고 있다.

꼰칠리움에서는 세계의 레지오가 원칙대로 운영, 관리되고 있는지 확인과 지도를 하기 위하여 수시로 각국에 레지오 특사를 파견하는데 우리나라에도 1997년 8월, 2명의 특사를 파견한 것을 시작으로 벌써 세 번째 특사가 다녀갔으며 체류기간은 약 1개월 이내이다. 꼰칠리움 의원 중에는 레지오 사도직을 위하여 독신으로 오직 레지오에만 헌신하고 있는 형제들도 상당수 있다.

2) 우리나라에 레지오 마리애 도입

우리나라에 레지오 마리애가 도입된 경위와 전국 교구에 전파된 내용은 아래와 같다.

1953년 5월 31일 당시 광주 교구장이신 현 하롤드 대주교의 지도로, 목포시 산정동 본당에 '치명자의 모후 쁘레시디움', '평화의 모후 쁘레시디움', 그리고 경동 본당에 '죄인의 의탁 쁘레시디움'이 설립되었다.

이어서 목포 시내의 여러 본당과, 함평 본당, 제주 교구, 서울 교구의 각 본당에 확산되었고, 각 교구에도 일제히 설립되었다. 초창기 각 쁘레시디움은 꼰칠리움 직속 쁘레시디움으로 꼰칠리움의 관리를 받았고, 사업보고도 꼰칠리움으로 했다.

1955년 10월 9일에는 우리나라 최초로 산정동 본당에서 '매괴의 모후 꾸리아'를 창단했는데, 쁘레시디움 숫자는 산정동 본당의 3개 쁘레시디움, '치명자의 모후' '평화의 모후' '동신자의 모후'와 경동 본당의 '죄인의 의탁'과 함평 본당의 '전교의 모후' 등 5개의 쁘레시디움으로 조직했다.

1956년 8월 7일에는 광주시 북동 본당 산하에 8개 쁘레시디움으로 중재자이신 마리아 꾸리아(CURIA MEDIATRICS)가 설립되었으며 같은 해 9월 18일에는 광주 바다의 별 소년 꾸리아가 설립되었다. 이어서 1956년 12월 6일에는 중재자이신 마리아 꼬미씨움(COMITIUM MEDIATRICS)으로 승격되었으며 당시 산하에는 직속 쁘레시디움 15개와 1개의 소년 꾸리아가 있었다.

레지오 사도직의 소개가 잘 되어 가자 교구뿐 아니라 전국적으로 모든 본당마다 앞을 다투어 쁘레시디움 설립이 가속화되었다. 단원들은 사제와 수도자의 손과 발 역할을 하며 봉사하고 자신들의 성화에 소홀함이 없이 모범적인 신심생활을 했다. 특히 광주대교구는 우리나라 본산지답게 레지오 사도직의 참여도가 높았으며 교본 규칙에 따라 전국을 지도하며 착실히 성장해 나감으로써 좋은 모범을 보여 주었다.

1957년 5월 7일에는 세계 본부인 꼰칠리움에서 광주 중재자이신 마리아 꼬미씨움에 한국 레지오 마리애의 지도적 역할을 의뢰한다는 승인서를 받게 되었다.

이듬해 1958년 7월 13일에는 세계 평의회인 꼰칠리움에서 우리나라에 중재자이신 마리아 세나뚜스(SENATUS MEDIATRICS · 국가 평의회)를 승인했다. 우리나라에 레지오 마리애가 도입된 지 5

년 만에 전국적인 조직을 완료하여 국가 평의회를 운영하게 된 것이다.

우리나라에 레지오 마리애를 도입한 현 하롤드 대주교는 다음과 같이 도입에 따른 경위를 술회했다.

"나는 일본을 방문한 길에 한 레지오 단원이 미군 영내에서 활기 넘치는 공개 강론을 하는 자리에 참석할 기회가 있었다. 물론 나는 중국 레지오의 위대한 업적에 대해 이미 알고 있었다. 그러나 중국의 당시 상황은 활동적인 특수한 모든 조건들을 볼 때 보편적이 아니라는 생각이 들었다. 우리가 한국에서 레지오 활동을 시작하는 것이 문제가 될까? 중국의 레지오 활동도 그랬을까? 등의 걱정을 했다. 나는 안내서를 보면서 레지오가 강조하고 있는 강한 믿음이 마음에 들었다. 그래서 레지오 활동을 시작하기로 결정했다. 최종적으로 결단을 내릴 수 있었던 것은 레지오 교본이 어떤 형태로든 내가 용기를 잃지 않도록 했다는 사실이다. 레지오 교본에는 레지오 정신에 위배될 때 용기를 잃는다고 씌어 있었으며 또한 적절한 시기에 결정하도록 되어 있었다.

드디어 나는 레지오가 다른 여느 단체처럼 실패할 수도 있다는 사실을 염두에 두고 실수하지 않기를 바라며 1953년 5월 31일 목포에 있는 교구청 가톨릭 센터에서 형제와 자매, 그리고 혼성으로 된 3개의 쁘레시디움을 조직했다. 나는 주의 깊게 단원들을 선정했다. 잘 알려진 신자보다는 기본적 인격을 갖춘, 너그럽고 의지가 강해 보이는 사람들로 하여금 교본이 요구하는 바를 배우도록 했다. 내가 처음에 레지오 교본에서 가장 중요하게 여긴 것은 종교적인 것이 아니라 인간적인 덕성이었다. 새로운 레지오 단원들을 모든 규율을 따라 진지하게 안내하기 위해 나는 세 개의 쁘레시디움 모두의 영적 지도신부가 되었다. 나 역시 교본을 연구하고 지도할 충분한 시간적 여유가 없었고 그들과 마찬가지로 미숙한데다 우리는 영어와 일본어로 된 교본에 의존해야 했다."

각 교구 레지오 마리애 조직 확장 과정

◆ 광주 세나뚜스 산하

① 광주 대교구
1953년 5월 31일 산정동 치명자의 모후 쁘레시디움, 평화의 모후 쁘레시디움, 경동 죄인의 의탁 쁘레시디움 설립
1955년 10월 9일 매괴의 모후 꾸리아 설립
1956년 8월 7일 중재자이신 마리아 꾸리아 설립
1956년 12월 6일 중재자이신 마리아 꼬미씨움 승격
1958년 7월 13일 중재자이신 마리아 세나뚜스 승격

② 부산 교구
1956년 1월 3일 서대신동 영원한 도움이신 성모 쁘레시디움 설립
1956년 11월 2일 임마꿀라따 꾸리아 설립
1957년 3월 10일 임마꿀라따 꼬미씨움 승격
1978년 11월 10일 바다의 별 레지아 승격

③ 전주 교구
1955년 5월 5일 전동 치명자의 모후 쁘레시디움 설립
1957년 7월 17일 파티마의 모후 꾸리아 설립
1960년 9월 11일 파티마의 모후 꼬미씨움 승격
1986년 5월 1일 파티마의 모후 레지아 승격

④ 마산 교구
1956년 7월 10일 진해 중앙, 하늘의 문 쁘레시디움 설립
1957년 2월 17일 진해 그리스도의 모친 꾸리아 설립
1959년 9월 30일 치명자의 모후 꾸리아 설립
1961년 7월 16일 치명자의 모후 꼬미씨움 승격
1988년 3월 1일 치명자의 모후 레지아 승격

⑤ 제주 교구
1955년 12월 22일 중앙 천주의 성모 쁘레시디움 설립
1957년 8월 28일 치명자의 모후 꾸리아 설립

1980년 5월 11일 치명자의 모후 꼬미씨움 설립
1981년 8월 2일 치명자의 모후 꼬미씨움 승격
2000년 8월 15일 치명자의 모후 레지아 승격

◆ 서울 세나뚜스 산하

① 서울 대교구
1955년 8월 19일 명수대 평화의 모후 쁘레시디움 설립
1957년 1월 29일 혜화동 상지의 좌 꾸리아 설립
1960년 3월 30일 무염시태 꼬미씨움 설립
1974년 9월 25일 무염시태 레지아 승격
1978년 12월 23일 무염시태 세나뚜스 승격

② 수원 교구
1958년 8월 21일 양지 매괴의 모후 쁘레시디움 설립
1960년 1월 17일 천지의 모후 꾸리아 설립
1964년 1월 19일 천지의 모후 꼬미씨움 승격
1981년 3월 19일 천지의 모후 레지아 승격

③ 인천 교구
1957년 9월 22일 답동 매괴의 모후 쁘레시디움 설립
1958년 4월 8일 바다의 별 꾸리아 설립

1958년 6월 8일 바다의 별 꾸리아 승인
1965년 7월 18일 바다의 별 꼬미씨움 승격
1986년 3월 30일 바다의 별 레지아 승격

④ 춘천 교구
1954년 11월 홍천 무염시태 쁘레시디움 설립
1955년 11월 5일 소양로 종도의 모후 쁘레시디움 설립
1956년 9월 2일 평화의 모후 꾸리아 설립
1957년 5월 5일 평화의 모후 꼬미씨움 승격
2000년 9월 20일 평화의 모후 레지아 승격

⑤ 대전 교구
1957년 3월 3일 논산 부창동 천지의 모후 쁘레시디움 설립
1959년 3월 12일 루르드의 성모 꾸리아 설립
1961년 7월 9일 다윗의 적루 꼬미씨움 승격
1987년 8월 30일 평화의 모후 레지아 승격

⑥ 청주 교구
1954년 2월 15일 북문로 하자 없으신 모후 쁘레시디움 설립
1956년 8월 20일 구세주의 모친 꾸리아 설립
1957년 10월 7일 구세주의 모친 꼬미씨움 승격
1987년 6월 28일 구세주의 모친 레지아 승격

⑦ 원주 교구
1955년 3월 20일 원동 천주 성총의 모친 쁘레시디움 설립
1957년 5월 5일 치명자의 모후 꾸리아 설립
1966년 6월 12일 치명자의 모후 꼬미씨움 승격
2000년 12월 2일 치명자의 모후 레지아 승격

⑧ 의정부 교구
2004년 12월 26일 애덕의 모후 레지아 승격

◆ **대구 세나뚜스 산하**

① 대구 대교구
1957년 1월 13일 왜관 종도의 모후 쁘레시디움 설립
1957년 2월 3일 계산 다윗의 적루 쁘레시디움 설립
1957년 8월 22일 왜관 천주의 성모 꾸리아 설립
1958년 1월 12일 의덕의 거울 꾸리아 설립
1959년 1월 22일 의덕의 거울 꼬미씨움 승격
1959년 2월 15일 왜관 천주의 성모 꼬미씨움 승격
1971년 6월 13일 김천 평화의 모후 꼬미씨움 승격
1986년 5월 1일 의덕의 거울 레지아 승격
2003년 12월 21일 의덕의 거울 세나뚜스 승격

② 안동 교구
1957년 10월 25일 상주 서문동 그리스도의 모친 쁘레시디움 설립
1958년 8월 10일 함창 천상의 모후 쁘레시디움 설립
1959년 9월 27일 함창 구세주의 모친 꾸리아 설립
1962년 3월 25일 상주 남성동 죄인의 의탁 꾸리아 설립
1975년 8월 15일 사도들의 모후 꼬미씨움 승격
2000년 5월 31일 사도들의 모후 레지아 승격

▲ 광주 대교구 산정동 성당 구내에 한국 레지오 마리애 도입 기념비를 세우고 축성(1988.4.5).

제2장
레지오의 목적

 레지오 마리애의 목적은 단원의 성화를 통하여 하느님의 영광을 드러내는 데 있다. 이는 교회의 지도 아래, 성모님과 교회의 사업에 기도와 적극적인 협력을 함으로써 이루어진다. 성모님과 교회의 사업이라는 뱀의 머리를 부수고 하느님의 나라를 세우는 일이다.
 먼저 단원들은 소명의식을 가지고 생동감이 넘치는 훌륭한 성모님의 군대가 되기 위해 성모님이 충분히 받으셨던 성령을 통해 적극적으로 성화되어야 한다. 단원들은 정성된 마음으로 열렬한 기도를 끝없이 바치면서 훌륭한 영성생활을 해야 한다.
 또, 성모님의 신앙으로 생활해야 한다. 성모님의 깊은 신심과 겸손의 정신으로 생활하기 위해서는 불굴의 결단이 필요하다. 단원들은 자신의 성화를 위해서 지극한 정성으로 성모님에게 매달려야 하며 쉴새없이 기도하고 과단성 있게 활동해야 한다. 성화된 단원은 언제나 단원의 복무를 먼저 수행하고 영웅적인 활동을 하고서도 항상 겸손하며 자기 자신을 드러내지 않는다.

하느님의 나라를 건설하기 위해서는 자기를 희생하며 가장 낮은 자리에서 묵묵히 성실하게 활동하며, 항상 하느님을 향해 생활하며, 무슨 일이나 우리의 여왕이신 성모님의 결재를 얻어 처리해야 한다.

교회의 일에 지대한 관심을 가지고 적극적으로 협력하며 지도신부에게 절대 순명하고 가장 가까운 협력자로서 정성껏 돕는다.

성모님의 군대는 하느님께 봉헌된 성스러운 군대이다. 하느님의 풍성한 은총을 자신의 만족으로만 여기지 않고 이 시대를 같이 살아가는 이웃 형제들과 나누고 나아가서 하느님 나라의 건설에 동참하며 그 영광을 위해 봉헌된 삶으로 헌신해야 한다.

레지오 깃발 아래 모인 성모님의 군대는 총사령관이신 성모님에게 몸과 마음을 봉헌하고 하느님의 영토를 확장하는 데 투신하고 충성을 바쳐야 한다. 영혼을 구원하고 죄악의 싸움에서 기필코 승리하며 성실하게 봉사할 것을 성령께 서약해야 한다.

레지오의 활동은 엄격한 규칙에 따라서 계획적으로 추진하며 지시와 순명으로 복무를 철저히 수행해야 한다. 레지오는 본당 지도신부의 지도를 받아야 하며 모든 활동이 교회 발전과 일치해야 한다.

레지오는 성모님의 신심을 본받아 신앙생활을 하며 하느님의 나라를 건설하는 데 봉헌한다고 서약한 평신도 특수 사도직 단체이다. 이 은총스럽고 성스러운 레지오 복무를 올바르게 수행하기 위해서는 온몸에 겸손이 젖어 있어야 한다.

성모님이 교만한 뱀의 머리 8개를 발뒤꿈치로 부수었는데 뱀은 항상 자기 자신을 앞세우는 교만의 대명사이기 때문이다.

그래서 성모님은 교만한 뱀의 머리, 이기심을 가진 뱀의 머리, 자만한 뱀의 머리, 자부심을 가진 뱀의 머리, 자애심을 가진 뱀의 머리, 자기 만족을 찾는 뱀의 머리, 출세를 바라는 뱀의 머리, 자기 의지대로 산 뱀의 머리를 발뒤꿈치로 부수셨다.

"기쁜 소식을 전하는 이들의 발이 얼마나 아름다운가!"(로마 10,15)
"그들은 한 마음과 한 뜻이더라."
"나는 이 아름답고 거룩한 사업 레지오 마리애에 대하여 특별한 은총을 베푼다."(비오 11세)
"레지오 마리애는 가톨릭 교회의 참된 모습을 보여 준다."(요한 23세)
"레지오의 도움으로 이곳 필리핀의 상황은 가망 있는 상황으로 바뀌었다. 이제 나는 꿈을 꿀 수 있고 이렇게 말할 수 있다. '우리의 필리핀은 동양의 유일한 가톨릭 국가이다. 따라서 동양을 개종시키지 말란 법이 있는가?'"(마닐라 오도허티 대주교)
"이런 조직체들의 직접 목적은 역시 교회의 사도적 목적이다. 즉, 사람들에게 복음을 전하고 그들을 성화시키며 그들의 양심을 그리스도교적으로 육성하고 여러 단체와 여러 환경에 복음의 정신을 침투시키는 것이 그 목적이다.

각각 나름대로 성직계(Hierarchy)와 협력하는 평신도들은 이런 조직체들을 운영함에서나 교회의 사목활동을 전개해야 할 환경과 조건을 조사함에서나, 또는 활동 계획을 수립하고 그것을 실천함에서 스스로의 경험을 제공하며 책임을 지고 실천한다.

교회의 공동체가 좀더 적절히 표현되고 사도직이 좀더 효과적으로 수행되도록 평신도들이 유기적으로 결합하여 활동한다.

성직 사도직과 직접 협력하며 활동하도록 권유를 받았거나 혹은 자발적으로 헌신하고자 하는 신도들이 주교를 최고 지도자로 모시고 활동한다. 주교는 이런 협력단체를 공식으로 인준할 수도 있다."('평신도 사도직 교령' 4장 20 참조)

제3장
레지오의 정신

 세상에서 가장 사랑스럽고 아름다우며 평화스런 단어는 무엇인가? 사랑 중에서 가장 정답고 생기가 넘치는 사랑은 누구의 사랑인가?

 누구나 어머니를 꼽을 것이다. 어머니의 사랑이 으뜸 가는 사랑이라고 누가 말하지 않을 수 있으랴! 우리 모두의 어머니이신 성모님의 사랑과 정신을 생각하며 집에 계신 어머니의 얼굴을 바라보면 마냥 기쁨이 넘치곤 한다.

 성모님처럼 순명하면서 레지오 정신으로 생활한다면 누구나 가장 행복한 신자, 레지오 단원이 될 것이라 확신한다.

 사랑으로 숨쉬고 희망 속에 생활하는 은총의 생활보다 더 축복받은 삶이 어디 있겠는가?

 레지오 마리애의 정신은 바로 성모님의 정신이다.

 "할 수 없다는 핑계를 아니한다. 왜냐하면 모든 일은 할 만하고 또 할

수 있다고 여기기 때문이다."(「준주성범」 3,5)

성모님은 일생 동안 어떤 마음과 어떤 자세로 삶을 사셨는가 살펴보자.

첫째, "당신의 뜻대로 이루어지소서(Fiat Voluntas Tua)."이다. 하느님께 자신의 모든 것을 온전히 봉헌하고 순명하는 정신이요, 신심이라 하겠다.

둘째, "찬양하였다." 성모님은 세속적인 것들이나 출세를 생각지 않고 오직 일편단심으로 일생 동안 하느님만을 찬양하였고 이 일에 모든 것을 봉헌하는 생애를 사셨다.

셋째, "마음에 품으셨다." 세속에 한치의 눈도 팔지 않고 탈선이나 왜곡이 없이 일생 동안 언제 어디서나 마음에 하느님을 모시고 흠숭의 생활을 하셨다.

넷째, "십자가 옆에 서 계셨다." 성모님은 일생 동안 아들 예수님의 곁을 한시도 떠나지 않고 살피면서 기도하며 동참하셨다. 성모님은 하느님께 온전히 순명하여 특은을 받으셨고 인류의 구원사업에 동참하여 인류의 어머니가 되셨다. 레지오는 성모님의 신심을 가슴으로 실천해야 한다. 성모님을 본받고 성모님처럼 살려는 강한 의지로 신앙을 살아야 한다.

교본에서는 특히 성모님의 정신을 10대 덕목으로 아래와 같이 강조했다.

겸손

겸손은 레지오의 정신에서 가장 으뜸 가는 덕목이다. 성모님을 가리키는 대명사이다. 겸손이 없는 믿음, 은총, 기도, 활동은 가식적이다. 겸손을 떠나서 레지오는 존재할 수 없다.

성모님 자신이 겸손한 어머니가 되셨고 신심의 모델이 되셨다. 겸손은 모든 덕의 뿌리요 어머니다. 겸손한 단원이 되고 겸손한 마음으로 기도하는 단원이 되어야 한다.

모든 덕의 가치는 겸손에서 비롯된다. 겸손은 온전히 그분께 의탁하고 자신을 비워야만 하며 나 자신을 아무런 가치가 없는 존재라고 인정하게 될 때 생긴다.

성모님의 겸손을 본받고 실천할 때 바람직한 성모님의 군대가 될 수 있다.

순명

하느님의 생명의 말씀에 전적으로 순명하는 것이다. 성모님과 같이 오직 "당신의 뜻대로 이루어지소서."라고 자기 자신을 하느님께 봉헌한다.

순교자처럼 순명하는 삶이어야 한다. 성인들처럼 순명의 생활이어야 한다. 성모님처럼 순명의 정신으로 일생을 살아야 한다. 단원들은 사제와 교회와 레지오 조직에 순명해야 한다.

자기는 순명하지 않으면서 남이 순명하기를 바라는 경우가 있어서는 안 된다.

단원이 되고 봉사자가 되려면 순명하는 방법을 배우고 실천해야 한다. 순명하면 겸손하게 된다. 겸손하면 순명의 정신을 발휘할 수 있다.

누구에게나 순명해서는 안 된다. 하느님과 천주의 모친이신 성모님에게 순명해야 한다.

단원의 순명은 최고의 미덕이며 생명이다. 순명하는 단원은 레지오의 보배이다. 순명은 부단한 영성생활의 수련이 맺는 열매이다.

온유

레지오는 남다른 천사 같은 부드러움을 생활화해야 한다. 온유한 자세는 사람을 움직이는 위력이 있다. 아무리 무쇠 같은 심장을 가진 사람이라도 따스한 사랑에는 녹아 버린다. 진실이 있고 사랑이 있는 대화는 상대의 마음을 기필코 돌아서게 한다.

레지오는 사랑의 용사들이 모인 단체이다. 온유한 단원은 언제 어디서나 사랑을 전달할 수 있고 받을 수 있다. 사랑받는 단원은 선교하고 봉사하는 모범적인 활동을 전개할 수 있다.

온유한 단원이야말로 가장 힘있고 사명도 잘 완수한다. 아름다운 천사의 얼굴로 활동하는 단원은 천사의 우군임에 틀림없다.

기도

레지오는 기도하며 활동하는 성모님의 군대이다. 기도하는 성모님을 닮아 가는 일, 성모님의 삶을 살아가는 단원의 모습이란 바로 기도하는 단원이다. 기도 없는 활동이란 있을 수 없다. 기도하지 않는 단원, 기도하지 않는 레지오는 존재 가치를 이미 상실하고 있다.

총사령관이신 성모님의 생애는 기도의 생애요, 성모님은 기도의 어머니이시다. 단원은 성모님의 기도와 일치해야 한다. 언제나 기도는 성모님과 함께 해야 한다.

성모님을 떠나서 기도하는 단원이 아니라 성모님 품안에서, 어린애가 엄마의 품안에 있듯이 성모님의 숨결에서 기도하고 성장해야 한다. 기도는 성령 안에서 그리스도를 통하여 하느님과 대화를 나누는 것이다.

기도할 때는 본래의 나 자신으로 돌아가야 한다. 교만의 옷을 벗고, 거짓의 옷을 벗고, 허영의 옷을 벗고, 분노와 탐욕의 옷을 벗고, 참된 자기 자신으로 돌아가서 기도해야 한다. 기도 없이는 누구의 마음도 움직일 수 없고 기도 없이는 선교할 수도 없다.

기도는 하느님의 명령이며 기도는 영적 혁명을 일으킬 수 있다.

고행

괴로움이나 어려움을 모르고 편하게만 느낀다면 그것은 믿음이 아직 충분하지 못하다는 증표이다(「잊혀진 위로자」, 랑드리).

레지오는 예수 그리스도께서 가신 십자가의 길을 따라 가고자 한다. 성모님이 가신 고행의 길을 함께 가기를 다짐한다. 몽포르의 성 루도비코가 걸어가신 순례의 길을 가고자 한다. 이 모든 고행의 길을 기꺼이 걸어가겠다고 다짐하고 선서했다.

성숙된 단원들은 어떤 고행이라도 그 뜻을 음미하고 감사하게 받아들인다. 그래서 "예" 하고 감사하는 마음으로 아무리 고된 일에도 순명하며 봉사하는 미덕을 지니고 있다. 고행은 단원의 삶이고 아름다운 열매의 밑거름이다. 천사적 사명을 띠고 파견되고 정성된 활동을 하는 것은 단원의 의무이다.

순결

레지오는 원죄 없이 잉태되신 성모님을 총사령관으로 모시고 조직된 특수 사도직 단체이다. 성모님은 가장 순결한 어머니이시고 죄악에서 해방된 가장 정결한 어머니이시다.

아주 깨끗하고 순수하며 티 한점 없는 육체와 정신과 마음을 지닌 그리스도인이 되고자 하는 것은 모든 그리스도인의 바람이다. 순결을 체득하기 위해서는 끝없는 기도가 있어야 한다. 회개하고 새롭게 출발해야 한다.

고해성사를 통해 순결한 천사와 같은 인간이 되도록 부단한 정성이 계속되어야 한다.

성모님의 성덕은 순결에서 출발했다. 어떠한 죄악에도 물들지 않은 어머니의 삶을 본받아야 한다.

성모님 군대의 위력은 순결한 단원들의 불타는 기도와 사명감으로 타오르는 활동에서 온다.

순결한 단원이 되라! 고해성사로 항상 영혼의 순결을 지녀라!

단원이 어머니의 깨끗한 순결을 가슴에 품을 때 성모님은 가정과 교회, 그리고 나라 안에 살아 계실 것이다.

"행복하여라, 마음이 깨끗한 사람들!"(마태 5,8)

인내심

레지오에서 인내는 필수조건이다. 훌륭한 단원이 되려면 인내하는 훈련을 해야 한다. 세밀한 계획을 세우고 끈기 있게 추진해서 결실을 맺어야 한다.

세파에 지쳐서 이제 그만하겠다고 속단하는 행위는 단원답지 않다. 무슨 일이나 인내하는 자세가 필요하다.

인내가 없는 활동이란 겉도는 활동이다. 희망이 없다고 판단해서는 안 된다. 어려운 활동일수록 가능성을 믿으며 인내심을 발휘하노라면 성공하게 된다.

지혜

천상적 지혜를 지닌 성모님의 군대는 위대한 이상을 품고 지구촌을 정복하기 위하여 전쟁을 하고 있다.

천상적 지혜는 어떻게 사는 게 하느님의 자녀다운 삶인지 감지하는 것이다.

하느님의 뜻을 음미하기 위해서는 부단한 활동과 기도와 성찰이 있어야 한다. 성모님과 같이 순명의 정신으로 살아가야 한다.

성모님의 삶은 지혜의 삶, 그 자체이다. 그래서 성모님을 지혜의 모델이라 했던가? 참으로 성모님은 천상적 지혜를 음미하고 생활화하셨다.

단원들도 성모님처럼 천상적 지혜를 가슴으로 품고 하느님의 음성을 경청하면서 어떤 고난과 역경에서도 승리하는 삶이 되도록 기도하고 묵상해야 한다.

사랑

사랑은 그리스도교 교리의 핵심이다. 믿음과 사랑은 강력한 레지오를 있게 한 정신적 바탕이다. 단원은 사랑의 사람들이다. 단원들은 사랑을 실천해야 하고 사랑을 전해야 한다.

성모님은 사랑으로 충만되어 사랑 자체이신 그리스도를 잉태하고 세상에 모셔오는 데 맞갖은 분이시다. 레지오는 그 생명력을 성모님에 대한 깊은 신심을 통하여, 그리고 성모님을 닮으려는 데서 얻고 있다. 그러므로 레지오는 그 강력한 사랑을 특징으로 삼지 않으면 안 된다.

레지오는 사랑의 군대이다. 사랑이 넘쳐야 한다. 단원들은 온통 사랑으로 물든 형제들로서 사랑으로 살고 실천하는 착한 자녀가 되어야 한다. 사랑을 전하지 않는 단원은 단원이 아니다.

사랑을 실천하는 것은 어려운 일이다. 천사의 말을 한다 하더라도 사랑이 없으면 울리는 징과 요란한 꽹과리와 다를 것이 없다는 가르침을 깊게 묵상해야 한다.

"그 가운데에서 으뜸은 사랑입니다."(1코린 13,13)

믿음

레지오의 믿음은 성모님의 믿음을 닮아야 한다. 믿음은 곧 진리요 생명이다. 레지오는 신앙인의 모범이요 미덕의 어머니이신 성모님의 삶을 가슴 가득히 받아들여야 한다.

하느님의 말씀을 알아듣기 위해서는 그분께서 주시는 믿음의 은총이 반드시 필요하다. 믿음을 가진 이만이 하느님의 가르침을 받을 것이라고 예언서는 말하고 있다.

하느님께서는 우리에게 육안과 지성의 눈 이외에 특별히 믿음의 눈을 주셨다. 레지오의 가장 소중한 의무 가운데 하나는 천주의 성모님에게 마음에서 우러나오는 신심을 드러내는 일이다. 이는 각 단원을 통해서만 가능하다.

하느님과 성모님의 손길을 움직이게 하는 것은 믿음과 순종이다. 믿음의 조상 아브라함을 보라!(창세 12,1-3) 75세의 노인이었지만 그는 확고히 하느님의 말씀을 믿었다.

믿음의 어머니 성모님은 신약시대의 첫번째 신자이다. 신약은 성모님의 굳센 믿음으로 시작되었다. 성모님은 최고의 믿음을 가지고 우리에게 오셨다.

레지오 단원은 성모님처럼 생활하고자 레지오 깃발 아래 모였다. 성모님의 착한 군대인 우리는 하느님을 몇 번이나 보았는가? 우리의 총사령관이며, 인자하신 성모님을 몇 번이나 만나 보았는가? 언제 어디서 만나 보았는가?

성모님은 우리들에게 강력히 요구하신다. 더욱 강하고 용기 있는 아들 딸이 되고 군대가 되어 세상에서 반드시 승리하여야 한다고 당부하신다.

아름다운 단원은 어떻게 살아야 할까?

1. 봉헌된 이라는 정신을 가져야 한다.

나는 누구인가? 나는 나 자신이지만 나아가서는 하느님의 자녀요, 하느님의 것이다. 사실 나의 탄생과 죽음, 심판, 구원 등이 결코 나의 뜻이 아니라 하느님의 뜻대로 되고 있지 않은가?

하느님을 공경하고, 하느님의 뜻대로 삶을 영위해야 한다. 단원이 되면 이제 내 마음대로 생활하고, 내 모든 것을 내 위주로 생활하는 것이 아니라, 하느님을 가운데 모시는 생활이 되어야 하고 모든 일을 하느님께 결재를 받으며 생활해야 한다.

"이 몸은 주님의 종입니다." 이것이 성모님의 정신이다. 주님의 종이오니 그대로 제게 이루어지소서! 주님의 뜻대로 하소서! 이 모든 것이 성모님의 뜻이요 정신이다.

하느님의 도구(연장)로 바쳐져야 한다. 주임신부의 지도로 세례를 받을 때 얼마나 벅찬 가슴이었는가? 매년 아치에스 행사 때마다 당신의 착한 자녀가 되고, 당신을 지키는 군대가 되겠다고 성모님에게 엄숙히 선서하면서 오늘 우리들의 생활은 어떠한가?

청결하고 빛나는 도구가 되어야 한다. 누구나 도구는 될 수 있지만 녹슬고 썩은 도구는 아무런 가치가 없고 쓸모가 없으며, 오히려 작업장의 방해물이 된다. 또한 튼튼한 도구가 있다면 써야 빛이 나고 존재의 가치가 있다. 장농 속의 금도끼가 무슨 가치가 있겠는가? 인생의 가장 보람찬 시절을 보내고 있는 우리들은 성모님의 사업에 소중하게 쓰여지는 알찬 생애를 누리기 위해 힘차게 활동해야 한다.

온전히 모두 바치는 자녀가 되어야 한다. 누가 말했던가, "이 세상에서 있으나마나한 삶을 살아서는 안 된다고…" 성모님 군대의 모습이 바로 그런 모습이어서는 안 된다.

성모님의 원대한 사업을 펼쳐 나가기 위해서는 너만은 꼭 있어야 한다는 바로 그 자녀, 그 군대의 대열에 나 자신이 서야 한다.

2. 바른길로 가고 바르게 사는 단원이 되어야 한다.

레지오의 지침서인 교본을 착실히 공부해야 한다.

성모님의 부르심에 동참했다면 우선 교본을 완전히 이해하고, 소화해야 한다. 교본의 내용을 모르고, 공부하지 않고, 교본을 멀리하며, 교본에 따르지 않는 레지오 활동을 하고 있는 단원은 레지오의 정신에 크게 역행하는 것이다. 성모님에게 불충하는 태도이다. 이런 사고방식은 레지오의 관리와 운영을, 그리고 활동을 사회 상식, 사회 지식으로 하려고 한다.

그래서 레지오의 대열을 흔들리게 하고 말썽만 부리다가 결국은 레지오 대열에서 떠나 버리는 경우가 많다. 교본을 몇십 번 읽고 또 읽으면 새 힘이 솟고, 성모님의 음성을 듣는 듯한 체험을 느낄 수 있다.

레지오 규칙을 엄격히 지키며 활용해야 한다. 일상생활에서는 조그마한 교통질서도 지키지 않으면 벌금을 물지 않는가!

이 지상에서 가장 성스럽고 위대한 성모님의 군대가 그 규칙을 지키는 것이야 오히려 당연한 미덕이 아니겠는가!

레지오는 규칙을 지켜야 한다. 적어도 교본에서 지시한 내용의 규칙을 준수해야 거대한 우리나라 대군단의 레지오 조직을 관리해 갈 수 있다. 레지오 조직에 순명하는 것이 곧 성모님에게 순명하는 것이다.

성 아우구스티노의 말을 상기하자.

"그대가 잘 달리기는 하나 바른길에서 벗어나 있다. 그러니 그대는 마침내 어디에 도착할 것인가?"

일을 바르게 하지 않으면 안한 것이나 마찬가지이다. 피나는 훈련으로 다져진 군대는 전투에서 승리한다. 전투의 방법을 바르게 수련한 군대는 결코 패배할 수 없다. 반드시 레지오 정신으로 무장된 상태에서 활동해야 한다. 레지오 정신이 부족하면 항상 실패하며 군대로서 책임감이 없어진다.

실패만 계속하는 군대는 존재할 수 없다. 한 번도 적을 정복하지 못한 군대는 얼마나 불행스러운가? 레지오 활동을 몇 년 했다고 말하려면 그 동안 무엇을 했는지 회상해 보아야 한다.

레지오 간부를 역임했다면 정말 충성스럽게 그 직무를 수행했으며, 모범적으로 솔선수범했는지 회개하고 개심해야 한다.

3. 항상 이웃을 살펴야 한다.

뿌리를 모르고 사는 사람을 찾아야 한다. 우리들의 선조가 누구인가? 창조주가 누구이며, 하느님이 누구이신지를 모르며, 그저 잡다한 세상사만 가지고 분주히 살아가는 이웃에게 생명의 진리를 알려 주는 은인이 되어야 한다.

사실 우리 자신을 보라!

교회에 인도해 준 사람들이 은인 중의 은인이란 것을 경험으로 알고 있으면서도 진심으로 감사하고 있는지 되돌아보아야 한다.

이웃의 모든 사람을 교회에 인도해야 한다. 죽어 가는 영혼을 구원하는 데 헌신해야 한다.

길을 잃고 방황하는 사람을 찾아야 한다. 무심코 살아가는 이웃들! 그냥 바쁘게 살아가는 이웃들에게 구세주를 찾도록 안내하고 가르쳐 주어야 한다.

본 고향을 모르는 이웃을 찾아야 한다. 너와 나의 본 고향은 하나이다. 지상에서 수명대로 살다가 모두가 떠나는데 그 갈 곳은 하느님의 나라이다.

우리들은 천국의 시민권을 받았다고 하고, 그래서 본 고향에서 모두 만나겠지만 본 고향을 모르고 사는 이웃을 생각하면 보고만 있을 수 없지 않겠는가 말이다.

십자가를 부담스럽게 생각하는 형제를 찾아야 한다.

이웃과 함께 상부상조하면서 살고 마음도 나누며 인간답게 삶을 영위하도록 노력해야 한다.

감사와 사랑에 인색한 형제를 찾아야 한다.

이 세상에서 무엇 하나 감사하지 않을 것이 있는가? 한 번 지나면 다시 오지 못하는 것이 우리 인생이다. 언제나 서로 감사하며 나누며 살아야 한다.

입으로만 진리를 안다고 말하는 빗나간 형제를 찾아야 한다.

이해와 협조심이 약해서 형제들간에 서로 등지고 사는 일이 없도록 우정을 꽃피우며 살아야 한다.

죄와 물질에 묶여 있는 형제를 찾아야 한다.

물질은 필요하나 물질의 노예가 되어서는 안 된다. 인간성 회복과 하느님에 대한 눈을 떠야 한다.

자기 위주로 살아가는 형제를 찾아야 한다.

이기주의의 범주에서 벗어나지 못하고 외롭게 살아가는 형제들과 신앙을 나눌 수 있어야 한다.

4. 묵묵히 땀 흘려 아낌없이 봉헌하는 정신으로 살아야 한다.

형제를 위해 피와 땀을 흘리는 단원이 되어야 한다. 성모님은 단원생활을 어떻게 해야 하는지 생활로써 보여 주셨다.

정성이 없는 활동은 위선이며 레지오 정신이 아니다. 아주 보잘것 없는 일이라도 바로 그곳에 성모님이 함께 하신다는 마음가짐으로 시간을 내어 정성껏 봉사해야 한다.

성 알프레스 몬시뇰은 "레지오는 수도단체와 동등한 평신도 단체이다."라고 하였다. 레지오가 모든 것을 봉헌하는 수도단체와 동등하다고 하는 것은 평신도인 단원들도 모두 봉헌하라는 뜻이다.

땅 속에 묻힌 보화가 되어서는 안 된다. "구슬이 서 말이라도 꿰어야 보배"라는 속담과 같이 레지오는 평신도 사도직 중에 가장 보람찬 사도직이지만, 레지오의 대열에 끼여 있으면서 성모님이 원하시는 전투를 하지 않는다면 무슨 쓸모가 있겠는가?

정당한 오락까지도 버려야 한다. 현대사회에서 친교를 맺고, 자신의 취미생활을 하느라 레지오 생활과 신앙생활에 태만한 실례가 많다.

이웃과 친교와 취미생활을 완전히 버릴 수는 없겠지만 많은 기회를 억제하고 단원 활동을 열심히 해야 한다.

우리의 여생이 얼마나 남았는가? 앞으로 몇 년 동안 성모님의 군대생활을 할 수 있을까? 이렇게 반문해 본다면, 그 동안 불충했던 일이 부끄럽게 떠오를 것이다. 우리의 건강이 좋고, 성모님에게 대한 충성심도 강한 지금 이 시기에 후회 없이 열심히 활동하여 민족 복음화의 시기를 앞당길 수 있도록 정성을 다해야 한다.

겸손과 무욕이라는 재에서 타오르는 열렬한 활동을 실천해야 한다. 미지근한 신앙을 버려야 한다. 피동적인 활동을 해서는 안 된다. 겸손한 마음과 자세를 가져야 한다. 어려운 일을 처리했다고 해서 자랑하거나 남에게 하라고 강요해서도 안 된다. 나의 모범된 활동을 보고 스스로 감화되어 활동하고 싶어지도록 좋은 표양을 보여 주는 그런 모습이어야 한다.

성모님은 당신의 군대인 레지오 단원만을 믿고 계신다. 오늘도 어제와 같이 성모님 생각에 젖어 있어야 한다. 지상의 평화군! 성스러운 그 이름, 성모님의 군대여! 성모님과 일치하는 성모님 군대의 대열에 참여하게 된 기쁨을 마땅히 활동으로 보상해야 한다.

"이 같은 사도적 영성 생활의 완전한 모범은 사도의 모후이신 복되신 동정 마리아이시다. 성모님께서는 모든 사람과 마찬가지로 지상에서 사시는 동안, 가정을 돌보시고 일에 파묻혀 지내시면서도 언제나 당신의 아드님과 밀접히 결합되셨으며 구세주의 활동을 매우 독특한 방법으로 도와주셨다. 하늘에 올림을 받으신 지금은 "당신의 모성애로 아직도 나그넷길을 걸으며 위험과 곤경을 겪고 있는 당신 아드님의 형제들을 돌보시며 행복한 고향으로 이끌어 주신다." 모든 이는 성모님을 열심히 공경하며 자기 생활과 사도직을 성모님의 보호에 맡겨 드려야 한다."(「제2차 바티칸 공의회 문헌」: '평신도 사도직에 관한 교령' 1장 4)

　성모 마리아는 '그리스도의 죄 없는 몸이 거처하실 수 있게 가꾸어진' 깨끗한 나무이다. 또 '지식의 나무도 없고 해를 끼치는 뱀도 없는 하느님의 에덴'이기도 하다.

제4장
레지오의 봉사

하느님의 무기로 완전히 무장하십시오(에페 6,11)

 레지오 마리애는 로마 군단의 충성, 용맹, 규율, 인내 그리고 성공 등을 활동에 참고하고 있다. 레지오에서 봉사는 로마 군단의 봉사보다 한 차원 높은 진실한 봉사이다. 하느님께서 주신 무기로 완전무장하고 영적인 전쟁에서 승리하는 레지오가 되어야 한다.

 봉사는 하느님께 영광을 드리는 데 헌신하는 성스러운 일을 의미한다. 봉사는 그 대가를 바라지 않는다. 그래서 아름다운 것이다. 봉사는 누구나 할 수 있지만 하느님의 자녀가 기도하면서 정성껏 봉사한다면 더욱 합당하고 진실하지 않겠는가?

 봉사하는 사람들은 하늘나라를 갈망하는 착한 형제들이다. 세속을 헤치고 악마의 그늘에서 광명의 세상으로 활보하는 사람들은 봉사를 미덕으로 실천한다. 사랑을 베풀고 인간을 사랑하는 행위가 봉사이다. 봉사는 인간을 인간답게 살도록 가르치고 보람 있게 한다.

세상을 본받지 말고 거룩한 산 제물이 되어 하느님을 기쁘게 해드려야 한다(로마 12,1-2 참조)

레지오 단원은 세상을 본받지 말고 세속에 물들지 않아야 한다. 물욕에서 벗어나야 한다. 세속의 명예를 갈구하지 말라. 오직 정성을 다하여 봉사활동에 자신을 봉헌해야 한다. 희생을 감사해야 한다.

"그토록 많이 받고도 이렇게 적게 갚다니!" 이 말씀을 항상 마음에 지녀라. 정말로 우리들은 감사해야 한다. 헌신하고 봉사해야 한다. 하느님의 음성을 들어야 한다. 하느님의 손짓을 바라보아야 한다. 그리고 응답해야 한다. 내가 어떻게 하느님의 자녀가 되었는가? 이 엄청난 사건에 감화된 단원이 되어야 한다.
"내 포도밭을 위하여 내가 무엇을 더 해야 했더란 말이냐? 내가 해 주지 않은 것이 무엇이란 말이냐?"(이사 5,4)

노고와 고통을 피해서는 안 된다(2코린 11,27 참조)

봉사하는 데 노고와 고통을 피해서는 안 된다. 죽음과 고문의 형틀을 맞이할 준비가 되어 있어야 한다.

보통 사람들이 할 수 없는 일을 단원은 할 수 있어야 한다. 어떤 환경에도 도전하고 접촉해야 한다.

형제들을 위해 목숨까지 내놓을 수 있어야 한다. 하느님께서 가르쳐 주신 사랑을 위해 내가 희생하고 죽을 수 있어야 한다.

단원들은 누룩의 정신으로 살아야 한다. 주저해서는 안 된다. 하느님의 영광을 위해 단원들은 쓰여져야 한다.

"나 무엇으로 주님께 갚으리오? 내게 베푸신 그 도든 은혜를."(시편 116,12)

그리스도께서 우리를 사랑하시고 우리를 위하여 당신 자신을 바치는 것같이 사랑의 생활을 해야 한다(에페 5,2 참조)

사랑은 겉으로만 해서는 안 된다. 그리스도의 희생과 죽음을 음미하면서 온몸과 온 정신으로 형제들을 위해 봉사해야 한다. 봉사의 대상자가 누구든지 어디서나 바로 실천해야 한다.

어려운 대상이면 주저하고 포기하는 것이 아니라 진실한 사랑의 정신으로 봉사하면 두려울 것이 없다.

"예수께서는 '나를 위해서 목숨을 바치겠단 말이오?' 라고 말씀하셨다."(요한 13,38 참조)

달릴 곳을 끝까지 다 달려야만 한다(2티모 4,7 참조)

레지오는 한계나 끝이 없는 정성된 봉사를 천직으로 하고 있다. 일생 동안 봉사적 사도직을 수행함을 합당하게 여겨야 한다.

레지오 활동에서 "희망이 없다."라는 말은 허용되지 않는다. 모두 가능하며 할 수 있는 것이다. 참된 성공은 끊임없는 노력에 있으며 그 노력은 승리하겠다는 굳은 의지에서 나온다.

봉사자는 용기가 있어야 한다. 황금 같은 끈기를 레지오에서 강력히 바라고 있다. 비신자를 입교시키고, 다른 종교 형제들을 개종시키는 활동에 봉사해야 한다.

성모님의 군대인 레지오에서 봉사는 필수요건이다. 부끄러운 봉사, 곧 간간이 마음이 내킬 때마다 미흡하고 어설픈 봉사를 하는 단원이 되어서는 안 된다. 봉사를 떠나서는 레지오는 존재할 수 없으며 레지오의 생명력을 상실하고 만다.

성모님과 일치하며 성모님이 원하시는 봉사활동을 하려면 어떠한 자세가 필요한가를 살펴보자.

1. 자신을 미덕으로 무장해야 한다

레지오가 준수해야 할 규칙은 교본에 자세하게 적혀 있으며, 그 규칙을 성실히 지키려는 정신이 마음속에 강하게 자리잡고 있어야 한다.

그러므로 쁘레시디움, 꾸리아, 꼬미씨움, 세나뚜스, 꼰칠리움에 충성하는 것은 곧 성모님에게 충성하는 것이며, 여러 조직에 순명하는 것은 곧 성모님에게 순명하고 교회에 순명하는 일이 되는 것이다.

단장한테 활동을 배정받는 일도, 또 어김없이 활동하는 일도 성모님에게 순명하는 강한 표지이다.

활동에 적극적이며 늦추지 않는 미덕을 가져야 한다. 성모님의 군대인 레지오 단원들은 사명감을 가지고 꾸준히 노력하면서 일생 동안 끈기 있는 활동을 해야 한다. 타오르는 불처럼 열심히 활동하다가 얼마 안 가서 나태해져서는 안 된다는 것이다.

또 나의 모든 활동이 나 혼자 하는 것이 아니라 항상 곁에 계시는 성모님과 함께 한다는 생각을 가져야 한다. 사실 어디를 가나 무슨 일을 하나 성모님이 지켜 보신다는 동행의식을 가질 때 감사하는 마음으로 힘찬 복무를 수행할 수 있다.

2인 1조가 되어 활동하면 서로가 위안을 받으며 힘이 된다. 또한 주말활동(ED)을 통해 나태해지기 쉬운 단원생활을 쇄신할 수 있다.

2. 세속을 본받아서는 안 된다

모임의 존엄성을 알아야 한다.

회합시간은 기도의 시간이요, 하느님 나라의 건설을 논의하는 장소이다. 회합은 지상에서 가장 성스럽고 거룩한 모임이다.

쁘레시디움의 12명 정도의 단원들은 너무나 다정스레 오순도순 생활하고 있다. 속세에서도 동창회 모임부터 시작하여 대략 5~6개 정도의 친목회가 있을 수 있고 이런 모임에는 조금만 복잡한 일이 생겨도 안 나갈 수 있지만 주회합만큼은 절대로 결석해서는 안 된다. 모든 모임과 행사 중 가장 우선적으로 참석하고 활동해야 한다. 그러기 위해서는 주회합에 대한 존엄성을 가져야 한다.

하느님의 뜻대로, 성모님의 뜻대로 생활해야 한다.

인간의 욕망 위주로 생활하고, 자기 흥미 위주로 생활하다 보면 교회에서 멀어지고 주회합 시간에 늦게 되며, 활동도 못 하게 되어 탈단까지 하는 경우가 생긴다.

체면을 앞세우느라 교회 생활을 멀리해서는 안 된다. 인간 사회 위주로 체면을 세우다 보면 열심하던 신앙도 식어 버리고 만다.

내 생활의 중심이 교회가 되고 하느님이 되어야 한다. 항상 가슴에는 성모님이 함께 하신다는 신심이 두터워야 한다.

나의 뜻대로가 아니라 하느님의 뜻대로, 성모님의 뜻대로 생활하는 단원이 되어야 한다.

시간과 약속의 고귀함을 자각해야 한다.

세속에서도 약속을 잘 지켜야 인간다운 대접을 받을 수 있다.

약속은 생명이다. 약속은 인간과 인간의 인격적인 만남이기 때문에 선진국일수록 잘 지켜지고 있다.

레지오의 약속은 세속과는 다르다. 우리들의 약속은 전우와 약속이요, 조직과 약속이고, 성모님과 약속이며, 하느님과 약속이기 때문에 최대한 지켜야 한다.

활동하기 위해 약속한 시간은 반드시 지켜야 한다.

많이 받았으니 많이 갚아야 한다.

우리들은 신앙의 선조로부터 많은 유산을 받았다. 순교 선열의 유산도 받았고, 오랜 신앙생활을 한 교우로부터 많은 도움과 지도도 받았다. 우리들이 평화스럽게 신앙생활을 하는 것도 순교 선열의 업적이 있기 때문이다. 이분들의 은혜에 보답하기 위해서는 세례식 때 하느님께 서약하고 결심했던 그 엄숙한 재생의 기쁨을 항상 기억해야 한다.

3. 인내하는 단원이 되어야 한다

내가 먼저 성화되어야 한다.

레지오의 목적에서 배운 바와 같이 레지오는 먼저 자신이 성화되어야 한다. 성화의 표징은 겸손하고 온유하며 모든 일에 대해 인내하면서 성실히 활동하는 것이다.

너무 성급하게 판단하고 경솔하게 행동하면 후회가 오기 쉽다.

공로를 세울 기회를 잡아야 한다.

아무리 훌륭한 계획을 세우고 의욕이 강하더라도 건강이 좋지 않으면 수포로 돌아간다. 우리들은 지금 건강한 몸과 굳은 신심을 두루 갖추고 있으니 얼마나 감사하고 아름다운 일인가? 바로 이런 때에 열심히 봉사해야 한다. 후회 없는 삶을 영위해야 하는 것이다.

어려울 때 아니면 언제 용기를 낼 것인가?

어려운 처지를 보면 바로 영웅적 활동을 전개해야 한다. 성모님의 군대는 언제 어디서나 내 이웃이 있는 곳이면 어떠한 활동도 가능하며 성공할 수 있다.

전투장에서 끝까지 싸워 승리하듯 우리들의 봉사도 어려운 부분까지 착수하여 성취해야 한다. 고난을 극복하지 못한다면 어찌 공로를 세울 수 있겠는가?

4. 사랑으로 무장하고 활동해야 한다

이웃 형제들을 접촉할 때 참된 우정으로 대화해야 한다.

'우정'하면 친근감이 드는 평화스런 대화의 장면이 떠오른다. 친근감이 바탕이 된 거짓 없는 대화는 상대를 감화시키며, 좋은 인상을 심어 주고 감사한 마음을 갖게 한다.

온전한 희생으로 봉사해야 한다.

정성이 없는 봉사는 아무런 공로가 없다. 성모님 사업의 협조자로서 갖추어야 할 기본 자세는 정성을 다하고 최선을 다하는 지극한 마음이다.

일의 성과를 따지기에 앞서 얼마만큼 정성을 다해 봉사하느냐가 활동의 척도가 된다.

성모님의 군대는 교회의 봉사자이다.

단원들은 교회에서나 사회에서 지도자가 아니라 봉사자이다.

성모님의 사업에 적극 협조하고 성모님과 일치하는 단원들은 모두가 인내하는 심부름꾼이다.

5. 계속적으로 봉사정신을 발휘해야 한다

제한도 끝도 없는 봉사는 일생 동안 계속되어야 한다.

일시적인 봉사는 누구나 할 수 있지만 일생 동안 봉사한다는 것은 쉬운 일이 아니다.

계속 봉사할 수 있는 인내와 정신은 자신의 믿음에서 나온다.

깊은 영성생활을 하는 단원은 봉사하는 시간이 가장 행복하다고 한다.

실패는 성공의 어머니이다.

성모님의 군대에게 패배란 있을 수 없다. 오직 정성을 얼마만큼 드리느냐가 중요하지 성과가 있고 없고는 중요하지 않다.

비록 지금은 실패했지만 언젠가는 반드시 성공한다는 확신을 가져야 한다.

설령 몇 년 동안 수 십번 방문을 해도 회두가 안 되는 쉬는 교우라 하더라도 가망이 없다고 포기해서는 안 된다.

가망 없다는 것은 그가 지옥에 가도 좋다는 뜻인가?

성과에 대하여 의심하면 활동이 마비된다.

농부는 이른 봄부터 논을 갈며 가을의 풍성한 수확을 위해 고생하지만 가을에 가서야 그 수확을 알 수 있다.

농사일은 농부가 하지만 수확은 하느님께서 하시는 것이다. 단원들은 열심히 정성을 다해 활동하고 봉사하면 그것으로 만족하고 감사해야 한다. 나머지는 하느님께서 알아서 처리하실 것이다.

효과를 의심하기보다는 더욱 기도하고 감사해야 한다.

6. 훌륭한 공적보다 지속적인 정성이 있어야 한다

일시적인 봉사나 즉흥적인 봉사가 아니라 꾸준한 계획으로 하는 것이 중요하다.

성공할수록 겸손해야 하며 실패했다고 낙심해서는 안 된다.

정성을 다했다면 성공했거나 실패했다고 해서 마음이 크게 동요될 필요가 없다.

오직 성모님에게 매달리며, 기도를 정성껏 바치면 좋다.

계속된 봉사활동으로 피곤하고 고통스런 몸살이 오면, 이것은 자기 성장의 영양소란 것을 자각해야 한다.

귀한 영혼을 도와주면서 기회를 관찰하여 그 영혼 가까이 다가서는 자세를 가져야 한다.

길 잃고 헤매는 형제들을 찾는 데 소홀해서는 안 된다.

길을 찾지 못하고 방황하는 형제들이 얼마나 많은가? 언젠가는 하느님의 품안에 돌아올 그들이 우리들의 나태로 인하여 영생의 길을 안내받지 못하고 있다는 것을 생각한다.

단원들은 복무 정신을 가다듬고 그들의 곁을 떠나지 말고, 길을 찾을 때까지 안내해야 한다.

▲ 제주 중앙성당 천주의 성모 Pr. 회합 장면.

❖

성모 마리아의 삶은 맑고 깊은 샘과 같다. 그 샘은 얕아 보이지만, 정작 바닥에 까지 닿아 보려 하면 쉽게 그 깊이를 헤아리기 어렵다는 것을 알게 된다.

제5장
레지오 신심의 개요

 레지오 신심은 하느님의 계획 속에 들어 있는 성모님의 신심에 바탕을 두고 있는데, 이는 몽포르의 성 루도비코 마리아가 지은 「복되신 동정 마리아께 대한 참된 신심」(True Devotion to the Blessed Virgin)과 꼰칠리오(De Concilio)가 지은 「성모님에 대한 이해」(The Knowledge of Mary)에서 큰 영향을 받고 있다. 레지오는 무엇보다도 먼저 하느님께 대한 깊은 믿음과 하느님께서 당신의 자녀인 우리에게 지니시는 사랑에 바탕을 두고 있다. 단원들은 불변의 굳센 믿음을 가져야 한다. 믿음은 생명 같아야 한다. 의심하고 흔들리는 믿음은 유혹에 빠지고 아무런 열매를 맺지 못한다.
 굳센 믿음은 세상을 이기는 승리의 길이기도 하지만 풍성한 열매도 맺게 해준다. 성모님의 훌륭한 믿음을 본받아 성모님의 믿음이 곧 단원들의 믿음이 되게 하자.
 레지오의 가장 소중한 의무 가운데 하나는 천주의 성모님에게 마음에서 우러나오는 신심을 드러내는 일이다. 이는 각 단원을 통해서만 가능하다. 따라서 모든 단원은 진지한 묵상과 열성적 실천으로 이 일에 함께 참여해야 한다. 단원이 이 신심을 진실로 바치려고 한다면, 주회합이나 활동 의무와 마찬가지로 이것을 레지오의 본질적 요소로 여겨야 한다. 곧 모든 단원은 이 신심의 실천에 완전히 일치하여 정성껏 실천해야 한다. 주님께 대한 믿음은 은총에 대한 확신이 서야만 비로소 꿋꿋해진다. 확고한 신앙관을 가지고 단원생활을 해야 한다. 굳센 믿음은 모든 것에 감사하고 기쁜 생활을 만들며 끝내는 승리의 나팔소리에 맞춰 하늘나라에 안주하게 할 것이다.

따라서 단원들은 성모님의 신앙을 닮아야 하고, 성모님처럼 순명의 정신으로 영성생활을 해야 한다. 성모님처럼 하느님의 계획에 믿음으로 동의하고 실천해야 한다. 하느님께서는 성모님을 닮아가는 단원들을 당신을 위해 세상을 정복하는 일에 활용하실 것이다.

성인이 되는 길은 무엇인가? 대단히 어렵고, 흔한 일도 아니지만 하느님께서는 목말라 하고 있다. 프랭크 더프는 레지오 단원은 누구나 성인이 될 수 있다고 갈파했지만 그리 쉽지는 않다. 그러나 결코 절망해서는 안 된다. 굳센 믿음은 산도 옮기고 천국도 이 세상에 옮겨다 놓을 수 있다. 레지오에서 성인이 나올 수 있다. 다만 우리의 믿음이 어떤 경지에 서 있는지가 그 길을 열게 할 것이다.

단원은 하느님의 영역에서 살며 그분의 자녀가 된 은총에 항상 감사해야 한다.

"하느님에게서 태어난 사람은 모두 세상을 이기기 때문입니다. 세상을 이긴 그 승리는 바로 우리 믿음의 승리입니다."(1요한 5,4)

하느님과 성모 마리아

레지오는 무엇보다도 하느님께 대한 깊은 믿음과 하느님께서 그 자녀들에게 가지신 사랑 위에 세워져 있다. 또한 레지오는 "지극히 높으신 분의 형언할 수 없는 기적"(비오 9세)이신 성모님에게 대한 신심을 바탕으로 세워졌다.

하느님께서는 독생 성자를 마리아를 통해 세상에 내려보내셨다. 선조들이 구세주를 얼마나 갈망했으며, 구약시대의 예언자들과 의인들은 수천 년 동안 또 얼마나 애타게 갈망했는가!

예수 그리스도를 세상에서 영접하기에 합당하신 분은 오직 자신의 기도의 힘과 높은 성덕으로 하느님의 은총을 충만히 받은 마리아 한 분뿐이셨다. 성 아우구스티노의 말처럼 이 세상은 하느님의 아들을 직접 영접하기에 합당하지 못하여 하느님께서는 당신의 아드님을 성모님에게 잉태시켜 성모님이 구세주를 받아들이게 하셨다. 영원하신 하느님께서는 사람들이 당신께 바치고자 하는 공경을 성모님을 통하여 받으시기를 원하셨다. 예수 그리스도는 온 인류를 구속하기 위해서 사람이 되시어 이 세상에 오셨지만 어디까지나 성모님 안에서 성모님을 통해서 오셨다. 하느님께서는 성모님을 '통로'로 삼으셨던 것이다.

예수 그리스도의 생애를 살펴보면 성모님을 통해서 당신의 기적들을 시작하시기 원했음을 발견하게 된다. 즉 예수께서는 엘리사벳의 태중에 있는 요한 세례자를 마리아의 입을 통해서 성자가 되게 하셨다. 성모님이 말을 하시자마자 엘리사벳의 태중에 있는 요한이 거룩해졌기 때문이다. 이는 초자연의 첫번째 기적이다. 또 가나의 혼인잔치에서 예수께서는 성모님의 겸손한 청을 받아 물을 술로 만드셨는데 이는 자연에서의 첫번째 기적이다. 이렇게 예수님은 성모님을 통해서 행하셨다.

남의 도움을 빌리지 않고 당신의 힘만으로 무엇이든지 이룰 수 있는 하느님이지만 성모님을 통해서 당신의 역사를 이룩하기 원하셨다는 것과 이러한 방법으로 당신의 생산 능력을 발휘하여 성모님을 통하여 성모님 안에서 예수 그리스도와 우리들을 낳으셨다는 사실이다. 성모님은 하느님의 은총 계획 속에 활력소로 마련되었기에 성모님이 개입되면 하느님의 영광과 우리의 은총은 더욱 커지게 된다.

단원은 항상 기쁜 생활을 해야 하며, 전능하신 하느님께 도움을 청하고 절대적인 신앙과 믿음의 정신으로 모든 것을 하느님의 뜻에 의탁하고 인간적인 이기심이나 세속적 생각에 기울지 않도록 하느님 사랑 안에서 기도하는 순례자가 되어야 한다.

모든 은총의 중재자이신 성모 마리아

하느님께서는 모든 물을 한 곳에 모으시고 그것을 '바다'라고 부르신 것처럼 모든 은총을 한 곳에 모으시고 그것을 '마리아'라 칭하셨다.

전능하신 하느님께서는 빛나고 아름답고 귀중한 모든 것과 심지어 당신의 독생자까지도 한 곳에 담아 두시는 풍성한 보물창고를 가지고 계시니 이는 곧 성모님이시다. 성인들은 이런 성모님을 두고 우리 모든 인간이 풍성한 보화를 나누어 가지는 '하느님의 보고'라고 불렀다.

예수 그리스도께서는 생활하고 죽으심으로써 얻은 당신의 무한한 공로와 놀라운 성덕을 모두 당신의 어머니 마리아에게 바쳤을 뿐 아니라 하느님으로부터 받은 모든 유산도 성모님이 관리하고 분배하도록 했으며 성모님을 통하여 당신의 공로와 성덕과 은총을 모든 이에게 분배했다. 성모님은 성령의 거룩한 짝이며 예수 그리스도께서 얻어 주신 은총의 수로이다. 예수님의 잔잔하고 풍성한 은총의 물을 흘려보내는 수로가 성모님이시며 신비가 가득한 큰 강도 바로 성모님이시다. 하느님께서 충실한 배필이신 마리아에게 큰 선물을 주시고 은총을 나누어 주는 분배자로 선택하셨기에 당신이 원하는 사람에게, 당신이 원하시는 때에 원하시는 만큼 또 원하시는 대로 선물과 은총을 나누어 주기를 마리아에게 원하신다. 천상의 선물을 성모님의 손을 거치지 아니하고 지상의 사람들에게 나누어 줄 수는 없다. 이렇게 우리가 성모님을 통해서 받는 것이 하느님의 뜻이다. 성모님은 전생애를 겸손하게 숨어 살았다. 이를 지켜본 하느님께서는 성모님을 특별히 들어 높이시고 영광 되게 하고자 하였으며 이것은 또한 우리 교회와 교부들의 뜻이기도 하다.

레지오는 성모님에게 한없는 신뢰를 두고 있다. 왜냐하면 하느님의 안배로 성모님의 권능은 끝이 없기 때문이다. 성모님은 모든 것을 중재하는 것으로만 만족하지 않고 모든 것을 우리에게 얻어 주시기까지 한다. 레지오는 이러한 성모님의 역할에 대한 믿음이 가슴 속 깊이 새겨져 있기 때문에 이것을 특별한 신심으로 삼고 있다. 이리하여 '모든 은총의 중재자이신 마리아' 축일(5월 8일)의 기도문을 까떼나에 포함시켜 모든 단원들은 매일 바치고 있다.

"하느님께서는 마리아에게 온갖 은총을 가득히 주셨다. 그리하여 우리가 바라는 모든 것, 모든 은총, 구원의 모든 은혜가 마리아로부터 우리에게 흘러내리도록 마련하셨다. 이 점을 의심하지 말아야 한다. 이런 관점에서 하느님께서 우리로 하여금 마리아를 얼마만큼 뜨겁게 사랑하기를 바라시는지 판단해 볼 일이다."(성 베르나르도/St. Bernard: "은총의 수로에 대한 강론")

원죄 없으신 마리아

원죄 없으신 잉태에 관한 신심이 레지오 신심의 두 번째이다.

모든 레지오 회합의 중심을 이루고 있는 원죄 없으신 잉태의 성모상은 맨 처음 레지오 회합에서 사용한 것이다.

레지오가 성모님의 덕을 본받아 또 하나의 성모님이 되는 것이 그분을 닮고 그분의 뜻을 이루어 드리는 일이 된다. 스승을 공경하고 따른다면 스승을 닮게 되는 것은 당연한 일이다. 단원은 자신의 모든 행위가 성모님에게 합당한지 자주 여쭈어 보며 인간적으로 대화하는 생활을 해야 한다. 이렇게 생활할 때 우리는 성모님과 일치할 수 있게 되고 행하는 모든 것이 성모님에 의해서 성모님과 더불어 또한 성모님을 위하여 시작되고 끝을 맺는 생활이 된다. 하느님의 작품 가운데 가장 훌륭한 작품이 성모님이시다. 하느님께서 친히 성자의 어머니로 택하기 위하여 하느님의 품위에 맞게 원죄에 물들지 않도록 창조하셨다. 성모님은 이 사실을 1830년 11월 27일 까리따스회의 예비 수녀인 가타리나에게 나타나시어 당신이 원죄 없이 잉태되신 분이라고 알렸다.

1854년 비오 9세 교황은 "복되신 동정 마리아는 잉태 첫 순간부터 인류의 구세주이신 예수 그리스도의 예견된 공로와 전능하신 하느님의 유일무이한 은총의 특전으로 말미암아 원죄에 물들지 않고 순수하게 보전되었다."고 선포하셨다. 모든 인간 안에 있는 악으로의 경향에서 벗어나 일생을 티 없이 사셨다. 오늘날 교회는 12월 8일을 복되신 동정 마리아의 원죄 없으신 잉태 대축일로 지내며 예수 성심 대축일 다음 토요일에 티 없이 깨끗하신 성모 성심을 기념하는 미사를 봉헌할 수 있도록 배려하고 있다.

레지오는 원죄 없이 잉태되신 마리아의 자녀가 되기를 진심으로 갈망하고 있다. 왜냐하면 거기에는 승리가 보장되어 있기 때문이다. 레지오가 성모님을 어머니로 모시고 열렬한 충성심을 발휘하면 할수록 그만큼 악의 세력에 대한 레지오의 적대의식은 커지며 승리는 더욱 완벽하고 확실하게 보장된다. 레지오는 성모님을 정성을 다해 모시기 때문에 악의 세력과 싸워 반드시 승리한다.

"나는 너와 그 여자 사이에, 네 후손과 그 여자의 후손 사이에 적개심을 일으키리니 여자의 후손은 너의 머리에 상처를 입히고 너는 그의 발꿈치에 상처를 입히리라."(창세 3,15)

우리의 어머니이신 마리아

성모님에 대한 신심의 세 번째 특징은 성모님을 우리의 참 어머니로서 특별히 공경하는 데 있다. 하느님에게서 구세주의 어머니가 되어 인류 구원사업의 협력자가 될 것을 제안받은 성모님은 그 제안을 받아들임으로써 우리의 구원에 참여했다. 나의 육적인 탄생에 참여한 분을 우리가 어머니라고 부르는 것처럼 나의 영적인 탄생에 참여하신 분도 나의 어머니라고 부를 수 있다.

바오로 사도도 자신이 구원의 복음을 전해 준 이들을 나의 자녀라고 불렀다(갈라 4,19 참조).

어머니의 뱃속에 나를 빚어 주심으로써 나의 창조사업에 있어 주된 역할을 하신 분은 하느님이시다(시편 139,13-14 참조).

우리의 구원사업에 있어서 주된 역할을 하신 분은 예수 그리스도이시다. 그러나 필요 불가결한 보조 역할을 하신 분은 성모님이시다. 그러므로 우리는 마땅히 성모님을 우리의 어머니라고 불러야 한다.

성모님은 당신의 아들과 별도로 새로운 공동체를 만들려고 하지 않으셨다. 십자가 위에서 예수님과 함께 인류의 영적인 탄생을 위하여 해산의 고통을 겪으신 성모님은 예수님을 따르는 제자들의 영적인 어머니로 선언되신 후 성령강림을 위하여 제자들과 함께 기도하심으로써 제자들 안에서 영적인 어머니로서의 역할을 수행하고 계심을 성경은 우리에게 알려 주고 있다.

우리는 예수님을 따르는 제자가 됨으로써 과분하게도 어느 어머니보다도 훌륭한 예수님의 어머니를 우리의 어머니로 모실 수 있는 은총을 받았고, 천상에서 늘 나를 위하여 빌어 주시는 어머니를 모시게 되었다. 단원 모두는 마리아의 참 자녀답게 행동하고 생활해야 한다. 또한 이 무한한 은총에 대하여 감사해야 한다. 어머니는 그 자식을 기르고 가르치는 일까지 맡지 않으면 안 된다. 복되신 동정 성모 마리아의 경우도 마찬가지이다. 성모님은 인류의 구원사업을 위한 희생 제사에 참여하신 뒤로 줄곧 하늘로부터 구원받은 모든 영혼 안에 하느님의 생명이 태어나서 자라나도록 보살피는 어머니의 역할을 하고 계신다. 이는 전능하신 하느님께서 허용하신 인류 구원의 신비 가운데 핵심을 이루는 부분으로서 우리를 가장 흐뭇하게 하는 진리이다. 따라서 이러한 성모님의 역할은 모든 그리스도교 신자들이 지녀야 할 믿음이다(바오로 6세, 동정 성모님에게 대한 봉헌/Paul VI, Signum Magnum, 1967년 5월 13일).

레지오 신심은 레지오 사도직의 뿌리

레지오의 가장 소중한 의무 가운데 하나는 하느님의 모친께 마음에서 우러나오는 뜨거운 신심을 바치는 일이다. 이러한 모습은 성실한 묵상과 열성적 실천으로 이루어진다.

단원들은 성모님의 신심을 본받아 단원생활이 이루어지도록 정성을 다해야 한다. 성모님을 존경하고 받들어 단원 자신이 가진 모든 것을 바치고 성모님에게 대한 존경과 봉사를 위해 완전히 자신을 봉헌해야 한다. 성모님은 당신을 따르는 우리들을 당신의 은총 속에 잠겨 들게 하고, 공로로 아름답게 꾸미고, 능력으로 붙들고, 빛으로 비춰 주고, 사랑으로 태우고, 겸손과 신앙과 순결의 은총을 분배해 주신다.

성모님에게 자신을 완전히 봉헌한 사람은 완전히 성모님의 것이 되며 성모님 역시 완전히 그의 것이 되는 것이다. 단원들의 성모님에 대한 신심의 표현은 회합과 활동에 어느 정도 열성을 바치는가로 나타난다. 신심이 결여되면 레지오의 일치가 어렵다. 그러므로 두터운 성모님에 대한 신심으로 무장해야 한다. 신심이 일치되지 않은 레지오 조직은 점차로 흔들리기 쉽다. 성스러운 레지오 조직을 약하게 하는 행위는 절대로 해서는 안 된다.

하느님께 모든 것을 봉헌하고 모든 것을 받으셨던 성모님의 신심을 온전히 이어받아 레지오 전체가 일치하는 강한 군대가 되도록 기도하고 협력해야 한다. 일치된 봉헌은 놀라운 은총을 주신다. 모든 단원은 신령한 집을 짓는 데 쓰일 산 돌이 되어야 한다. 동정녀께서는 예루살렘 누각에서 사도들과 함께 기도하면서 그들을 위하여 이루 말할 수 없는 정성을 쏟으셨다. 그때 성모 마리아는 교회 안에 영원히 넘치게 될 보화, 곧 그리스도의 최고 선물인 위로자이신 성령께서 내려오도록 하셨던 것이다.(레오 13세, 묵주기도/Leo XIII, Jucunda Semper, 1894년 9월 8일)

성모님을 알리자

훼이버 신부는 몽포르의 성 루도비코 마리아가 저술한 「복되신 동정 마리아께 대한 참된 신심」이라는 책 내용이 레지오 영성의 원천이라고 소개하였다.

단원 모두는 성모님에 대한 참된 신심으로 무장해야 한다. 그 실천 방법으로 첫째 내적인 것을 들 수 있다.

성모님을 천주의 어머니로 공경하는 것이다. 즉 마리아는 예수 그리스도 다음으로 은총의 역사에서 가장 존귀하고 첫째가는 분이시기 때문에 성모님을 다른 성인들보다 더 높이 존경하고 찬미해야 한다.

 성모님의 성덕과 특권과 행적을 묵상한다.

 그의 위대함을 흠모한다.

 그의 사랑과 찬미와 감사의 정을 행동으로 나타낸다.

 마음으로부터 성모님에게 간청한다.

 성모님에게 자신을 봉헌하고 성모님과 일치한다.

 나의 모든 행위가 성모님에게 의합되도록 한다.

 성모님에 의해서, 성모님 안에, 성모님과 더불어 또한 성모님을 위하여 모든 행동을 시작하고 계속하고 또 끝을 맺는다.

 이것은 우리의 최종 목적인 그리스도로 말미암아 그리스도 안에 그리스도와 함께 그리스도를 위하여 행동하는 것과 같다.

 둘째는 외적인 여러 가지 신심을 실천하는 것이다.

 레지오에 입단하여 단원이 된다. 성모님을 공경하기 위해 설립된 수도회에 입회한다. 드러내서 성모님을 찬미한다. 성모님을 공경하는 뜻에서 애긍하고 단식을 지키며 정신적으로나 육체적으로 자기를 억제한다.

 묵주나 성의나 그 외에 성모의 성패를 차고 다닌다.

 깊은 주의와 묵상과 침착 속에서 예수 그리스도의 15가지 신비를 존중하는 뜻으로 묵주기도를 바친다.

 성모님을 찬미하는 성가를 부르거나 부르게 한다.

 레지오를 위해서 봉사하고 활동하며 성모님 제단을 꾸민다.

 성모님의 상본이나 동상 혹은 그 이름을 성당이나 집 안에 모신다. 자기 자신을 특별하고 장엄한 형식으로 성모님에게 봉헌한다.

특별히 유의해야 할 점은 대부분의 사람들이 신심의 외적 행동에 머물러 그 이상 나아가지 못하고 있다는 점이다.

우리는 내적인 신심 생활에 깊이 심취해 성모님에게로 일치하는 착한 자녀가 되어야 한다.

마리아께 나의 모든 정성을 드릴 때 성모님의 은총 속에 변화되어 착하고 강한 자신이 될 것이다. 성모님에게 충성된 생활을 하는 단원들은 성모님이 당신의 신심에로 인도하여 덕에서 덕으로, 은총에서 은총으로, 깨달음에서 깨달음으로 더욱 충만되어 마침내는 그 영혼 자신이 예수 그리스도 안에서 변화되고, 세상에서는 인간의 충만한 완덕, 그리고 천국에서는 충만한 영광의 극치에 이르게 될 것이다.

"천주의 성모여, 하느님께서는 우리에게 모든 것을 주시고자 하십니다. 그러므로 이제 모든 것은 우리에게 달려 있으며, 또한 무엇보다도 모든 것을 받아서 간직하고 모두 나누어 주시는 당신께 매어 있습니다. 요컨대, 하느님으로부터 오는 모든 것을 받는 당신과 사람들이 얼마만큼 일치되느냐에 모든 것이 달려 있습니다."(그라트리/Gratry)

성모님을 이 세상에 모셔 오는 일

성모님에게 대한 신심이 우리에게 놀라운 결과를 주신다는 사실을 알았다면 먼저 성모님을 세상에서 모시는 일이 최대의 목표가 되어야 한다. 사실 이 세상에서 성모님의 신비를 알아듣는 것은 복되고 또 복된 일이다. 그 복된 영혼은 성모님 안에서 하느님을 찾아뵙게 될 것이다.

성모님을 세상에 모시는 일은 누가 할 것인가!

이 일은 반문할 필요도 없이 레지오에서 착수해야 한다. 성모님이 레지오 마리애를 창단하신 것은 곧 당신께서 당신의 뜻대로 쓰기 위한 것이다. 레지오는 성모님이 영혼들을 돌보며 당신의 영원한 사명을 완수하는 데 활용하시는 사도직 단체이기 때문이다.

성모님의 이름을 지니고 있는 것을 더할 수 없는 자랑으로 여기며 아이들처럼 서로 신뢰에 바탕을 두면 영혼을 돌보는 사업이 어렵지 않을 것이다.

"'하느님의 뜻을 실행하는 사람이 바로 내 형제요 누이요 어머니다.'(마르 3,35) 이 얼마나 놀랍고 영광스런 일인가! 예수께서는 우리를 얼마나 높은 영광으로 들어올리셨는가! 여성들은 예수님을 세상에 낳아 주신 성모님을 지극히 복되다고 칭송한다. 그러나 그 여성들이 성모님과 같은 모성에 참여하는 일을 가로막는 것은 무엇인가? 여기에 대해서 복음 성경은 새로운 세대의 모형, 새로운 어버이 모형에 관해서 말하고 있다."(성 요한 크리소스토모/St. John Chrysostom)

제6장
성모님에 대한 레지오 단원의 의무

 성자께서 나자렛에서 보여 주신 모범을 본받아 습관적으로 성모님의 뜻에 온전히 의존하는 생활을 해야 한다. 이것이 곧 봉헌의 기본이다.
 언제나 성모님을 통하여 성모님과 함께 성모님 안에서 성모님을 위해서 모든 행동을 해야 하고, 성모님은 언제나 우리와 함께 행동하시고 우리의 모든 노력을 감독하시고 그 노력의 성과를 관장하신다는 사실을 항상 명심해야 한다. 성자께서 성부의 영광과 우리의 구원을 위하여 성모님에게 갖기를 원하셨던, 말로 표현할 수 없는 의존 관계를 단원들은 묵상하고 공경하며 본받아야 한다. 단원들은 성 요한 바오로 2세 교황이 '구세주의 어머니'란 회칙에서 말씀하신 것을 자신의 것으로 받아들여야 한다.
 "자녀로서의 마리아께 자신을 의탁함으로써 그리스도인은 요한 사도처럼 그리스도의 어머니를 '자기 집에 모시며' 자신의 내적 생활을 이루는 모든 것 안에, 곧 자신의 인간적, 그리스도인적 자

아 안에 그분을 모시게 되는 것입니다."('구세주의 어머니' 45항)

성모님은 신앙으로 하느님의 말씀을 받아들이신 깨어 있는 동정녀이시다. 성모님의 신앙은 하느님의 어머니가 되시는 전제조건이요 길이다. 복되신 성모님은 믿음으로 잉태하신 분(예수님)을 믿음으로 낳으셨다. 레지오의 무기는 성모님에게 대한 공경과 신심이다. 성모님에게 대한 끝없는 사랑은 최고의 무기이다. 또한 겸손은 단원의 으뜸가는 미덕이다. 겸손은 예수님을 모시는 그릇이다. 겸손한 사람은 성모님의 자녀이다. 예수께서는 겸손으로 당신 어머니 성모님에게 봉사하셨고, 성모님을 단원들에게 주시려 하신다. 겸손은 성모님과 일치하는 길이다.

성 요한 23세 교황은 "나는 나 자신을 위하여 항상 세 가지를 청합니다. 그것은 겸손과 열정 그리고 사랑입니다."라고 말했다.

레지오 마리애 창설자인 프랭크 더프는 "성모님을 사랑하는 사람은 성모님과 함께 영혼들에 대해서 걱정하고, 성모님과 함께 찾으러 다니며, 성모님을 통해 예수님을 찾으려 한다."고 말했다.

레지오 마리애의 개척자인 에델 퀸은 20세 때 단원이 되어 2년 동안 단장으로 재직했는데 갑자기 폐결핵에 걸려 2년 반 동안이나 입원하게 되었다. 완쾌되지 않은 약한 몸으로 아프리카로 건너가서 여러 교구에 레지오를 전파하는 도중 몸이 너무 쇠약해졌다. 그럼에도 그녀는 6주일 동안이나 계속해서 순례하여 쁘레시디움을 설립했으며, 레지오를 위해 자신을 온전히 불태웠다.

레지오 단원은 성모님에 대한 신심을 진지하게 묵상하고 실천함으로써 이 신심을 드높여야 할 엄숙한 의무가 있고 이 의무는 본질적인 것이며 단원이 지켜야 할 모든 의무 가운데 가장 앞서는 것이다(제5장 레지오 신심의 개요 및 부록 5 참조)

성 보나벤투라는 성모님을 주님의 거룩한 피를 분배하는 분이라고 불렀다. 레지오는 성모님을 세상에 모셔 오는 것을 목표로 삼고 있다. 성모님은 하느님의 나라를 건설하는 일에 일생을 봉헌하셨다. 단원은 항상 성모님을 마음에 모셔야 한다. 성모님을 모시지 않은 단원은 무장 해제된 군인이요, 끊어진 고리이며 마비된 팔이다. 새가 날개가 있더라도 공기의 떠받침이 없이는 스스로 날아갈 수 없듯이 우리의 영혼도 성모님 없이는 하느님께 올라갈 수 없으며 하느님의 사업도 할 수가 없다. 우리는 성모님에게 열렬한 기도와 정성어린 봉헌을 시작해야 한다. 한 번만 하는 것이 아니라 지속적으로 봉헌하여 성모님의 영향력이 항상 영혼 안에 미치고 있다는 의식을 가져야 한다.

"나의 모후, 나의 어머니시여, 나는 당신의 것이오며 내가 가진 모든 것이 당신의 것이옵나이다."를 반복하며 내 영혼이 성모님을 숨쉬어야 한다. 일상생활 속에서도 성모님에 대한 생각과 감사를 끊임없이 불러일으켜야 한다. 단원의 영혼은 온통 성모님 생각에 있어야 하며 무슨 일을 하든지 먼저 성모님의 허락을 받고 실천해야 한다. 성모님의 영혼과 나의 영혼이 일치되고 하나가 되도록 정성을 다하며 성모님을 본받고 성모님에게 진심으로 감사하며 성모님과 함께 기뻐하고 함께 슬퍼해야 한다.

"성모님과 함께 즐겁게 살고, 성모님과 함께 모든 시련을 견뎌 내며, 성모님과 함께 일하고, 성모님과 함께 기도하며, 성모님과 함께 여흥을 하고 성모님과 함께 쉬어라. 성모님과 함께 예수님을 찾아라. 그리하여 그대의 팔에 예수님을 안고, 예수님과 성모님과 함께 나자렛에 살 집을 마련하라. 성모님과 함께 예루살렘으로 가고, 십자가 곁에 머무르며 그대 자신을 예수님과 함께 묻으라. 예수님과 성모님과 함께 부활하고, 예수님과 성모님과 함께 하늘나라에 오르고, 예수님과 성모님과 함께 살고 죽으라."(토마스 아 캠피스/Thomas a Kempis: 수련자들을 위한 강론)

성모님의 겸손을 본받음은 레지오 활동의 뿌리이며 수단이다

레지오는 성모님의 군대로서 성모님의 명령에 따라 용감히 싸워야 한다. 레지오 마리애는 '성모님의 군대'란 뜻이다.

단원들은 자신이 성모님의 군대임을 의식할 때 더욱 강력하게 활동하게 되어 감사함이 한층 더해진다.

레지오는 군대, 싸움, 작전 계획, 전략, 용기 등의 말을 사용하는데 이는 하느님의 나라를 건설하기 위해서 봉헌된 자녀로서 정성을 드리는 데 합당한 호소력이 있기 때문이다.

레지오 단원의 싸움은 이 세상의 것이 아니므로 다음과 같이 하늘나라의 전략에 따라 싸워야 한다.

'부드러운 손길만이 레지오의 큰 칼을 휘두를 수 있고, 그칠 새 없이 샘솟는 정열은 고요한 생각과 두려움에서 비롯된다.'

단원의 마음속에 타오르는 불길은 미세하면서도 비세속적인 특성을 지닌 '재'에서 비롯된다. '재' 속에는 겸손의 덕이 있기 때문이다. 겸손은 레지오 사도직에서 반드시 수행해야 할 규범이요 생활지침이다.

열성적인 활동은 참된 겸손의 정신에서 솟아난다. 겸손이 없이는 활동에 따른 열매도 레지오의 희망도 없다.

성 토마스 아퀴나스는 "그리스도께서 겸손의 덕을 강조했는데 그 까닭은 겸손으로 말미암아 인류 구원의 최대 장애요인이 제거되기 때문이다."라고 말했다. 모든 덕의 가치는 바로 이 겸손에서 비롯된다. 하느님께서는 겸손한 사람에게 은혜를 베푸셨고 겸손이 사라질 때 그 은혜도 거두어 가셨다. 흔히 성모님은 겸손의 모범이라고 한다. 그렇다면 성모님의 겸손이란 어떤 모습일까?

천사가 "성령의 능력으로 아기 예수를 낳을 것이다. 그리고 모든 여인 중에 가장 복된 여인이 될 것이다."라고 전해 준 소식을 듣고 성모님은 "주님의 뜻이 제게 이루어지소서."라고 기쁜 마음으로 응답했다. 오로지 모든 것을 하느님께 맡기는 겸손의 자세가 없었더라면 인류의 구원사업은 이루어질 수 없었다. 오직 그분의 뜻이라면 모든 것을 따를 수 있는 성모님의 그 겸손을 본받아야 한다. 시골 처녀가 자신의 겸손으로 하느님의 어머니가 되셨고, 당신의 전능하신 팔을 펼치시어 마음이 교만한 자들을 흩으셨고, 권세 있는 이들을 그 자리에서 내치시고, 보잘것 없는 이들을 높이셨던 것이다.

진정 하느님의 자녀가 되려면 그분께 의탁하고 자신을 비워야 한다. 겸손은 나 자신을 아무런 가치가 없는 존재라고 인정할 때 생긴다. 자신을 완전히 낮추고 자존심을 버리고 남의 멸시와 천대를 견뎌 내는 인내의 정신에서 비롯된다. 한 단원이 아무리 굳센 결심을 했다고 하더라고 군대라는 기계의 톱니바퀴가 될 만한 능력과 자격을 갖추지 못하면 레지오 단원의 자격이 없다. 즉 성모님과 일치하고 레지오 조직과 일치해야 한다. 겸손의 덕이 없다면 일치되지 않고 성화도 안 되며 단원의 자격이 상실되고 레지오가 생기를 잃게 된다.

레지오의 싸움은 단원 자신의 마음에서 시작된다. 각자의 마음속에 크게 자리잡고 있는 교만과 이기심을 소멸시켜 버려야만 성스러운 성모님 군대의 자격이 있고 하느님의 사업에 협력할 수 있다. 겸손한 동정 성모님은 '자기 자신'이라는 뱀의 머리를 발뒤꿈치로 부수었다.

자기 현시라는 뱀의 머리를 부순다.
이기심이라는 뱀의 머리를 부순다.
자만심이라는 뱀의 머리를 부순다.
자부심이라는 뱀의 머리를 부순다.
자기애라는 뱀의 머리를 부순다.

자기 만족이라는 뱀의 머리를 부순다.
출세욕이라는 뱀의 머리를 부순다.
아집이라는 뱀의 머리를 부순다.

"예수 그리스도 다음으로는, 복되신 동정 마리아만큼 하느님의 영광에 이바지한 이는 없다. 그럼에도 마리아가 신중히 추구한 유일한 목표는 당신 자신을 철저히 낮추는 것이었다. 마리아의 겸손은 하느님의 계획에 장애가 되는 것처럼 보였다. 그러나 그와는 정반대로 겸손이야말로 하느님의 무한하신 자비의 계획을 쉽사리 달성할 수 있게 만들었다."(「예수와 마리아의 영성생활」, 그루/Grou)

성모님에 대한 참된 신심은 사도직의 의무를 요구한다

성모님의 고귀한 품성과 사명의 모든 것이 우리 삶 안에서 재현되도록 정성을 다하여 사도직 활동에 착수해야 한다.
우리가 성모님을 차지하고자 한다면 성모님의 모든 면을 받아들여야 한다. 성모님의 일부분만 안다든지 중요하지도 않은 면에만 주된 관심을 가져서는 안 된다.
성모님에 대한 올바른 신심은 성모님과 일치함으로써만 성취된다. 곧 성모님과 공동체를 이루는 삶을 뜻한다. 성모님의 삶은 찬미를 바라는 데 있지 않고 은총을 전달하는 것이 특성이다. 성모님의 생애와 사명은 그리스도의 어머니요, 인류의 어머니로서 모든 일을 하시는 것이었다. 나자렛의 조그마한 가정은 전세계가 되었고 성모님의 가사 돌봄은 언제까지나 계속되고 있으므로 그 확대된 나자렛 사업도 성모님 없이는 이루어질 수가 없다. 사도직은 이런 성모님의 어머니 임무에 참여하는 것이다.

레지오는 성모님과 사도직이라는 두 가지 원리를 바탕으로 세워진 것이 아니라 성모님이라는 단일 원리를 바탕으로 세워졌다. 즉 사도직과 전체 그리스도인 생활을 포괄하고 있는 것이다. 그러므로 우리가 사도직에 바로 착수함으로써 성모님은 우리의 활동을 당신 품에 안아들여 당신의 임무 속에 융합시키게 된다. 우리가 성모님을 도와드리지 않으면 결국 영혼들은 죽는다.

성모님이 지닌 은총의 보화는 넘치고 있으나 우리의 도움 없이는 그 보화를 분배할 수 없다. 어머니의 역할도 다할 수 없다. 따라서 영혼들도 굶주려 죽게 될 것이다. 성모님은 협력자를 필요로 한다. 당신의 손에 온전히 봉헌되고자 하는 착한 자녀들을 열렬히 환영하고 있다. 우리와 더불어 어머니의 임무를 다할 수 있도록 갈망하고 있다. 미약하고 보잘것 없는 사람까지도 다 쓰고자 하시는 어머니께 우리의 모든 것을 봉헌해야 한다.

성모님에게 봉사할 때는 전력을 다하자

성모님에게 바치는 봉사는 최고의 품질이어야 한다. 완벽한 활동으로 하느님께 봉헌해야 하기 때문이다. 성모님에게 온전히 의존하는 만큼 그분께 드리는 선물도 최선의 것이 되어야 한다. 많은 시간을 바쳐야 하며 정성을 다하여 봉사해야 한다.

단원은 사람들의 영혼을 영성적으로 풍부하게 하고 구원하기 위하여 성모님과 공동 노력을 하는 참된 노력자이다. 성모님과 단원은 서로 부족한 것을 보충한다. 성모님은 당신의 모든 순결과 권능을 단원에게 주시고, 단원은 자기의 활동과 능력과 모든 것을 드리는 협조 정신을 유지해야 한다.

성모님에 대한 신뢰가 크면 클수록 거기에 비례하여 아낌없이 봉헌해야 한다. 활동 대상이 크거나 작거나 상관없이 최선을 다하고 그 성패에 관계없이 최대의 노력과 정성을 다해야 한다.

타산적인 태도는 금물이다. 성의 없고 기계적인 행동은 육체적으로 피곤할 뿐이며, 영성적으로도 아무런 도움이 될 수 없다. 어떤 일이건 성모님을 위하여 열심히 하면 성모님의 전폭적인 협력을 얻을 수 있다.

성모님에게 바치는 크고 작은 모든 일은 비록 아주 조그마한 것일지라도 성모님이 그것을 모아 무수히 불려서 필요한 사람에게 분배하여 주신다.

반면에 단원들이 적게 바친다면 성모님의 활동은 그만큼 제한되고 공동사업도 정지된다. 단원은 자기 능력을 온전히 성모님에게 바쳐야 한다. 성모님은 나태하여 바치지 않는 단원의 몫을 보충하지는 않으신다는 것을 알아야 한다. 단원들은 성모님이 쓰시는 단순한 도구만이 아니라 인류의 영혼을 영성적으로 풍부하게 하고 구원하기 위해 일하시는 성모님의 참된 협력자임을 명심해야 한다.

단원들은 일의 쉽고 어려움을 떠나서 성모님에 관한 사업에는 최선을 다해야 한다. 성모님을 위하여 바치는 단원들의 활동은 모두 은총을 받게 된다. 아낌없이 봉헌하고자 하는 단원에게 풍부히 주시는 성모님에게 의존하면 불가능이란 없다.

하지만 성모님에게 온전히 의탁하고 있다고 생각하면서 자기의 불충분한 노력이나 허술한 활동을 정당화해서는 안 된다. "네 마음을 다하고 목숨을 다하고 생각을 다하고 힘을 다하여 봉사하라." 하신 말씀을 상기하여 열심히 헌신해야 한다.

레지오 단원들은 몽포르의 성 루도비코 마리아의 성모님에 대한 참된 신심을 실천해야 한다

성인의 참된 신심의 내용은 성모님과 정식 계약을 맺을 것을 요구한다. 자기의 전부를, 곧 영성적이거나 현세적이거나를 막론하고 자기의 모든 생각과 소유물, 과거 현재 미래를 온전히 성모님에게 바쳐 노예처럼 되라고 강조한다. 이렇게 성모님에게 바침으로써 성모님을 통하여 예수님께 바쳐지는 것을 의미한다.

성모님에게 바쳐야 할 것을 살펴보면 **모든 감각과 지체를 포함한 우리의 육신 전부를 바친다. 우리의 영혼을, 드러나지 않은 영혼의 능력까지 포함해서 바친다. 현재의 것이건 미래의 것이건 우**

리의 모든 물질적 재산을 바친다. 우리의 내면적이고 정신적인 재산, 즉 과거 현재 및 미래의 모든 공로와 덕행과 선행을 바친다. 한 마디로 요약하면 현재 자연의 세계와 은총의 세계, 영광의 세계에서 우리가 가질 수 있는 모든 것을 다 바쳐야 한다는 뜻이다.

성 루도비코는 "성모님의 생명이 영혼 안에 이룩되면 그 영혼이 살아가는 것이 아니라 그 영혼 안에서 성모님이 살아가는 것이 된다. 그렇게 되면 성모님의 영혼이 곧 우리 영혼이 된다. 그리고 성모님이 우리 영혼 안에서 여왕이 되실 때 그분은 놀라운 일을 행하신다. 성모님이 영혼에 생기를 주실 것이며…또 예수님과 함께 성모님이 그 영혼의 전부가 되신다…."고 말했다.

성 루도비코는 순례의 길에서 만난 다정한 친구들과 작별하면서 세 번씩이나 이렇게 당부하였다.

"십자가를 많이 지십시오."

이 말씀을 오늘날의 어려운 여건 속에서 선교활동에 수고하는 단원들에게 하는 당부로 받아들이면 좋겠다.

단원들은 우선적으로 몽포르의 성 루도비코 마리아가 가르쳐 준 신심의 독특한 내용을 이해하고 몸에 배도록 해야 한다. 성인은 '참된 신심' 또는 '마리아의 종'이란 제목의 내용에서 성모 신심을 가르치고 있다. 그리고 「복되신 동정 마리아께 대한 참된 신심」과 「마리아의 비밀」이란 두 책에서 성모님에 대한 신심을 더욱 잘 설명하고 있다. 자기 전체, 자기의 모든 생각과 소유물, 과거 현재 미래를 아무리 사소한 것이라도 아낌없이 바쳐야 한다는 것이다.

영혼의 움직임이나 숨겨 놓은 재산, 그리고 가장 깊숙한 자신의 속마음까지도 모두 아낌없이 드려야 한다. 마지막 임종 때까지 모든 것을 성모님에게 봉헌해서 성모님이 하느님을 위해서 쓰실 수 있도록 해야 한다.

성모님에 대한 참된 신심은 예절을 갖춘 봉헌식도 중요하지만 봉헌 후에 어떠한 삶을 사느냐가 더 중요하다. 즉 참된 신심은 하나의 행위가 아니라 생활 안에서 계속적으로 이어지는 충성심으로 드러나야 한다. 성모님에 대한 신심이 생활화되고 우리들의 삶에 쉴새없이 영향을 미쳐야 한다.

성모님에 대한 참된 신심은 분명히 은총을 받고 단원들에게 은총을 나누어 줄 수 있게 한다. 참된 신심의 소유자는 모든 것을 신앙의 눈으로 바라보고 용맹스런 용기로 활동한다. 어떤 일이나 솔선수범하고 희생을 즐거운 마음으로 감수한다.

단원의 구원과 성화, 그리고 필요한 모든 것이 전적으로 성모님의 관심사이다. 그러므로 단원들은 성모님의 지향을 위해 기도해야 한다.

또한 과감히 봉헌하는 단원이 되어야 한다. 혹시 자신에게 손해가 돌아오더라도 따져서는 안 된다. 타산적인 생각을 버려야 한다. 봉헌에는 희생과 아픔이 따르게 된다.

그러나 모든 생사는 하느님께서 주관하시기 때문에 인간적인 생각에서 탈피해야 한다. 굶주리지 않도록 기적(요한 6,1-14)을 베풀어 주신 예수님께 의탁하면 된다. 예수님과 성모님은 아무 조건 없이 착한 단원들과 영혼들을 대해 주신 것이다.

단원들은 몽포르의 성 루도비코 마리아의 성모님의 신심에 대한 독특한 내용이 기록되어 있는 다음의 글과 책들을 읽어 봐야 한다.

글 : '참된 신심(The True Devotion)'
　　 '마리아의 종'
책 : 「복되신 동정 마리아께 대한 참된 신심」
　　 「마리아의 비밀」

제7장
레지오 단원과 성삼위

 레지오 마리애가 처음으로 보여 준 공동 행위가 성령의 이름을 부르고 그분께 기도한 다음 묵주기도를 시작하여 성모님과 그 아드님께로 나아가는 순서로 진행된 것은 매우 뜻 깊은 일이다.
 원래 레지오의 깃발은 로마 군단의 군기를 레지오의 목적에 맞도록 개선한 것이다. 즉 독수리 대신 비둘기를, 황제나 집정관 대신 성모상을 새겨 넣은 것이다. 그러나 마지막 모습은 성령으로 하게 되었다. 성령은 생명을 주시는 당신의 능력을 세상에 전하는 통로이자 레지오를 이끄시는 성모님을 이용하신다.
 레지오의 색깔이 푸른색이 아니라 붉은색인 것이 특별히 눈길을 끈다. 그것은 레지오의 상징적 표현이 요구하는 것으로 성모님은 성령으로 충만한 분임을 드러내야 하므로 후광을 붉은색으로 표시해야 하고, 또 레지오의 색깔이 붉어야 한다고 생각했다. 같은 표시가 뗏세라 그림에도 감명을 주고 있다. 거기에는 성모님을 성경에 나오는 불기둥의 모습인 성령과 더불어 매우 찬란하게 불타는 모습으로 묘사하고 있다.

세계를 새롭게 태어나게 하는 일은 언제나 성령이 하시며 그 중개자는 언제나 성모님이시다. 성모님 안에 성령이 작용하심으로써 영원하신 성자가 사람이 되셨다. 이렇게 해서 인류가 성삼위와 결합되었으며, 성모님은 성삼위의 각 위와 서로 다른 독자적인 관계를 맺게 되었다.

우리는 이런 성모님의 3중적 지위를 최소한도나마 살펴볼 필요가 있다. 물론 하느님의 섭리를 이해함은 특별히 선택된 은총이기도 하다. 그러나 우리는 그것을 알아들으려고 힘써야 한다.

성인들은 성삼위를 구분해야 할 필요성과 각 위격에 대한 맞갖은 존경을 바쳐야 한다고 역설하고 있다. 아타나시오 신경(성 아타나시오, 295-373, 信經: Symbolum Athanasinum/일명 퀴쿰케 Quicumgue 신경이라고 함. 즉 누구든지 믿는 이만이 구원될 수 있다는 주장이다. 이 신경은 성삼 교리를 강조한다. 이 신조를 따르지 않을 때는 벌을 받으리라고 경고하고 있다. 40개 신조로 이루어진 이 신경은 9세기부터는 매주일 성무일도 중에 고백하도록 배려되었으나 오늘날에는 3대 대축일 성무일도서에 삽입되어 있음)은 그 필요성에 대해 강경하고도 단호한 표현을 하고 있다. 그것은 창조와 강생의 궁극 독적이 삼위일체의 영광이라는 사실에 근거를 두고 있다.

그러나 어떻게 하면 알아듣기 어려운 이 신비를 어렴풋이나마 알아볼 수 있을 것인가? 그것은 하느님의 빛으로서만 가능하지만 그런 은총은 성모님에게도 확실히 요구되는 것이다.

왜냐하면 성모님은 이 세상에서 처음으로 삼위일체의 교리를 확실히 계시받은 분이시기 때문이다. 그 계시가 이루어진 것은 예수님의 탄생에 관한 '천사의 아룀'이라는 획기적 순간이었다.

성삼위께서는 대천사를 통하여 성모님에게 몸소 밝혀 내셨다. "성령께서 너에게 내려오시고 지극히 높으신 분의 힘이 너를 덮을 것이다. 그러므로 태어날 아기는 거룩하신 분, 하느님의 아드님이라고 불릴 것이다."(루카 1,35)

이 계시에서 성삼위가 확실히 밝혀졌다. 첫째, 강생의 신비를 주관하신 성령, 둘째, 강생하실 분의 성부이신 지극히 높으신 분, 셋째, 그 성자, 곧 "지극히 높으신 분의 아드님이라 불리실"(루카 1, 32) 분이시다.

성모님과 삼위의 관계를 묵상해 보면 우리가 삼위를 구별하는 데 도움이 될 것이다. 제2위와 성모님의 관계는 어머니라는 관점에서 가장 쉽게 이해할 수 있다. 그런데 성모님의 모성은 친밀성, 영원성과 보통 인간의 관계를 무한히 초월하는 특성을 지닌다.

예수님과 성모님의 경우에는 영혼의 일치가 우선적이고 육체적 일치는 그 다음이다. 그래서 성자가 태어나심으로써 육신이 갈라진 뒤에도 두 분의 일치는 중단되지 않고 계속되며, 아주 친밀하게 맺어졌다. 이 결과 교회는 성모님을 성자의 협력자, 구원사업에서의 공동 구속자, 은총의 중개자라고 부를 뿐 아니라 실제로 "그리스도와 닮은 분"이라고까지 천명하게 되었다. 성령과 성모님의 관계를 말하면 흔히 성령의 궁전, 또는 성령의 지성소라고 불린다.

 그러나 이런 개념은 참모습을 나타내는 데는 충분하지 않다. 성령께서는 성모님에게 당신 다음가는 존엄성을 지니게 할 만큼 성모님과 일치하셨기 때문이다. 성령은 성모님을 들어올려 당신과 하나로 결합시켰고 당신으로 말미암아 살게 하셨으므로 성령은 바로 성모님의 영혼처럼 되셨다.

 성모님은 단순히 성령께서 활동하시는 데 쓰시는 연장이나 통로에 그치는 것이 아니다. 성모님이 행동하실 때는 성령 또한 행동하시고, 성모님의 전달이 수락되지 않으면 성령의 전달도 수락되지 않을 정도로 성모님은 모든 것을 다 알고 의식하면서 성령과 협조하시는 분이다.

 성령은 사랑, 아름다움, 힘, 지혜, 순결 및 하느님의 속성을 모두 지니신 분이다. 성령이 충만히 임하시면 필요한 것은 모두 얻을 수 있고 가장 고통스러운 문제도 하느님의 뜻에 맞도록 해결될 수 있다. 성령을 자신의 협조자로 여기는 이는(시편 77편 참조) 하느님의 전능을 보게 된다. 성령의 보살피심을 받기 위한 하나의 조건은 성모님과 성령과의 관계를 이해하는 일이다. 또 하나의 중요한 조건은 성령께서 실체적이고 개별적인 성삼위의 한 분으로서 우리에게 특별한 사명을 지니셨음을 충분히 인식하는 것이다.

 이렇게 성령께 대한 인식이 지속되려면 우리의 마음을 자주 성령께로 향해야 한다. 이와 같이 성령께로 향하는 행위가 첨가될 때 동정녀인 성모님에게 바치는 모든 신심이 성령께 바로 전달되게 된다. 특히 레지오 단원들은 묵주기도를 이와 같이 활용할 수 있다. 묵주기도는 성모님에 대한 주요 기도이기에 성령께 대한 으뜸가는 신심행위가 될 뿐 아니라, 그 내용인 15단의 신비는 구원사업에서 성령께서 맡으시는 중요한 중재 구실을 찬미하기 때문이다.

성령을 성경에서는 하느님의 얼, 숨결, 바람, 거룩한 영 등으로 표현한다. 흔히들 성모님의 짝이라고도 한다. 성령은 하느님으로서 성부와 성자와 같으신 분이다. 이분은 영원으로부터 계시며 전지전능하신 분이다.

성령은 실제로 구분되는 천주의 한 위로서 우리에게 특별한 사명을 지니셨다는 사실을 충분히 인식하면서 우리의 기도를 성령께로 향하도록 바쳐야 한다. 따라서 성모님에게 바치는 기도도 성령께로 바로 전달될 것이다.

이상으로 성삼위나 성모님의 관계를 살펴보았다. 레지오가 처음에 보여 준 공동 행위는 성령께 기도한 다음 묵주기도를 통해서 성모님과 당신의 성자께로 나아가는 순서로 되어 있었다. 벡실리움, 뗏세라 등에서 예수님의 영(靈)인 성령으로 가득 찬 성모님의 후광을 붉은색으로 표시한 것은 성령의 권능으로서 인류의 구원을 승리의 길로 이끌어 가자는 큰 의미가 있다.

성모님은 세상에서 맨 처음으로 성삼위의 교리를 확실히 계시받은 분이시다. 성삼위의 각 위에 대하여 성모님이 가지시는 각기 다른 관계를 묵상하면서 정성을 다해 감사의 기도를 바쳐야 한다.

레지오 기도문을 보면 맨 처음에 성령께 대하여 기도를 바친다.

"오소서, 성령님.

저희 마음을 성령으로 가득 채우시어

저희 안에 사랑의 불이 타오르게 하소서.

주님의 성령을 보내소서.

저희가 새로워지리이다.

또한 온 누리가 새롭게 되리이다.

기도합시다.

하느님, 성령의 빛으로 저희 마음을 이끄시어

바르게 생각하고

언제나 성령의 위로를 받아 누리게 하소서.

우리 주 그리스도를 통하여 비나이다.

아멘."

이상과 같이 기도를 바친 다음에 묵주기도를 통하여 성모님과 당신의 성자께로 나아가는 순서로 되어 있다. 이는 매우 뜻 깊은 일이다.

벡실리움을 도안할 때 처음부터 계획된 일이 아닌데도 성령께 대한 으뜸가는 정성이 나타났다. 성령의 모습이 벡실리움 표상의 주조를 이루고 있다는 사실은 우연한 일치에서 온 것이다. 그 도안이 유명한 신학자의 사상과 연구에서 비롯된 것이 아니라, 한 예술가의 착상이었다는 점에서 볼 때 놀라운 일이 아닐 수 없다. 벡실리움의 전체적인 구도는 결국 성령께서 온 세계에 생명의 은혜를 내리실 때 성모님을 그 수로로 삼으시고 또한 레지오를 차지하는 모습으로 되어 있다.

그 후에 뗏세라의 그림을 그렸을 때도 동일한 신심 관계가 나타났다. 성령께서 레지오를 덮어 거느리시는 모습이 드러나고 있다. 성령의 권능으로 끝없는 싸움이 수행되고 동정녀가 뱀의 머리를 부수시며 성모님의 군단이 그 적대 세력에 대한 예언된 승리를 향해서 진군하고 있다. 뗏세라의 그림을 보라! 우리의 어머니 성모님이 성령과 더불어 휘황찬란하게 타오르는 불기둥으로 묘사되고 있다. 레지오 선서문에도 성령께 향해야 한다고 일관성 있게 지향하고 있다.

"성부와 성자와 성령께서는 우리가 성모님에게 온전히 의탁하지 않으면 안 된다는 것을 몸소 모범으로 보여 주셨다. 여기에서 확실히 알아야 할 것은 성부는 성모님 없이는 당신의 성자를 세상에 주시지 않는다는 사실이다. 성부는 성모님을 통하지 않고는 자녀를 두지 않으셨으며, 또 성모님을 통하지 않고는 당신의 은총도 내리지 않으신다. 이처럼 지극히 거룩하신 성삼위께서 보여 주신 수많은 인상 깊은 모범을 살피고 나서도 우리가 성모님 없이 지내려 하고, 성모님에게 봉헌하지 않으려 하고, 성모님에게 의탁하지 않으려 한다면 우리는 극도로 심한 맹인이라 할 수밖에 없다."(몽포르의 성 루도비코 마리아)

성부께 대한 성모님의 관계는 보통 딸과 아버지의 관계로 정의

된다.

이 칭호는 성모님의 위치가 "모든 피조물들 중 가장 높으며 하느님께서 가장 사랑하시는 이이고, 아버지께 가장 가깝고 귀여운 이"(뉴먼 추기경)이며, 예수 그리스도와 마리아의 충만한 일치는 성모님을 아버지와 새로운 관계를 맺게 하여 신비적으로 아버지의 '딸'이란 칭호를 부여받게 하였으며, 성모님이 아버지와 맺는 탁월한 유사성은 지극히 사랑하올 성부께서 성모님에게 발하시는 영원한 빛을 세상에 베푸는 데 맞갖은 분임을 나타낸다.

그러나 성모님을 '딸'이라 부르는 것만으로는 성부께 대한 성모님의 관계가 하느님 아버지와 성모님의 자녀인 우리에게 미치는 영향을 충분히 설명할 수가 없다.

"하느님은 피조물에게 허용할 수 있는 최대의 은혜를 성모님에게 베푸셨다. 다시 말하면 하느님은 성모님에게 당신의 성자와 그 신비체의 모든 지체를 태어나게 하는 최대의 권능을 주셨다."(몽포르의 성 루도비코 마리아)

마리아와 성부의 관계는 생명을 줌에 있어 모든 영혼에게 근본적이며 필수적인 요소이다. 따라서 레지오 마리애 단원들이 '주님의 기도'를 드리면서 그것이 지향하는 의미를 되새기고자 하는 근거가 바로 여기에 있다.

이 기도는 하느님께서 우리 주 예수 그리스도를 친히 만드셨으므로 이상적인 방법으로 올바른 사물들을 청하는 기도이다. 그러므로 이 기도를 주의 깊게, 교회의 정신으로 바친다면 영원하신 아버지를 영광스럽게 할 뿐 아니라 성모님을 통하여 우리에게 넘치게 베푸시는 선물도 깨닫게 될 것이다.

❖

당신은 천사들의 즐거움이시며, 상처 입은 사람들의 기쁨이시며, 신자들의 피난처이십니다. 동정이신 천주의 성모여, 우리를 도와주시고 영원한 고통에서 구해 주소서.

제8장
레지오 단원과 성체

미사 성제

미사 성제는 거룩한 제사, 곧 미사를 의미한다.

"그들이 음식을 먹고 있을 때에 예수님께서 빵을 들고 찬미를 드리신 다음, 그것을 떼어 제자들에게 주시며 말씀하셨다. '받아 먹어라. 이는 내 몸이다.' 또 잔을 들어 감사를 드리신 다음 제자들에게 주시며 말씀하셨다. '모두 이 잔을 마셔라. 이는 죄를 용서해 주려고 많은 사람을 위하여 흘리는 내 계약의 피다.'"(마태 26,26-28)

미사 성제의 목적은 흠숭, 감사, 보속, 구원에 있다. 이는 하느님께 드리는 가장 큰 의무로서 미사 성제야말로 이를 충족하는 최고의 제사이다. 대사제이신 그리스도로 인해 재현되는 미사는 십자가상의 제헌처럼 무한한 가치와 효과가 있다. 미사 성제는 하느님에게만 드린다. 하느님이시며 완전한 인간이신 예수 그리스도를 제물로 드리는 제사이기 때문이다. 그러므로 하느님 이외는 다른 누구에게도 절대로 바칠 수 없다.

또한 이 미사는 예수 그리스도와 성모님은 물론 성인, 성녀, 성직자 또는 신자뿐 아니라 죽은 이들을 위해서 드린다. 특히 교회를 떠난 이와 세례를 받지 못하고 죽은 이를 위해서도 사사로이 드릴 수 있다.

미사는 가장 거룩하고 큰 효과를 주는 기도 중의 기도이며 제사이다. 제사 제물을 미사 예물이라고 한다. 그러나 이 예물은 돈으로 평가할 수 없기 때문에 액수를 정할 수 없고 성의껏 드리면 된다. 그러나 약간의 기준은 있다. 제단에서 일하는 사제도 생활비가 있어야 하므로, 사제가 하루 살아갈 수 있을 정도의 금액을 봉투에 넣어 미사 지향을 쓰고 미리 신청해야 한다.

초대교회 신자들은 미사 참례할 때에 각자 빵과 포도주를 들고 제단에 바쳤다. 사제는 제물을 관리하며 제사 때 필요한 양만을 떼내고 나머지는 사제의 생활비로 했다. 그러나 이것이 불편하므로 일정한 금액을 바치게 되었다.

그러나 우리의 시선은 오히려 우리를 당신의 식탁으로 초대하시는 그분께로 향해야 하며 우리의 마음은 성목요일 저녁에 제자들에게 "내가 고난을 겪기 전에 너희와 함께 이 파스카 음식을 먹기를 간절히 바랐다."(루카 22,15)고 말씀하신 그분께 기울여야 한다.

오늘도 주님의 원의는 변함이 없으시다. 주님께서는 먼저 우리와 일치를 원하고 계신다. 그분은 언제나 우리를 먼저 사랑하고 당신의 식탁으로 초대하시며 친히 미사 성제를 보이지 않게 주례하신다. 사제는 다만 그분의 이름으로 집전하고 있을 뿐이다.

미사 성제는 근본적으로 주님의 행동이며 교회의 행동이다. 다시 말하면, 그것은 당신의 교회 안에서 또 그 교회를 위해서 거행하는 주님의 행동이다. 갈바리아에서 우리 인류의 구원을 위하여 바치셨던 지극히 숭고한 희생의 행위를 실제로 우리 가운데에 재현시키시는 자리이다.

레지오 단원이 자신과 다른 사람들을 위하여 구원의 은총을 풍성이 받으려고 한다면 미사에 전적으로 의존해야 한다. 단원은 능동적으로 매일 미사에 참례함으로써 풍성한 은총을 받게 된다. 레지오 단원은 성모님과 일치하여 미사에 참례해야 한다.

주님께서는 당신의 구원사업을 성모님의 동의 없이 시작하지 않으셨음을 상기해야 한다. 주님께서 성모님이 승낙하신 연후에 구원사업을 하심은 성모님의 협조가 반드시 필요하기 때문이다.

성모님은 당신의 군대인 레지오 단원들이 당신의 의향과 일치하여, 당신께 대한 사랑과 협조의 일부로써 매일 미사에 참례하여 주님의 풍성한 은총을 받는 일이 성화의 지름길이라 하신다.

사실 미사 참례에 성의가 없고 자주 결석하는 단원은 영성생활을 한다고 할 수 없다. 신자의 모범이 되어야 할 단원이 겨우 주일 미사에만 참례한다면 너무나 정성이 없는 행위이다. 미사는 자비의 성사요 일치의 표징이다. 완전한 찬미와 감사의 제사이며 인류의 죄를 대신 보속하시는 그리스도와 함께 봉헌하는 속죄의 제사이다. 신앙인으로서 살아가는 데 필요한 은혜를 구하는 청원의 제사이다.

말씀의 전례

말씀의 전례는 제1독서, 시편의 응송, 제2독서, 알렐루야와 복음 전 노래, 복음선포, 강론, 신앙고백, 신자들의 기도로 진행된다. 말씀의 전례에서는 공동체 구성원 각자가 '우리가 아는 하느님', '우리 공동체가 아는 하느님'께서 우리를 위해 존재하시고 우리를 위해 행하신 구원 사건을 듣고 그 신비가 옛적에 한 번 있었던 과거의 사건이 아니라 오늘 이 순간에도 지속되고 있고, 장래에도 지속될 일이라는 것을 믿음으로 받아들이는 가운데 그리스도인으로서 오늘을 살면서 그분이 이루시는 구원 사건의 현실성을 어떻게 부각시켜야 할 것인지 정리해 나간다. 그러나 이러한 정리작업을 위해서는 성령의 도우심이 필요하다.

말씀의 전례는 성체성사가 행해지는 성찬 전례의 준비이기도 하다. 그렇다고 해서 성찬의 전례만이 미사의 핵심이라는 뜻은 아니다. 본래 말씀의 전례가 없는 성찬의 전례는 없다.

두 가지 전례는 미사 전례를 위해서 불가분하게 연결되어 있는 중요한 전례들이다. 참고로 말씀의 전례만으로 특정한 예절이 이루어질 수 있다는 것을 밝힌다.

미사는 믿음의 의식이다. 믿음은 하느님의 말씀을 들음으로써 생긴다. 미사에 참례하여 생명의 영약인 복음을 경청하는 단원이 되어야 한다. 미사 참례에 소홀한 것은 부끄러운 단원의 모습이다. 사제의 강론을 모두 들이마시는 건강한 단원이 되어야 한다. 매일 미사에 참례하는 단원은 대단히 훌륭한 영성을 가진 단원이다. 미사 없이 성화될 수 있겠는가? 모든 단원은 미사에 참례해야 한다.

성모님과 일치하는 성찬의 전례

레지오 단원들은 성모님과 일치하여 행동해야만 한다. 특히 미사에 참례하는 중요한 행위에서 그러하다.

성모님은 성체의 모후이시다. 그리스도께서 생명의 빵이면 성모님은 그리스도를 잉태한 생명의 빵집이다.

미사 중에 산 이와 성인들을 위한 공동체의 전구에서 "영광스러운 평생 동정이신 마리아를…."(제1양식) "동정 마리아에게서…."(제2양식) "동정 마리아에게서…."(제3양식) 등에서 성모님의 이름을 부른다.

인류의 구원사업에 깊이 관여하신 성모님은 당연히 미사 성제와 깊은 관계가 있다. 성모님과 함께 미사 성제에 참례하는 단원은 성모님의 불타는 신앙을 가슴으로 받는다. 성모님의 의향대로 삶을 살아갈 수 있는 단원이 된다.

성 바오로 6세 교황의 사도적 권고 '마리아 공경'의 전례에 관계된 내용을 소개한다.

마리아는 '봉헌하는 동정녀'이다. 예수님을 성전에서 봉헌하신 일화(루카 2,22-35 참조)에서, 교회에 첫아들을 봉헌하라는 율법(탈출 13,11-16 참조)과 산모의 정화에 관한 율법(레위 12,6-8 참조)이상의 의미, 즉 구세주를 향한 구원의 신비를 성령의 인도하심으로 알아보았다.

다시 말해서 교회는, 사람이 되시어 세상에 오신 말씀이 아버지께 드린 그 원천적인 봉헌(히브 10,5-7 참조)이 계속되고 있음을 깨달은 것이다. 또한 교회는 모든 사람에게 구원이 선포됨을 보았다. 시몬은 아기를 메시아요 모든 사람의 구세주로 알아보면서, 아기에게 이스라엘의 영광이요 뭇 백성을 밝히는 빛이라고 인사한 것이다(루카 2,32 참조).

아기에게 대해서는 "반대를 받는 표징"(루카 2,34)으로, 그 어머니께 대해서는 마음이 "예리한 칼에 찔리듯 아플 것"(공동번역 루카 2,35)이라고 예언한 시몬의 말이 갈바리아에서 실현되었기에, 교회는 이 예언의 말을 그리스도의 수난에 관한 예언으로 이해했다.

그러므로 여러 측면에서 볼 때 구원의 신비는 '성전의 봉헌'을 십자가의 구원 사건과 연결시키고 있는 것이다. 교회는, 특히 중세 이래로 주님께 아들을 바치기 위해 예루살렘으로 향하시는(루카 2,22 참조) 동정녀의 마음 깊은 곳에서 평범한 예식 이상의 어떤 봉헌 의지를 감지해 왔다.

성 베르나르도의 찬미가는 이를 잘 보여 주고 있다.

"거룩하신 동정녀여, 당신 아들을 바치소서. 태중의 복되신 아들을 주님께 바치소서. 우리 모두를 화해시키는 거룩한 제물, 하느님께서 기뻐하시는 제물을 바치소서."

구원사업에 어머니와 아들의 이러한 일치는 갈바리아 산에서 그 절정에 이른다. 그곳에서 예수께서는 "자신을 하느님께 흠없는 제물로 바치셨고"(공동번역 히브 9,14) 마리아는 십자가 곁에 서서(요한 19,25 참조) "당신 외아드님과 함께 심한 고통을 당하셨다. 아드님의 제사를 모성애로 함께 바치셨으며, 당신이 낳으신 희생자의 봉헌을 사랑으로 동의하셨고," 당신 자신까지도 영원하신 아버지께 봉헌하셨던 것이다.

거룩하신 구세주께서는 '십자가의 제사'를 세세대대로 영속시키고자 당신의 죽음과 부활을 기념하는 성체성사를 세우시고, 이를 당신 신부인 교회에 맡기셨다. 그래서 교회는 주일마다 신자들을 모아, 주님이 다시 오실 그때까지 주님의 파스카를 거행한다.

교회는 이 파스카를 하늘의 성인들과 특히 복되신 동정녀와의 통공 안에서 거행하면서, 그분들의 불타는 사랑과 굳건한 신앙을 본받는다.

마리아는 하느님을 예배하는 데에 온 교회의 모범이실 뿐 아니라, 그리스도인 개개인의 영성생활의 스승이시기도 하다. 신자들은 아주 이른 시대부터 자신들의 삶을 하느님께 드리는 예배 행위로, 그리고 하느님께 드리는 예배를 자신들의 삶에서 구현하고자 성모님을 바라보고 본받기 시작하였다.

이미 4세기에, 성 암브로시오는 신자들을 가르치면서 하느님께 영광을 드리기 위해서는 성모님의 마음을 지니는 것이 좋겠다고 하였다.

"여러분 각자 안에 하느님을 찬송하는 마리아의 영혼이, 또 하느님 안에서 마음 기뻐 뛰노는 마리아의 영이 깃들었으면 한다."

하지만 마리아는 그 무엇보다도 자신의 삶을 하느님께서 기뻐하시는 봉헌물로 바치셨다는 점에서 예배의 모범이 되신다. 동정녀께서는 하느님의 사자에게 "저는 주님의 종입니다. 말씀하신 대로 저에게 이루어지기를 바랍니다."(루카 1,38) 하고 대답하심으로써, "아버지의 뜻이 이루어지게 하소서."(마태 6,10)라는 주님의 기도의 아름다운 청원에 미리 참여하신 것이다.

아울러 마리아의 '예'는 아버지의 뜻을 따름에 있어 모든 그리스도인들에게 교훈과 모범이 된다. 아버지의 뜻을 따르는 것이야말로 성덕으로 나아가는 길이요 수단이다(20-21항).

성체의 성녀 글라라는 성체성사에 대해 놀라운 신심을 가졌다. 성체성사에 대한 글라라 성녀의 신심이 얼마나 깊었는지는 그녀가 한 일을 통해서 알 수 있다. 그녀는 중병으로 병상에 누워 있을 때 사람들에게 일으켜 앉혀 달라고 하여 앉은 자세로 제대포를 짰으며, 50개의 성체포를 완성하여 비단이나 성체낭에 넣어 아시시 근처 여러 성당에 보내도록 했다.

우리의 보화인 성체

성체는 그리스도의 몸과 피의 현존을 드러낸 생명의 양식이다. 성체는 단원들의 보화이다. 성체는 사랑과 일치의 성사이다.

성체는 하나하나의 영혼을 통하여 그리스도 신비체 전체를 양육한다.

단원은 성체께 대한 신심을 굳건히 간직해야 한다. 성체는 은총의 중심이요 원천이다. 성체는 레지오 조직의 머릿돌이 되어야 한다. 레지오 단원이 열렬히 활동하는 것이 성체께서 모든 사람의 마음을 차지하시도록 도와주는 것이다. 모든 사람이 성체를 가슴에 모셔들임으로써 예수님께서 이 세상에 오셨던 목적을 달성할 수 있기 때문이다.

"나는 하늘에서 내려온 살아 있는 빵이다. 누구든지 이 빵을 먹으면 영원히 살 것이다. 내가 줄 빵은 세상에 생명을 주는 나의 살이다."(요한 6,51)

무한한 은혜인 성체는 예수 그리스도 자신이다. 우리는 성체 안에 항상 살아 계시는 예수님을 모셔야 한다. 단원들은 언제라도 자유로이 예수님을 가까이 모실 수 있고 예수님을 영혼의 양식으로 받아들일 수 있음을 정말 감사해야 한다.

나약한 우리가 어떻게 예수님을 자주 만날 수 있단 말인가? 그러나 우리의 정성으로 예수님을 가슴에 모실 수 있다. 이러한 놀라운 선물을 감사히 새겨야 하고 소중하게 간직해야 한다.

또한 어리석은 행동으로 나의 생명소를 잃어서도 안 된다. 항상 단원들은 언행에 조심해야 한다. 어떤 행위든지 가슴에 모신 예수님을 생각하고 성모님에게 결재를 받아 그 일을 해야 한다.

단원은 나 혼자라는 생각을 버리고 이 세상에서 가장 착하고 성스러운 성모님의 군대란 것을 항상 되새기며 흐트러지지 않는 몸가짐을 가져야 한다. 또 아름다운 언행을 실천하고 모든 이의 모범이 되어 하느님의 진리를 전파하는 일에 정성을 다해야 한다.

성체를 모신 사람은 모든 일과 생활에서 책임을 져야 한다. 신비체의 어머니인 성모님은 그 지체들인 단원들을 양육하시기를 갈망하신다. 단원들은 하늘의 빵(성체)을 먹어야 한다.

단원들은 성모님의 모성적 고통을 함께 느끼고 나누어야 한다. 성모님이 슬픔과 고통에서 헤어날 수 있도록 단원들은 적극적인 활동을 해야 한다. 쉬는 교우들을 찾아내고, 인생의 방향을 못 잡고 방황하는 형제들을 사랑으로 안내하며 구렁의 늪에서 허우적거리는 형제들을 구출해야 한다. 구출하는 데 주저하거나 피동적이어서는 안 된다. 이 일은 단원들의 의무이다.

성체에 대한 교회의 가르침

"그리스도교 신자들은 지존한 제헌 거행에 능동적으로 참여하고 지극한 정성으로 자주 이 성사를 배령하며 최상의 흠숭으로 경배하면서 지성한 성찬(성체)에 최고의 존경을 드려야 한다. 영혼의 목자들은 신자들에게 이 성사에 관한 교리를 설명하면서 이 의무를 성실히 가르쳐야 한다."(「교회법」 제898조)

"신자들이 사사로이 성체께 조배를 드리며 기도를 바치기에 알맞은 경당에 성체를 모시는 자리가 마련되는 것이 매우 바람직하다."('미사경본 총지침', 276항)

"이 지극히 거룩한 성체를 성합이나 성광에 모셔 현시함은 그 안의 그리스도의 현존을 인정하고 마음으로 그분과 일치하도록 신자들의 정신을 이끌어 주는 것이다. 그리고 이 성사에 마땅한 흠숭을 올바른 정신과 진리에 입각하여 탁월한 방법으로 장려하는 것이다."('성체 공경 훈령', 60항)

"…신심단체로서 회헌상으로나 회칙상으로 장시간의 성체조배나 영원 성체조배를 해야 한다면, 이 같은 신심 깊은 관습을 거룩한 전례의 정신대로 주 그리스도 앞에 전 공동체가 모여서 실시하도록 열렬히 권장하는 바이다. 또한 이런 성체조배를… 거룩한 침묵 등으로 실시한다면 그 공동체의 영성생활은 더욱 깊어질 것이다. 이렇게 함으로써 성체성사로 표현되는 일치와 형제애가 그 회원들 사이에 꽃 피게 되고 성체께 대한 경신례는 더욱 고상하게 이루어진다.

또한 개인적으로나 혹은 둘씩 연속적으로 성체 앞에 머물러 있는 조배 양식도 준수되어야 할 것이고 찬양되어야 할 것이다. 왜냐하면 교회의 인준을 받은 각 회의 이런 방법이 전체 수도 공동체와 전(全)교회의 이름으로 성체 안에 계신 주 그리스도를 흠숭하며 간구하는 것이 되기 때문이다."(「성체 신심 예식서」, 90항)

"성체 신심 함양을 위해 24시간 성체조배를 차분히 할 수 있는 소성당을 꾸미기를 권장한다."(「한국 주교단 공동 사목교서」, 1988년도).

성체에 대한 목자의 가르침

"나는 또한 여러분들이 종국에는 모든 형태의 신심을 집결시키는 집합점이고 또 그 신심이 지향하는 목표이어야 할 성체 흠숭을 촉진시키는 데에 말과 수고를 절대 아끼지 말아 달라고 부탁드립니다… 신도들은 기회 있는 대로 성체조배를 해야 합니다. 조배는 성체 안에 현존하시는 주 그리스도에 대한 합당한 흠숭의 실천, 감사의 뚜렷한 표시, 사랑의 보증입니다…이보다 더 큰 기쁨을 주는 것, 성덕에로의 길을 걸어가는 데 있어서 이보다 더 효과적인 것은 이 땅 위에 아무것도 없습니다…결과적으로 천상 성체께 대한 예배는 '공동체적' 사랑의 완성을 향한 강력한 추진력으로 영혼에게 작용합니다."(「성 바오로 6세 교황의 회칙」, '신앙의 신비'에서)

"교회와 세계는 성체조배를 할 큰 필요성이 있습니다. 예수님께서는 이 사랑의 성사 안에서 우리를 기다리고 계십니다.

우리는 충만한 믿음과, 세상의 큰 오류와 죄악을 기워 갚는 조배와 묵상을 통해 주님을 만나러 나아가는 데 열심을 더해야 하겠습니다.

성체조배가 절대로 끊어짐 없이 계속되기를 기원합니다."(요한 바오로 2세 교황의 사도적 서한, '주님의 만찬'에서)

마쇼(Pere de Machault) 신부는 말한다.
"성모님은 당신의 천사로부터 들은 말씀과 성령의 내적 비추심, 조명에 의지하여 예수님이 우리의 구원사업을 위해서 쓰신 주요수단 가운데 하나는 몸소 이루는 성체, 곧 우리 영혼의 빵임을 아셨다. 그리하여 마침내 성모님은 당신의 성자를 그와 같은 양식으로 주시고자 원하셨다."

성 아우구스티노는 예수께서 어릴 때 성모님의 품에 안겨 있는 모습을 생각하면서 묵상하는 중에 다음과 같이 신심 깊은 기도를 했다.

"오 동정 마리아여, 당신의 성자께 젖을 먹이시어 우리의 빵을 길러 주십시오. 당신의 품에 꼭 끌어안으시는 그 아이가 우리의 빵이 될 것임을 당신은 아십니다. 성자는 아직 너무 어립니다. 성자는 더욱 자라셔야지요. 성자는 완전히 자라셔야지요. 잘 먹도록 보살펴 주십시오. 성자가 자라시게 젖을 주십시오. 당신의 성자를 젖먹여 기르심으로써, 당신은 모든 신자들을 젖먹이고 기른다는 것을 상기하십시오. 이들 신자들의 젖과 자양분은 나중에 성체 안에 계시는 당신의 성자가 될 것이기 때문입니다."(「성체의 어머니」, 테니에르/Tesniere)

제9장
레지오 단원과 그리스도 신비체

이 교리는 레지오 봉사의 기초이다

"너희가 내 형제들인 이 가장 작은 이들 가운데 한 사람에게 해 준 것이 바로 나에게 해 준 것이다."(마태 25,40)라고 하신 주님의 말씀을 단원들은 봉사의 으뜸가는 실천으로 삼아야 한다. 생활 주변에서 가장 약하고 미천한 형제들을 먼저 보살피고 이 땅에 태어난 모든 형제들을 평등한 입장에서 관심을 가지고 대화하고 위로하고 벗이 되어 주어야 한다. 비록 힘없는 걸인이더라도 그는 우리 민족이요 우리 형제이다.

단원들은 그늘에서 고생하고 피나는 고통과 병고에 시달리는 불우한 형제들을 찾아 나서야 한다. 그들의 삶에서 무엇인가를 배울 수도 있다. 또한 그들의 영혼을 구원해야 한다. 남같이 행복한 삶을 영위하지 못할지라도 영혼마저 버려질 수는 없다. 또한 육체적인 행복을 마련해 줄 수는 없을지라도 영혼의 관리는 단원이 책임을 져야 한다. 어느 누가 불행한 그들의 영육을 보살펴 주고 기도해 주겠는가?

　단원들이 주님의 말씀을 실천하는 데 필요한 것은 용기라고 생각한다. 용맹스런 활동을 전개해야 한다. 레지오 단원들은 사랑과 존경과 형제애로 맺어진 가족으로서 우선 단원 상호간에 서로 신뢰하고 사랑하고 바른 예절이 있어야 한다. 인격을 존중하고 신용을 지키는 언행이 쁘레시디움 안에서 이루어지도록 노력해야 한다.

　사랑과 존경으로 뭉친 레지오는 오직 일치된 한 인체와 같다. 그러므로 단원을 통해서 활동하시고자 하는 성모님의 일치 정신도 이러한 레지오의 분위기에서 더욱 느낄 수 있다.

　성경의 말씀과 같이 우리는 그리스도 신비체의 지체들이며 그분의 삶이며 그분의 뼈이다. 이 신비체 교리는 그리스도의 중심이 되는 신조로 인정되어 왔다. 이 신비체를 통하여 머리인 그리스도의 속죄 행위, 곧 그리스도 수난의 무한한 공로는 그 지체인 모든 신자의 것이 된다. 신비체의 활동은 그리스도 자신의 활동이다. 지체인 신자들은 그리스도 안에 융합되어 살고 수난하고 죽으며 그리스도의 부활로써 다시 살아난다.

　성체성사는 신비체와 그 머리 사이의 일치를 더욱 강화한다. 이때 성모님과 마음에서 일치한다면 그 얼마나 큰 효과가 있겠는가? 성모님이 존재하는 유일한 목적은 전체 그리스도를 잉태하여 태어나게 하는 데 있다. '전체 그리스도'란 모든 지체들이 온전히 하나가 되어 머리인 그리스도와 하나인 신비체를 말한다.

"하느님 구원사업에서 성모님은 첫째 자리를 차지하신다. 신비체 내에서 성모님의 역할은 신비체의 머리와 지체들을 연결하는 목의 기능과 같다. 또한 성모님은 신비체의 심장이다. 심장은 생명의 저장소로써 먼저 자신을 강화하고 그 후 몸 전체에 생명을 나누어 주는 역할을 한다."(「그리스도의 신비체」, 뮈라)

성모 마리아와 그리스도 신비체

성모님은 예수님을 양육하고 보살피고 사랑하셨다. 또한 모든 형제에게도 사랑을 주시고 보살펴 주신다. 그것은 신비체의 각 지체이기 때문이다. 단원들이 신비체의 한 지체를 보살피는 것은 성모님이 당신을 돕도록 단원들을 부르시기 때문이다.

성모님의 은총 속에 성모님의 허가가 없이는 사실상 아무도 그 일에 참여할 수가 없다. 성모님과 함께 하지 않는다면 아무도 이웃에 대한 봉사를 할 수 없다. 성모님의 의향과 일치하는 가운데서만 모든 봉사가 가능한 것이다.

그리스도의 신비체 안에서 단원들의 특별한 임무는 신비체의 지체들을 인도하고 위로하고 깨우치는 일이다. 이러한 임무를 잘 수행하려면 그리스도 신비체인 교회의 모습을 깨달아야 한다.

그리스도께서 성모님에게 숭고한 사랑과 순종을 신비체에서 재현하듯이 단원들은 그리스도의 사랑과 순종을 본받아야 한다.

"눈이 손에게 "나는 네가 필요 없다." 할 수도 없고, 또 머리가 두 발에게 "나는 너희가 필요 없다." 할 수도 없습니다."(1코린 12,21)

이 말씀에서 레지오 단원은 사도직에서 자신이 수행할 임무가 얼마나 중요한 것인가를 깨달아야 한다. 단원 자신이 그리스도와 한 몸을 이루고 그리스도께 의지할 뿐 아니라 그 머리이신 그리스도 자신도 단원에게 의지한다.

그래서 우리 주님이신 그리스도께서는 단원에게, '나는 나의 구원사업과 영혼들을 성화시키는 일에 너의 도움이 필요하다.'라고 말씀하신 것이다.

성 바오로 사도가 "그리스도의 환난에서 모자란 부분을 내가 이렇게 그분의 몸인 교회를 위하여 내 육신으로 채우고 있습니다."(콜로 1,24)라고 말한 것은, 바로 머리이신 그리스도께서 그 몸인 우리에게 의존하고 계심을 지적한 것이다.

신비체 안에서 겪는 고통

모든 사람은 고통을 체험한다. 고통은 몹시 괴로운 것이지만 일생을 살아가는 데 소중하게 쓰이는 경우가 많다. 구원의 계획에도 고통은 큰 몫을 한다. 레지오 단원은 온 세상을 두루 다니며 하느님의 진리를 용감히 전파하면서 고통받는 형제들을 찾아내서 하느님의 사랑을 전해야 한다.

고통을 받을 때 찾아 준 친구를 잊을 수 없고 그 위로의 말 한 마디가 얼마나 감사한지를 체험하면 알 수 있다. 고통이 누구에게나 찾아오는 것이라면 이웃 형제의 고통을 곧 나의 고통으로 생각하며 위로와 격려하는 데 인색해서는 안 될 것이다.

성모님은 예수님과 함께 행복과 고통을 받으셨다. 그리하여 성모님은 즐거움과 슬픔의 어머니가 되도록 부르심을 받았다. 그 순간 두 성심은 동일체를 이룰 만큼 일치하게 되었고 그 다음부터 이 두 성심은 신비체 안에서 신비체를 위하여 협력하고 있다.

우리들에게 고통이 있다면 감사하게 생각해야 한다. 그 고통은 은총의 표시요 생명의 고통으로 그리스도께서 가까이 계심을 보여 주는 증거이다. 또한 성모님이 나를 사랑하시는 은총의 시기로 간주해야 한다.

고통은 언제나 또 다른 은총이다. 고통은 병을 고쳐 주거나 힘을 주는 특성이 있다. 고통은 결코 죄에 대한 단순한 벌이 아니다.

여기에 관하여 성 아우구스티노는 이렇게 말한다.

"인류의 고통은 형벌이 아님을 이해하라. 왜냐하면 고통은 병을 고치는 경우도 있기 때문이다."

또 한편으로 우리 주님의 수난은 일반 신자나 성인들의 몸 안으로 넘쳐 들어가 그들로 하여금 그리스도의 모습을 완전하게 닮도록 만드는 특전을 베푼다. 이런 고통의 교환과 융합은 모든 고행과 보속의 기반이다.

―――――― ❖ ――――――

 천주의 성모여… 비할 데 없는 당신의 손을 뻗치시어 우리의 적을 무찔러 주소서. 당신의 종들에게 성스러운 곳에서부터 도움을 보내 주소서!

제10장
레지오 사도직

사도직의 존엄성

 단원들은 평신도 사도직에 대한 존엄성을 높이 평가하고 존대해야 한다. 레지오 사도직은 평신도에게 가장 큰 사명감을 불러일으키고 있다. 평신도 입장에서 과분한 은총을 받는 것이다. 그래서 레지오 사도직은 교회에 대하여 최대의 사명감을 가진다.
 교회에 순명하고 교회를 위해 전적으로 봉헌된 삶을 살아가도록 권장받고 있다. 단원들은 성령께 선서하면서 하느님께 봉헌됨을 기쁘게 생각한다고 다짐하였다. 그러므로 단원들은 사도직에 부름을 받고 선발되었다는 확신을 가지고 열심히 활동해야 한다.
 레지오가 단원들에게 요구하는 사도직의 존엄성과 그 사도직이 교회에 미치는 중요성을 설명하기 위해서는 다음과 같은 권위 있는 선언보다 더 강력한 것은 없을 것이다. 평신도가 사도직을 수행할 권리와 의무는 머리이신 그리스도와 일치에서 나온다. 평신도는 성체성사로 그리스도 신비체의 지체가 되고, 견진성사로 성령의 힘을 받아 강해져 주님에게 사도직 수행의 사명을 받는다.

평신도가 거룩한 백성으로서 왕다운 사제직에 참여하도록 축성된 것은, 모든 활동으로 영적 제물을 봉헌하며, 세상 어디서나 그리스도의 증인이 되기 위함이다.

비오 12세 교황은 이렇게 말한 적이 있다.

"신자들, 더 정확하게 말해서, 평신도들은 교회 생활의 일선에 서 있다. 그들에게 교회는 인간 사회에 활력을 불어넣는 원리이다. 그러므로 평신도들은 특별히 교회에 속해 있을 뿐 아니라 자신이 바로 교회라는 더욱 분명한 의식을 지녀야 한다. 교회란 모든 사람의 으뜸인 교황의 지도 아래 그리고 교황과 일치하는 주교들의 지도 아래 있는 지상의 신자 공동체이다. 이들이 바로 교회다."('평신도 그리스도인', 9항)

가톨릭 공동체와 평신도 사도직

가톨릭 공동체는 사도직을 수행할 수 있는 사람들이 많을수록 건전하다. 곧 평신도이면서 사제와 관점을 같이하고 사람들과 접촉하여 친밀하게 사귈 수 있는 이들이 많을수록 가톨릭 공동체는 건전해지는 것이다. 이렇게 사제와 평신도들이 온전히 결합할 때 가톨릭 공동체의 안전성은 확고해진다.

사도직 수행에는 책임과 의무가 뒤따른다. 사도직 수행에는 인내와 노고가 수반되는데 이에 따른 큰 각오가 요구된다. 그래서 가톨릭 공동체는 수많은 사도직을 수행할 평신도들을 부르고 있다. 사도직의 근본 이상은 교회의 발전과 하느님께 영광을 드리는 데 헌신하고 적극적인 활동을 하는 데 있다. 따라서 체계적인 교육과 훈련이 있어야 한다.

평신도가 건강해야 교회가 발전한다. 평신도는 누구나 사도직을 수행해야 한다. 레지오는 사도직 단체이다. 레지오에서 훌륭한 사도직을 수행할 평신도를 배출시켜 민족 복음화에 헌신하도록 해야 한다. 레지오는 모든 사도직 단체에서 으뜸가는 사업을 추진해야 한다. 사도직에 불타는 단원이 되어야 한다.

레지오와 평신도 사도직

레지오는 특히 교회에 대하여 예법을 준수하고 표양 있는 생활을 하는 훌륭한 미덕을 가지고 있다. 사제를 존경하고 정성을 다하여 미사에 참례하고 성사생활을 게을리 하지 않는다. 이러한 영성생활이 아니고서는 단원이라 할 수 없다. 단원은 교회 행사에 적극 참여해야 하고, 있어야 할 곳에 항상 있어야 한다.

특히 사제를 사회로 모셔 가는 일에 온 정성을 다해야 한다. 그리하여 사제의 영향력이 어디에나 미치도록 해야 한다. 사제가 어떤 일을 하는가를 이해시켜야 한다. 주민들이 사제를 존경하고 삶의 지혜를 조언받아 가정의 평화를 누릴 수 있도록 해야 한다.

지역 주민들이 사제를 높이 받들고 감사하는 마음을 갖는다면 사회의 분위기는 참으로 아름답게 변화될 것이다. 이러한 일들을 레지오가 해야 한다.

"내가 보내는 이를 맞아들이는 사람은 나를 맞아들이는 것이고, 나를 맞아들이는 사람은 나를 보내신 분을 맞아들이는 것이다."(요한 13,20)

사제와 레지오

사제가 가장 보람을 느낄 때는 사제의 일손을 돕고자 신자들이 끊임없이 이어질 때이다. 12사도가 예수님의 주위에서 항상 기도하고 가르침을 받았던 것과 같은 모습이다. 단원들은 영혼의 구원을 갈망하는 이웃들을 모아서 사제와 접촉시키는 일을 으뜸가는 활동으로 전개해야 한다.

다른 종교에 무관심해서도 안 된다. 레지오는 그 위력을 영혼의 구원에 모두 써야 한다. 이 사업이 바로 레지오의 가장 첫째가는 사업이며 하느님의 사업 중에서도 우선 순위에 속한다.

현대사회를 구원하는 데 가장 필요한 사업이 무엇인가? 덕스럽고, 명석하고, 결단력이 있고, 굳센 믿음으로 무장된 레지오 단원을 많이 양성하는 것이다. 레지오 사도직에 불타는 성모님의 군대를 양성하고 활동시키는 일이다. 사회를 변화시키는 일에 몰두하는 단원이 많아져야 한다. 레지오 대열이 사회의 구석구석에 이어져야 한다. 레지오는 세상을 변화시켜야 한다.

본당에서의 레지오

교회의 보배는 레지오이다. 레지오 조직이 확장되고 한 지단이 설립되는 것은 바로 교회가 발전함을 의미한다. 각 본당의 크고 작은 일에 협조하고 활동하는 것이 바로 레지오의 일이다. 항구하게 활동하고 끊임없이 기도하는 단체는 레지오이다. 레지오는 일반 단체와 구별된다. 일시적이고 시한부적인 단체가 아니다. 교회의 일에 그저 구경만 하는 것이 아니라 무슨 일이나 사제의 곁에서 돕기를 바라고 있다. 그래서 레지오는 본당의 여러 사업과 결합된 일꾼들이다.

레지오는 전통과 조직적 방법 그리고 영성적인 틀을 유지한다. 사회의 봉사단체들이 좋은 일을 많이 하지만 안타깝게도 오랜 동안 지속하지 못하는 경우가 많다. 레지오는 지상에 교회가 존재하고 하느님께서 은총을 주시는 한 영원히 활동하는 단체이다.

높은 이상과 진취적 행동의 견인차인 레지오

레지오의 쁘레시디움은 이를 활용할 줄 아는 사제에게는 마치 다룰 줄 아는 사람의 손에 들린 강력한 기계와 같다. 몇 개의 조절기와 손잡이를 틀면 여러 배의 힘을 발휘하여 보통으로는 불가능한 일들을 해내게 된다. 쁘레시디움의 경우도 이와 같다.

"여러분의 직업을 확보하고 승리를 보장하는 것은 물질적 힘이 아니고 도덕적인 힘이다. 가장 큰 일을 하는 이는 거인이 아니다. 성지는 얼마나 작은 곳이었는가? 그런데도 온 세계를 압도했다. 아티카는 얼마나 가난한 변두리였는가! 그런데도 현자들을 탄생시켰다. 모세도 혼자요, 엘리아도 혼자요, 다윗도 혼자였다. 바오로도 혼자였다. 아타나시오도 혼자, 레오도 혼자였다. 은총은 언제나 소수의 사람으로 말미암아 내려진다. 이런 소수의 사람이 지닌 날카로운 통찰력, 굳은 신념, 그리고 굽힐 줄 모르는 의지, 순교자의 피, 성인의 기도, 영웅적 행위, 순간적인 고비, 한마디 말이나 한 번의 바라봄에서 나오는 집중적인 힘이 하늘나라의 도구가 된다. 적은 무리여, 두려워하지 말라. 왜냐하면 여러분 가운데 계시는 하느님이 전능하시고 그분이 여러분을 위하여 큰 일을 하시기 때문이다."(「가톨릭 신자의 현재 위치」, 뉴먼 추기경/Cardinal Newman)

레지오 마리애의 창설자인 프랭크 더프는 큰 배가 항구에 들어올 때 작은 배가 큰 배를 이끌어 주듯이 레지오 마리애는 침체되어 움직이지 않는 교회가 일어나 움직이도록 이끄는 역할을 해야 한다고 말하였다.

레지오는 강력한 이상이 있고 사명감으로 생활하는 성스러운 성모님의 군대이며 하느님의 군대이다. 레지오는 온 세상을 점령하고 승리의 깃발을 세울 것이다.

단원 양성을 위한 도제제도(徒弟制度)

 레지오의 교육방법에는 훌륭한 특징이 있다. 이론적인 공부보다 직접 활동하면서 배우고 지도하는 방법이다. 실제적인 활동을 떠나서 단원을 양성하는 것이 아니다. 레지오 지도자는 용맹스런 활동을 하면서 행동으로 "이렇게 합시다." 하고 시범을 보여 주고 체험하도록 하는 현장 교육방법이다.

 도제제도는 중세 유럽의 수공업 조합(guild)에서 기능공을 양성하는 방법에서 비롯되었다. 선배들의 기술을 현장에서 따라 배우고 수련하는 과정인데 레지오에서는 바로 이 도제제도라는 방법으로 단원을 교육하고 있다.

 옛날에 기능공이 되기 위해서는 수공업하는 집에서 기거하면서 주인이 시키는 대로 기술을 습득하고 심지어 인격까지 닮아 가야 했다. 농사짓는 방법뿐 아니라 된장 만드는 방법까지도 실습을 통한 기술 습득이 강조되던 농경사회에서도 도제제도와 유사한 기술 전수 형태는 나타난다.

 현대사회에서도 종합병원의 수련의, 대학의 조교, 교회의 보좌신부 등 많은 분야에서 도제제도의 훈련과정을 이수하고 있다. 시범을 보여 주는 교수방법이다. 그대로 따라서 하는 수업방법이다. 레지오는 아주 능률적인 교육방법으로 단원을 양성하고 있다.

가장 앞서가는 교육방법을 레지오에서는 초창기부터 시행해 오고 있는 것이다.

따라서 레지오를 이끄는 간부는 모든 면에 모범적이어야 하고 솔선수범하는 생활은 물론 희생과 봉사도 돋보여야 한다. 레지오 사도직은 도제제도에 따른 철저한 교육이 선행되어야 한다.

첫째, 주회합의 운영과 관리에 대하여 견습해야 한다. 제대 차림, 좌석 배치, 회합 순서, 영적 독서, 훈화, 교본 공부, 묵주기도, 뗏세라 등 모든 부분을 익혀야 한다. 각종 문서 정리와 보고, 방법을 견습해야 한다. 교육에 참여하여 레지오 모든 규범에 적응해야 한다.

둘째, 활동하는 방법을 수련받아야 한다. 노련한 단원과 한 팀이 되어 선배 단원이 활동하는 방법을 본받아야 한다. 외교인 권면, 개종 권면, 봉사활동, 단원 모집 등 단원의 활동 대상에 대하여 수련이 필요하다. 레지오 사도직은 수련과정이 끝나면 평생 동안 흔들리지 않고 열심히 봉사할 수 있다.

능숙한 솜씨를 가진 단원은 교회의 보배이며 레지오의 지도자이다. 레지오는 신심 있는 사람들의 단체임과 동시에 남녀노소와 빈부귀천에 따른 차별이 없는 단체이다. 실제로 활동하는 사람들의 단체이다. 활동이 없으면 단원이 아니다.

사도직이란 그리스어에서 나온 말로써 '파견된 사람', '소식의 전달자'란 뜻이다. 즉 '하느님의 말씀을 전파하는 소명을 받은 사람'을 의미한다.

레지오 단원은 성모님이 불러 주시고 선택하여 뽑힌 자녀들이다. 그러기에 단원들은 누구보다도 소명의식을 강하게 가져야 하며 항상 성모님에게 감사한 마음으로 생활해야 한다.

레지오 단원은 선택된 도구라는 의식을 가져야 한다. 하느님께서 선택해 주셨고, 성모님이 선택해 주셨다는 감사한 마음으로 단원생활을 하며, 모든 것을 봉헌해야 하며, 많은 시간을 성모님의 사업에 헌신해야 한다.

레지오 활동은 없어서는 안 될 사도직이다. 오늘날의 교회 발전에 많은 희생과 봉사를 해온 단원들은 교구장과 사제와 수도자들의 사랑을 받고 있다. 두터운 영성생활을 하면서 열심히 활동하고 봉사하는 단원들의 힘찬 신심생활은 순교에 가까운 신자생활이라고 볼 수 있기 때문이다. 현재 어느 신자보다도 희생하고 봉사하는 데 앞장 서며 하느님의 평화를 위해 많은 기도를 바치고 있다.

레지오 단원들은 교회의 핵심적 평신도이다. 교회의 모든 일에 솔선수범하며 가장 어려운 일에 적극적으로 봉사함으로써 사제의 가장 가까운 지체로 교회 발전에 참여하고 있다.

레지오는 사목자의 유일한 동반자이다. 사제의 손발 역할을 하면서 사제의 사목에 적극 참여하고 도와줌으로써 교회 발전에 헌신하고 있다.

단원들은 사제의 그림자이다. 사제가 있는 곳, 그 곁에는 단원이 있다. 사람들에게 사제를 안내하는 일에 적극적이며, 사제에게 순명함으로써 무슨 일에나 마음과 몸으로 정성을 다하고 보람을 느끼며 어제도 오늘도 성모님의 충만한 은총에 감사하며 알찬 활동을 전개하고 있다.

레지오는 교회 건강의 척도이다. 단원들은 중견 신자이며 평신도들을 이끌어갈 평신도 지도자이다. 그러기에 단원들은 교회 건강의 척도라고 할 수 있다. 단원들이 영성적으로 건강하고 소명의식을 가지고 열심히 활동하여야 교회가 발전하고 이 세상에 하느님의 영토가 확장되며, 성모님이 지금 바라시는 착한 단원으로써 소임을 다하고 있다고 하겠다.

레지오는 성모님의 척후병이다. 우리는 성모님의 군대이다. 성모님의 구원사업에 적극 동참하고 희생과 봉사로써 열심히 활동하는 성모님의 착한 자녀이며 정예 군대이다. 우리는 교회의 군대요, 교구장의 군대이다. 군대는 싸워서 승리해야 한다.

하느님 나라의 건설을 위해 이 세상의 빛이 되고 소금이 되어 하느님의 영토 확장에 쓰여지는 일꾼이 되어야 한다. 교회가 어려움을 당할 때 최선두에서 교회를 지키고 성직자들을 보호하며 교우들을 안정시키는 등 모든 일에 헌신하는 교회의 군대이어야 하고 항상 청지기의 역할을 담당해야 한다.

레지오는 평신도의 특수 사도직이다. 평신도 사도직을 크게 일반 사도직과 특수 사도직으로 구분할 수 있다.

일반 사도직이란 봉사하는 활동을 의미한다. 사실 봉사하는 단체들은 교회 내에 여러 개가 있지만 교회 밖에도 수없이 많다.

많은 사람이 여건에 따라 특정한 단체의 회원이 되어 여러 가지 모습으로 사회에 봉사하는 것이다. 신자가 아니더라도 훌륭한 봉사활동을 하는 사람들이 많으며, 특히 불우한 형제들에게 재산을 털어 돕는가 하면 고난 속에 있는 형제와 동참하여 고통을 함께하는 사람들도 많이 있다.

교회 내에서 일반 사도직 단체를 예를 들어 본다면 사목회, 성모회, 청년회 등이 있다. 이들 단체의 임원이 해야 할 봉사는 그 임원으로 있는 기간 동안 열심히 그 단체의 목적에 따라 봉사하여 교회의 발전에 기여하는 것이다.

그렇다면 레지오의 목적은 무엇인가?

첫째, 나 자신의 성화이다. 온 정성을 다하여 영성생활과 기도로 먼저 나 자신을 성화시키는 일에 열성적이며 적극적이어야 한다. 자신의 성화가 없는 단원은 단원의 자격이 없다. 자신이 먼저 성화되고 이웃 형제들에게 그 표양을 보여 선교하는 모습이 되어야 한다.

둘째, 하느님을 위해, 생명의 말씀을 전파하는 일이다. 하느님 생명의 말씀을 이웃에 전파하는 과정에서 봉사가 필요하다. 불우한 이웃을 위해, 혹은 메말라 가는 영혼을 구하기 위해, 외로운 형제의 벗이 되기 위해, 고통받는 형제들을 위로하기 위해, 헌신적으로 봉사하는 활동을 전개해야 한다.

정성을 다하여 봉사하는 단원들의 모습을 보고 감화되어 입교하게 된다. 천 마디의 말보다 마음에서 우러나오는 헌신적인 봉사활동에 감화되는 것은 어쩌면 당연한 일이라 하겠다.

레지오 특수 사도직을 감안할 때 어느 누구도 레지오의 원칙을 변형해서 운영할 수 없다. 레지오 사도직을 성실히 수행하기 위해서는 레지오 목적과 정신을 온전히 소화시키고 그 규칙을 엄격히 지키며 철저한 관리와 운영을 해야 한다.

비오 11세 교황은 "하느님의 특별한 은총으로 그들이 사제의 직무와 크게 다르지 않은 사도직에 부름을 받고 뽑혔다는 확신을 갖도록 해야 한다."고 하였다.

레지오 사도직의 역할은 먼저 사람들의 마음에 하느님께서 들어가시도록 길을 마련해 주는 일이며 하느님의 영토 확장에 최선을 다하는 일이다. 그러기 위해서는 사도직을 수행하겠다는 형제들을 많이 발견하여 모아야 한다. 사도직을 수행하는 수가 많을수록 가톨릭 공동체는 건전하게 발전할 것이다.

교회가 수난을 당할 때에도 사제와 평신도가 일치되어 그 고난을 이겨 내고 그리스도의 평화를 건설했다.

레지오 사도직은 두터운 영성생활을 영위해야 한다. 성체조배, 묵주기도, 십자가의 길, 영적 독서, 아침기도, 저녁기도, 삼종기도, 영적 지도, 피정(교육) 등을 통하여 강한 신심을 쌓고서 활동을 전개할 수 있도록 자신이 성화되어야 한다.

은총의 주된 경로는 미사와 성사란 사실을 확고하게 인식해야 한다. 병들고 굶주린 사람들에게 하느님의 성스러운 '자양분'을 가져다 주는 일을 목표로 해야 한다.

단원들은 이웃에게 사제를 모셔다 드리는 일을 전개하여 윤리적인, 도덕적인 심판관으로써 그들에게 영향을 미치도록 해야 한다. 단원들은 항상 사제와 일치하고 결합하여 생활하며 활동해야 한다. 사제의 노력을 보충하고, 이웃 형제들에게 사제의 영역을 넓히고, 사제를 받아들이도록 유도하며 사제들을 받아모시는 작업에 적극적으로 활동해야 한다.

 성 비오 10세(제257대 교황 1903-1914)는 추기경 모임에서 질문하였다.

 "현대사회를 구원하는 데 가장 필요한 것이 무엇입니까?"

 "가톨릭 학교를 세우는 일입니다."

 "교회를 배로 늘리는 것입니다."

 "사제 양성을 위하여 신학생을 모집하는 일입니다."

 "아니요, 아니요. 현대에 가장 필요한 것은 각 본당에 덕 있고 명석하고 결단력이 있을 뿐 아니라 참다운 사도직 정신을 가진 평신도들의 무리입니다." 라고 강조했다.

 오늘날에는 레지오 단원은 평신도의 중견 간부로서 신자 재교육에 적극 참여하고 있다. 또한 날로 증가되는 새 신자의 지도에 여러 모습으로 적극 참여하고 있다.

제11장
레지오의 기본 요소

개인 성화, 그 목적과 방법

"하늘의 너희 아버지께서 완전하신 것처럼 너희도 완전한 사람이 되어야 한다."(마태 5,48)

 개인 성화는 레지오 마리애의 목적이요, 으뜸가는 실천방법이다. 레지오는 이 목적 달성을 위해 꾸준히 기도하며 활동해야 한다. 기도와 활동은 개인 성화의 가장 중요한 일로써 어느 것이 더 중요한가에 대해 논란해서는 안 된다. 왜냐하면 기도와 활동은 그 형태가 서로 다르게 보이나 같은 뿌리에서 출발하며 서로 같은 목적을 가지고 있기 때문이다. 어떤 단원이 매우 열심히 기도한다 하더라도 그 기도를 실천하려는 의지가 없이 기도한다면 회개해야 할 것이며, 반대로 매우 열심히 활동한다 하더라도 그 활동이 하느님의 뜻을 외면하고 인간적인 이기심에 바탕을 둔 활동이라면 레지오 활동과는 무관한 가치없는 활동이다. 그러므로 기도와 활동을 따로 떼어 놓고 생각해서는 안 된다.

단원들은 영성생활을 통해 많은 기도를 하며 기쁜 마음으로 열심히 활동해야 한다. 우선 하느님께 대한 믿음을 굳건히 하며 그 믿음을 바탕으로 하는 기도와 봉사활동을 올바르게 수행해야 한다. 이런 자세로 생활하면 기도와 봉사의 정신은 자신을 감싸게 될 것이며, 성화된 삶의 빛이 이웃에게, 곧 형제들의 성화로 이어질 것이다.

개인의 성화는 하느님 은총의 원동력이며 뒷받침으로 삼아 하느님의 영광과 영혼들의 구원을 위해 개인적으로 봉사활동을 수행함으로써 달성된다. 성화는 단원의 목적이요 생명이다.

몽포르의 성 루도비코는 「마리아의 비밀」이라는 책에서 이렇게 말하고 있다.

"하느님의 모상을 안고 예수 그리스도의 보혈로 구속된 성실한 이여, 세상에선 예수님처럼 거룩하고 천상에선 예수님처럼 영광스럽게 되는 것이 하느님의 뜻입니다. 하느님의 거룩함을 닮는 것이 바로 당신의 소명입니다."(「마리아의 비밀」 1장 3)

"이와 같이 당신의 성화에 절대 필요한 하느님의 은총을 얻기 위해 당신은 최상의 방법을 강구해야 합니다. 이것을 당신에게 알리려고 하니, 하느님의 이 은총을 얻기 위한 첩경은 '우리가 마리아를 발견해야 한다.'는 것입니다."(「마리아의 비밀」 1장 6)

단원의 개인 성화에서 그 모델은 성모님이시다. 성모님의 삶으로 살고 성모님처럼 순명하며 성모님의 성덕을 닮도록 해야 한다. 성화는 자신의 노력과 하느님의 은총으로 이루어진다.

강력한 질서 체계

하느님 사업을 수행하기 위해서는 강력하고 충성심이 강한 사도직 공동체가 필요하다. 교회 내에는 많은 친목단체와 봉사단체, 그리고 신심단체가 있다. 단체마다 나름대로의 조직을 운영하고 있으나 레지오는 특히 훌륭한 이상과 규칙을 가지고 있으며 이 이상과 규칙을 충실히 따르려는 단원들에 의해서 착실히 발전하고 있다. 레지오의 숭고한 목적과 강력한 조직과 열렬한 활동은 교회 발전에 크게 이바지하고 있다.

단헌이 제시한 가장 큰 가르침은 순명이다. 레지오는 조직에 순명하고 교회에 순명해야 한다. 규칙을 지키고 질서에 복종하며 겸손한 자세로 어디서나 순명해야 한다. 특히 레지오의 조직에 순명해야 한다. 레지오의 공지사항이나 상급 평의회의 지시에 따르고 협조해야 한다. 레지오가 정상적으로 발전하고 관리, 운영되기 위해서는 레지오의 나침반격인 교본의 내용을 이해하고 그 규칙을 준수해야 한다.

단장이나 간부들이 명심할 일은 제멋대로 취향에 따라 운영해서는 절대로 안 된다는 것이다. 이런 일은 불행스런 행위로써 마리아께 대한 불충의 행위이며 교만에서 나온 행위이다. 이것은 레지오 조직을 문란하게 하는 불충의 행위이므로 조속히 시정하도록 상급기관에서 지시해야 한다. 다시 말하면 순명하는 대상은 개인이 아니라 레지오라는 조직에 순명해야 한다는 것이다. 이는 성모님에게 순명하는 것이며 나아가 하느님께 순명하는 착한 자녀의 바람직한 모습이다.

악의 세력을 분쇄하고 하느님 나라를 건설하기 위해서는 강력한 조직체계가 필요하다. 이는 규율과 규칙을 교본대로 준수함으로써 성취할 수 있다. 세상에서 가장 강력한 질서체계를 갖추는 데 정성을 다해야 한다. 성모님은 하느님 안에 있는 질서의 원형이며 표상이다. "주님의 뜻대로 이루어지소서."라고 기도하며 순명하면 마음의 질서와 레지오의 질서가 정립될 것이다. 단원들은 그리스도인의 완덕인 믿음, 성모님에게 대한 사랑, 대담성, 자기희생, 형제적 우애, 기도하는 마음, 신중, 인내, 독종, 겸손, 기쁨, 사도적 정신을 수련해야 한다.

이상적인 단원

레지오는 단원 자격의 완벽성을 평가하는 기준으로 레지오 조직체계에 대한 투철한 충실성을 앞세운다. 레지오 조직에 순종하며 모든 일에 기쁜 마음으로 정성을 다해야 한다. 끊임없는 기도와 활동을 통하여 사도직 수행에 모범을 보여야 하며 모든 사람이 본받을 수 있는 높은 믿음을 지닌 단원이 되어야 한다. 겸손한 태도와 사랑의 실천으로 단원과의 화목을 이루는 훌륭한 표양을 보여야 한다. 레지오가 세상의 보배요, 교회의 보배로 발전하기 위해서는 톱니바퀴인 단원 각자가 오직 하느님만 바라보면서 성모님에 대한 신심을 몸에 익혀야 한다.

레지오 단원들은 개인적인 능력이나 훌륭한 말재주만으로는 결코 충분하지 않다. 레지오는 하나의 단체이며 군대이므로 그 힘이 한 사람에게 달려 있는 것이 아니라 완전한 부품들이 하나하나 제 위치에서 제 기능을 발휘할 때 비로소 레지오의 기능이 부각될 것이다. 레지오 마리애는 개인활동보다 공동체적인 단체활동을 하며 힘을 합하는 데 더 의의가 있다.

레지오는 아무리 작은 일도 소홀히 처리하지 않고 성실히 정성을 다해서 처리하고 평가한다. 어떤 일도 해낼 수 있는 자질을 수련시킨다. 즉 예비단원의 수련기간을 두는 것도 완벽성을 기하는 과정이다. 레지오 마리애는 사적 군대가 아니다. 성모님은 모든 단원이 힘을 합하여 사탄의 세력과 싸워 승리할 수 있는 힘을 주신다. 단원은 소명의식을 가져야 한다. 성모님이 불러주셨으니 온 정성을 다해서 단원생활을 하며 곧 나의 천직이라고 믿어야 한다. 자랑스런 단원이란 오로지 레지오 조직에 대한 복종심이 많고 적음에 달려 있다는 사실을 자각해야 한다.

"마리아에 대한 우리의 봉사는 우리가 어떠한 직책을 맡고 있느냐에 따라 평가되는 것이 아니라 성모님에 대한 초자연적인 정신의 깊이와 열성도에 따라 평가된다는 것을 명심해야 한다. 이 말은 우리에게 맡겨진 임무가 아무리 미천하고 드러나지 않는 것이라 하더라도 순명으로 헌신해야 한다는 것을 뜻한다."(「성모학 소론」, 마리아희 편찬)

으뜸가는 의무

단원의 으뜸가는 의무는 회합에 참석하는 것이다. 단원은 자기가 구성원이 된 모든 회합에 의무적으로 출석해야 한다. 쁘레시디움 주회합에 규칙적으로 또 정확하게 출석해야 한다. 회합과 단원의 관계는 돋보기 렌즈와 태양 광선의 관계와 같다고 했다. 레지오 회합이 존중된다면 단원들을 결합시켜 무서운 위력을 발휘하게 될 것이며, 또 레지오 조직의 힘은 더욱 강하게 솟아날 것이다.

레지오 조직에서 각 단원은 톱니바퀴의 구실로 만족하면 된다. 그러므로 한 개인이 아무리 뛰어나더라도 각각 톱니바퀴의 역할을 하면 된다. 땅에 굴러다니는 한 조각의 석탄과 화로에서 타고 있는 여러 조각의 석탄과 비교해 보면 알 수 있다. 개인의 힘과 조직의 힘에는 엄청난 차이가 있다는 것을 발견할 것이다.

레지오 조직체에서 생활하다 보면 모나지 않은 아름다운 품성을 지니게 된다. 흔히 신앙생활에서 유의해야 할 나태, 교만, 낙심, 고집, 소심증 등을 다듬어 주는 고마운 단체가 레지오란 것을 깨닫게 된다. 활동보고나 교본 공부보다도 회합 출석이 더 중요하다. 무단 결석자는 차기 회합에서 결석 사유를 밝혀야 한다. 나태해서 결석했는지 파악하기 위해서다. 성모님을 만나는 기쁨으로 성스러운 주회합으로 모여야 한다. 그리고 주회합을 사랑해야 한다. 성모님에게 의지하고 조직에 의지해야 한다. 레지오 조직체는 우리의 모든 것을 보호해 준다. 영육간에 건강을 주고 구름 속의 비만 보지 않고 구름 위의 태양을 볼 수 있게 도와준다.

쁘레시디움의 주회합

주회합은 레지오의 생명이다. 주회합은 빛과 동력이 생성되는 발전소라 하겠다. 주회합은 레지오에 필요한 모든 것을 공급해 주는 보화의 집이다. 은총의 회합이다. 주회합은 믿음의 발전소이다. 주회합은 하느님께서 지켜 보시는 가운데 성모님을 모시고 하느님 사업을 의논하는 지상에서 가장 성스러운 모임이다. 주회합은 우리 모두의 공동체 수련장이다. 주회합은 성모님의 특은에 감사하는 당신의 자녀들이 당신의 사업에 봉헌되고자 정성을 드리는 회의이다. 그러므로 레지오 단원들은 주회합에 출석하는 것이 첫째 의무임을 알아야 한다. 이 출석의 의무는 다른 어떤 방법으로도 채울 수 없는 가장 으뜸가는 의무이다.

누구나 선서할 때를 상기해 보면 자기 생활을 정리해 볼 좋은 기회가 될 것이다.

"지극히 거룩하신 성령이시여, 저(성명과 세례명)는 오늘 레지오 마리애 단원으로 등록되기를 간절히 바라옵니다. 그러나 제 스스로는 합당한 봉사를 드릴 만한 능력이 없사오니 저에게 오시어 저를 당신으로 채워 주소서. 제가 하는 보잘것 없는 일들을 당신의 힘으로 받쳐 주시며 당신의 위대한 목적을 이루는 도구가 되게 해주소서."

은총이 넘치는 성스러운 분위기에서 회합하는 단원들의 모습은 축복받은 자녀들의 회합임에 틀림없다. 주회합에 정당한 이유 없이 결석한다면 성모님의 군대로서 즉시 회개하고 회심해야 한다. 다정한 전우들과 함께 성모님을 모시고 회합하는 시간을 어찌 소홀히 할 수 있단 말인가?

한 주간에 한 시간 정도의 주회합 시간을 감사하는 마음으로 바칠 수 있는 단원이 되어야 한다. 본당 내의 다른 쁘레시디움에 출석한다거나 다른 본당 쁘레시디움에 출석하는 것으로 출석을 대체할 수 없다. 이는 레지오 대열을 문란하게 하는 요소가 되고 레지오 비밀을 누설하는 경우가 있어 허용되지 않는다.

"주회합에 참석하지 않는 단원의 활동은 영혼이 없는 육체와 같다. 이 으뜸가는 의무를 게을리 하면 활동은 별 성과를 거두지 못하게 되고 얼마 안 가서 레지오 대열에서 떨어져 나가고 말 것이다. 이는 이치상으로 따져도 그렇고 경험상으로도 증명이 되었다."

제12장
레지오의 외적 목표

실제 다루어야 할 일

 레지오는 여러 회합에 적극적으로 참석하기를 요구하고 있다. 이는 회합을 통하여 배우고 본받아 단원의 성화를 이루고 힘찬 활동을 전개하려는 것이다.
 단원 자신이 성화됨으로써 성모 마리아께 봉헌되고자 하는 정성이 빨갛게 달아올라 그 뜨거운 열정으로 레지오 사도직에 복무해야 한다. 레지오는 회합을 통하여 부여받은 직무를 성실히 수행하려는 레지오 사도직의 사명을 확고히 결심하게 된다.
 주간 활동을 계획하는 데 유의해야 할 것은 현실적으로 가장 가치 있고 급하며 필요한 것부터 해야 한다는 사실이다. 이렇게 활동배당을 해야 강력한 힘을 가진 레지오가 되며 단원은 영혼을 위해 자신을 바치고 그리스도의 사랑에 사랑으로 보답하며 그리스도의 고난과 죽으심에 노력과 희생으로 보답하고자 하기 때문이다.

더 멀고 큰 목표, 지역 사회의 누룩이 되는 일

 레지오의 심장부에 켜져 있는 사도직의 등불을 영혼들에게 나누어 주어 그들로 하여금 바깥 세상에 파견되어 지역 주민들에게 영향을 미치도록 해야 한다. 다시 말하면 통치자처럼 그들 안에 들어가서 모든 생각과 말과 행동을 지배하도록 영향을 주어야 한다는 것이다.

 지역민들을 위해 어떤 일을 할 것인가? 지역민들로 하여금 하느님의 평화를 누리며 감사한 마음을 가지고 생활하도록 영향을 미치는 활동 계획을 세우는 일은 대단히 보람 있고 알찬 프로그램이다. 레지오가 고상한 이상을 향하여 활동하그 그 영향이 지역민들에게 미쳐 그들도 레지오처럼 하느님을 위하여 조직화된다면 얼마나 이상적인 일인가? 이러한 숭고한 사업을 과감히 착수해야 한다.

 "하느님을 부인하는 사람들, 하느님을 배반하는 사람들은 모든 사람에게 불성실하며 하느님보다 못한 것들, 곧 땅과 하늘의 모든 것들에 대해서도 불성실할 것이다."라는 브라이언 오히긴스의 말을 음미해 보아야 한다. 모든 사회 질서가 혼란하면 이기주의가 개인 생활을 지배하고 증오심으로 인하여 많은 생명이 파괴적인 세력으로 변질하게 된다.

아름다운 레지오 정신이 교회 밖으로 나가 영향을 미치게 될 때 그 위력은 땅 끝까지 작용하게 된다는 놀라운 사실을 알아야 한다. 이 일은 결코 현실과 먼 이상론이 아니다. 이 사회에서 가장 실제적이고 가능한 일이다. 레지오는 눈을 들어 높이고 팔을 벌리며 성모 마리아와 더불어 용맹스런 활동을 전개해야 한다.

모든 이를 하나로 만드는 일

"너희는 먼저 하느님의 나라와 그분의 의로움을 찾아라."(마태 6,33)

이 말씀은 레지오가 하는 일의 전부를 가리킨다.

레지오는 교회의 보배이다. 레지오의 조직은 그 지역 영성의 척도라고 하지 않았는가? 나아가 사회적 가치를 지니고 사회 발전에 크게 기여한 레지오는 국가의 재산이며, 국민들에게 영성적인 이득을 가져다 주고 있다.

건강한 사회를 건설하려면 개인의 인격체가 건전해야 한다. 사회는 거대한 공동체이다. 이 공동체는 톱니바퀴와 같아서 톱니바퀴가 잘 작동되려면 톱니 하나하나가 맞물려 튼튼하게 협동체로서 역할을 잘해야 한다.

마찬가지로 건전한 단원이 된다는 것은 곧 교회와 사회 발전에 크게 이바지한다는 의미가 된다.

레지오는 사회 공동체를 위하여 봉사하려는 강력한 동기를 지니고 있다. 일찍이 예수님과 성모 마리아께서 나자렛 마을의 시민으로서 또한 주민으로서 완벽한 생활을 하셨음을 상기해 본다면 이 사회에서 레지오의 역할이 무엇인가를 알 수 있다. 레지오가 자기가 소속된 지역을 위하여 용감히 활동을 전개하면 주님께서는 사랑의 신비를 통하여 풍성한 은총을 내려 주실 것이다.

전국의 각계 각층의 집단이 형성되는 곳에 단원이 서 있어야 한다. 우리 형제가 살고 있는 곳이면 몇 사람이 살더라도 그곳에는 반드시 단원이 서 있어야 한다는 것이다. 레지오의 깃발을 들고 기도하며 정성스레 봉사하고 사랑해야 한다. 그들이 레지오 깃발을 바라보며 저 높은 이상을 향해 걸어 나가도록 영향을 주어야 한다.

성모 마리아의 승리를 위해 활동하는 레지오가 나아가서는 국가 발전에도 큰 역할을 담당한다는 사실을 깨달아 하느님을 위한 고귀한 사업에 헌신하면서 또한 지역과 사회와 국가 발전을 위해 봉사하며 성모 마리아를 대신하여 그들에게 영향을 미쳐 하느님의 사랑을 느끼도록 적극적이고 용맹스런 활동을 전개해야 한다.

"교회는 동시에 "가시적 집단인 동시에 영적인 공동체"로서 온 인류와 함께 걸어가 세계와 함께 동일한 지상 운명을 체험하고 있다. 교회는 또한 그리스도 안에서 쇄신되고 하느님의 가족으로 변화되어야 할 인류 사회의 누룩으로서 또 마치 그 혼처럼 존재한다.

공의회는 그리스도인들이 천상 국가와 지상 극가의 시민으로서 복음의 정신에 따라 현세의 자기 의무를 충실히 이행하고자 노력하도록 권고한다. 여기에는 우리가 차지할 영원한 도성이 없고 앞으로 올 도성을 찾고 있다는 것을 알지만, 그 때문에 자기의 현세 의무를 소홀히 할 수 있다고 생각하는 사람은 진리에서 벗어나 있다. 그는 바로 신앙을 통하여 각자 부름 받은 그 소명에 따라 현세 의무를 더더욱 이행하여야 한다는 것을 깨닫지 못하는 것이다." (「사목헌장」 40,43)

하느님을 위한 고귀한 사업

레지오는 지극히 큰 힘을 지닌 동정 마리아와 하나가 된 사람들로서 하느님의 고귀한 사업에 헌신하고자 대열에 모였고 총사령관이신 성모 마리아께 입단 서약한 군대이다.

하느님께서 레지오를 통하여 하시고자 하는 사업을 계획하고 실천하는 선봉대이며, 하느님의 평화에 도전하는 무리들에 대응하여 용감히 싸우는 평화의 군대이고, 하느님의 나라를 건설하고 영토를 지키는 최전선의 결사대이다.

또한 레지오가 성모님의 정신으로 훈련된 거대한 위력을 소유한 성스러운 군대라는 신념이 모든 사람에게 신선한 이상을 심어 준다. 그래서 하느님의 평화를 나누는 성업에 동참하려는 단원들이 날로 증가하고 있다.

한국을 보라! 53만 5천 단원들이 지금 이 시간에도 열심히 활동하고 있지 않은가? 교회마다, 도시와 농촌, 모든 직장에, 그리고 어느 거리에나 단원들이 서 있지 않은가?

"세상을 가장 사랑하고 그 사랑을 증거하는 사람이 세상을 차지한다."고 한 아르스의 성 요한 비안네의 말은 레지오에게 큰 희망을 준 고무적인 아름다운 찬사이다.

레지오는 완벽한 조직을 가지고 있다. 그리고 위대한 힘을 발휘하고 있다. 그 영성적 힘은 원자 폭탄보다 강하고 불가능이 없는 위력이 내포되어 있다. 레지오는 승리할 것이다. 성모 마리아는 승리할 것이다.

레지오는 사람들을 살리는 일을 한다. 단원들은 일생 동안 살아오면서 가장 소중한 것을 이웃 형제들에게 나누어 주는 은총 받은 자녀들이다.

레지오는 하느님의 은총인 진리의 말씀을 힘있게 전파하여 그들도 우리와 같이 은총과 감사의 생활을 할 수 있도록 도와주는 성스러운 일을 하고 있다. 아름다운 선교사이다. 축복받은 성모님의 군대이다.

이들은 바로 작은 영웅이며 레지오의 기사들이다.

제13장
단원의 자격

세계인의 직업을 분류해 보면 약 4만 5천여 종이나 된다고 한다. 직업마다 전문적인 기능의 소유자가 능률적으로 열심히 일하고 있다. 각자의 직업에 종사하기 위해 수많은 직업인들이 자격증을 획득하고 부단히 연수를 한다.

가장 성스러운 성모님 군단의 구성원인 각 단원도 갖추어야 할 자격 기준이 있다. 즉 신자가 레지오에 입단하려면 먼저 단원으로서의 자격을 갖추어야 한다. 레지오의 자격이란 세상에서 앞세우고 있는 학식이나 인물, 혹은 재산을 의미하는 것이 아니라 어느 정도의 품성을 가지면 가톨릭 신자 누구에게나 입단이 개방된다고 교본에서 명시하고 있다.

· 충실히 신앙생활을 하는 사람
· 레지오 활동을 통해서 평신도 사도직을 실천하려는 의욕이 있는 사람

· 레지오 단원으로서 의무를 하나도 빠뜨리지 않고 완수할 각오가 된 사람

이 정도의 모범적인 신자라면 성모 마리아의 정예 군대로서 단원생활에 성실히 복무할 수 있겠다는 판단에서 기준을 제시한 것이다.

이러한 엄격한 기준이 있기 때문에 교회 내에서는 일반적으로 단원들을 모범적인 신자라고 일컫는다. 단원들은 성모 마리아께 절대 순명하는 정신으로 생활하며 당신께 봉헌하고자 하는 불타는 열성으로 온 마음이 불타올라야 한다. 항상 성모님을 묵상하는 자녀의 효성을 드러내야 한다. 이런 단원의 모습이 곧 형제들에게 좋은 평신도상을 보여 주게 된다.

오늘날 레지오 조직이 급속도로 확장되고 있지만 조금도 흩어지지 않고 더욱 생기 있게 활성화되고 있는 것은, 레지오만이 가지고 있는 불변의 원칙과 탁월한 규칙이 있고 이에 착실히 준수하고 순명하며, 성모 마리아의 승리를 위해 당신의 사업에 협력하고 기도하며 봉사하려는 굳은 의지가 더욱 일치되고 강력해지기 때문이다. 레지오 조직에 순명하려는 훌륭한 단원정신을 저마다 간직하고 있기 때문이다.

어떤 지역에서 변칙적인 레지오 관리와 운영을 한다면 지금 당장에는 좋은 것처럼 보일지 모르지만 세월이 조금 지나면 후회하게 될 것이다. 더욱 무서운 것은 결국에는 레지오 대열이 무너지고 만다는 사실이다.

레지오 대열을 문란하게 하는 것은 성모 마리아께 대한 가장 큰 불충한 행위이다. 이런 일은 있어서는 안 된다. 어찌 은총의 어머니께 거역할 수 있단 말인가!

누구나 레지오의 주회합에 출석하면 3개월간의 수련기간을 거쳐서 선서를 한 다음 정식단원으로서 명단에 등록된다. 선서는 1주일 전에 해야 한다. 선서할 때 후보자는 벡실리움의 깃대에 오른손을 대고 큰 소리로 선서문을 낭독한다. 벡실리움이 준비되지 않았을 경우에는 뗏세라의 그림을 대신 사용할 수 있다.

그 다음에 사제의 강복을 받는다. 예비단원의 경우 3개월이 지나 선서의 시기가 되었음에도 특별한 이유 없이 선서를 미루면 안 되며 1차에 한해서 3개월간 더 연장할 수 있다. 추가된 기간이 되었는데도 선서하려는 뜻이 없다면 레지오의 대열에서 탈락하게 된다. 선서를 하고 정식단원이 된 후에 거부감이 발생한다면 쁘레시디움을 떠날 수 있다.

선서는 거룩하신 성령께 맹세하고 은총의 성모 마리아께 서약하는 성스러운 행사이다. 선서한 순간부터 온전히 그분께 봉헌되고 정성을 다해야 한다. 굳건한 단원정신으로 복무하고 늦추지 않는 봉사생활에 헌신해야 한다. 한 단원의 태만이 쁘레시디움의 대열을 약화시키고 서로간에 갈등을 조장하는 경우도 있다.

선서문은 입단할 때와 전대사를 받을 때에 봉독한다.

선서를 희망하면 일 주일 이상 마음을 정리하고 성모님에게 간절히 기도해야 한다. 선서할 때는 엄숙하고 성스러운 분위기가 감돌도록 모두 정성을 다해야 한다. 단장을 비롯하여 모든 단원은 성모님에게 충성을 다하겠다고 재다짐하는 순간이 되어야 한다. 선서하는 그 모습은 축복받은 장면이다. 이 얼마나 성스럽고 아름다운 행사인가? 단원이 주간활동을 수행한다는 것은 대단히 힘들고 고통스런 일인 동시에 가장 보람 있고 가치 있는 일이다. 사실 2시간 정도의 의무 활동을 전개하지만 이보다 몇 배의 시간을 활동에 바치는 단원이 날로 증가하고 있으니 감사드리지 않을 수 없다.

어떤 단원은 노년기에 입단하게 된 것을 후회하고 있다. 이런 경우 단원생활은 생명력이 감도는 희망의 생활이며 감사하는 생활이라고 경험담을 말한다.

아직도 레지오를 모르는 수많은 형제들을 위해 적극적인 활동을 전개해야 한다. 비록 부족한 우리들이지만 성모 마리아께서 선발해 주셨으니 부단히 신덕을 쌓고 단원정신을 함양하여 여생을 단원생활로 마쳐야 한다.

레지오는 맨 처음에 여성들의 참여도가 높아서 레지오는 여성들, 특히 할머니들의 기도단체인 듯한 인상을 받았었다. 지금은 그러한 그릇된 인식이 모두 사라졌고 어디서나 남녀노소가 함께 입단하여 열심히 활동하고 있다. 충성스런 군대는 오직 충성을 바치고자 하는 단원정신으로 복무하는 곳이기 때문에 남녀의 구별은 있을 수 없다.

미국, 아프리카, 중국에서는 첫번째 쁘레시디움이 남성으로 조직되었으며 지금은 남성 쁘레시디움과 남녀 혼성 쁘레시디움이 활성화되어 가고 있다.

전세계에 하느님 나라를 건설하기 위하여, 그리고 모든 인간을 구원하기 위하여 단원들은 지구촌 어디에나 파견되어 성실히 활동해야 한다. 충성된 단원이라는 마음을 가지고 활동하지 않으면 안 된다. 오늘은 쉬고 내일 하겠다고 미루는 것은 태만이다. 성모님은 오직 충성스런 군대를 갈망하고 계신다.

레지오에서는 동료 단원들에게 '형제' 또는 '자매'라는 호칭을 사용한다. 필요에 따라 꾸리아의 허가를 얻어 남성, 여성, 소년, 소녀 또는 혼성 쁘레시디움을 만들 수 있다.

레지오 첫 쁘레시디움은 여성들의 조직체였으며 8년 뒤에 남성 쁘레시디움이 설립되었다. 중국, 미국, 아프리카에서는 남성 쁘레시디움이 처음 설립된 바 있다.

잘 훈련된 군대에게는 승리가 약속된다. 충성스런 군대의 모습은 묵주기도와 땀방울이 눈에 선하게 떠오르는 착한 단원들의 모임이다.

❖

우리의 기도를 가볍게 여기지 마옵소서, 천주 성모여…
당신이 다스리시고자 선택한 사람들을 구하여 주소서.

제14장
쁘레시디움

"날이 밝자 예수께서 제자들을 불러 그 중에서 열둘을 뽑아 사도로 삼으셨다."(공동번역 루가 6,13)

레지오 마리애의 단위체를 '쁘레시디움(Praesidium)'이라 부르며 약어(略語)로 Pr.로 표기하고 있다. 이 라틴 말은 로마 군대에서 특별한 임무를 수행하는 전방의 진지나 요새지, 최전선에 파견되는 한 부대를 가리켰다. 레지오 마리애에서는 쁘레시디움을 지단(支團)이라고도 부르는데 가장 작은 단위로써 레지오의 씨앗이며 동시에 뿌리가 된다.

쁘레시디움의 구성 인원은 남녀노소할 것 없이 12명이 가장 이상적인 단원 수이다.

쁘레시디움의 명칭은 '자비의 모후'와 같이 성모님의 호칭을 따서 이름을 붙이거나 '원죄 없으신 잉태'와 같이 성모님의 특전을 나타내는 말, 또는 '성모의 엘리사벳 방문'과 같이 성모님의 행적을 가리키는 말 등으로 그 이름(호칭)을 짓는다.
 가톨릭 기도서의 '성모님 호칭기도'를 참고하기 바란다.

 한국 세나뚜스 협의회에서는 다음과 같이 쁘레시디움과 평의회 이름을 참고하라고 제시하고 있다.

1. 결백하신 어머니
2. 그리스도의 어머니
3. 구세주의 어머니
4. 거룩한 어머니(모후)
5. 공경하올 동정녀
6. 계약의 궤
7. 근심하는 이의 위로
8. 겸손하신 모후(어머니)
9. 교회의 어머니(모친)
10. 능하신 동정녀(어머니, 모후)
11. 동정녀 중의 거룩하신 동정녀
12. 다윗의 탑
13. 동정녀들의 모후(어머니)
14. 로사리오의 모후(어머니)
15. 루르드의 성모(마리아)
16. 모든 이의 어머니
17. 매괴의 모후(어머니)
18. 무염시태 모후
19. 만민의 어머니
20. 믿는 이들의 모친
21. 병자의 모후(어머니)
22. 복되신 동정녀(모친, 어머니, 모후)
23. 바다의 별
24. 순결하신 어머니(모친, 마리아)
25. 성실하신 동정녀(모친, 어머니)
26. 상지의 옥좌
27. 신비로운 그릇
28. 신비르운 장미
29. 상아탑
30. 샛 별
31. 신자들의 도움(모친, 어머니)
32. 성조들의 모후(모친, 어머니)

33. 사도들의 모후(모친, 어머니)
34. 순교자의 모후
35. 성인의 모후(모친, 어머니)
36. 사랑의 샘
37. 성가정의 어머니(모친)
38. 신비체의 모후(모친, 어머니)
39. 성모성심
40. 사랑하올 어머니(모친, 모후)
41. 인자하신 동정녀(모친, 마리아)
42. 예언자들의 모후(모친, 어머니)
43. 원죄 없이 잉태되신 모후(모친, 마리아)
44. 은총이 가득하신 마리아(모친, 어머니)
45. 은총의 어머니 (모후)
46. 영원한 도움의 성모(모친, 어머니)
47. 애덕의 모후
48. 우리 즐거움의 원천
49. 지극히 깨끗하신 어머니(모친, 마리아)
50. 지극히 지혜로우신 동정녀(모친, 마리아)
51. 정의의 거울
52. 존경하올 그릇
53. 지극한 정성의 그릇
54. 죄인의 피난처
55. 증거자들의 모후(모친, 어머니)
56. 자비로우신 어머니(모친, 마리아, 모후)
57. 죄인의 의탁
58. 중개자의 모후(모친, 어머니)
59. 종도의 모후(모친, 어머니)
60. 천주의 성모(어머니)
61. 천상 은총의 어머니(모친)
62. 착한 의견의 어머니(모친)
63. 창조주의 어머니(모친)
64. 찬송하올 동정녀(모친, 어머니, 마리아)
65. 천사들의 모후(모친, 어머니)
66. 치명자의 모후(모친, 어머니)
67. 티 없으신 어머니(모친, 마리아, 동정녀)
68. 탄복하올 어머니(모친, 마리아)
69. 통고의 모후(모친, 어머니)
70. 평화의 모후(모친, 어머니)
71. 파티마의 성모(마리아)
72. 황금궁전
73. 하늘의 문
74. 하늘에 올림을 받으신 모후(모친, 어머니)
75. 희망의 모후(어머니)

조직의 명칭을 짓는 법과 소속, 직속을 구분하는 방법.

명칭

각 조직의 명칭은 혼동하기 쉬우므로 명칭 앞에 지역 또는 본당을 붙여서 부르고 제1, 제2 등의 사용은 가급적 금한다.

① 지역 명을 붙이는 경우

　　서울 무염시태 세나뚜스

　　부산 바다의 별 Re.(레지아)

　　제주 치명자의 모후 Co.(꼬미씨움)

　　목포 매괴의 모후 Co.(꼬미씨움)

② 한 본당에 2개 이상의 평의회가 있는 경우

　　서초 다윗의 탑 Co.(꼬미씨움)

　　서초 바다의 별 Cu.(꾸리아)

　　농성 정의의 거울 Co.(꼬미씨움)

　　농성 하늘의 문 Cu.(꾸리아)

③ 여러 본당 Pr.(쁘레시디움)이 평의회에 속해 있을 때는 주회합 장소의 지명을 붙여 부른다.

　　서귀포 다윗의 탑 Pr.

　　대치 공소 샛별 Pr.

　　고려대학병원 치명자의 모후 Pr.

직속과 소속의 구분

① 상급 평의회인 Se.(세나뚜스)와 교구 평의회인 Re.(레지아) 및 Co.에 직속된 Pr.(쁘레시디움)과 Cu.(꾸리아)는 다른 평의회와 구분하기 쉽게 편의상 Se.와 Re. 및 Co.의 **직속**이라 칭한다.

광주 중재자이신 마리아 Se. **직속** 북동 천지의 모후 Cu.

서울 무염시태 Se. **직속** 신당동 치명자의 모후 Cu.

대구 의덕의 거울 Se. **직속** 효대 샛별 Cu.

제주 치명자의 모후 Re. **직속** 서귀복자 중문 정결하신 정녀 Cu.

광주 중재자이신 마리아 Se. **직속** 순교자의 모후 Pr. 천주교 지산동 교회

서울 무염시태 Se. **직속** 상아탑 Pr. 천주교 명동 교회

대구 의덕의 거울 Se. **직속** 일체의 모후 Pr. 천주교 계신동 교회

제주 치명자의 모후 Re. **직속** 신자들의 모후 Pr. 천주교 중앙 교회

② 상급 평의회인 Se.와 교구 평의회인 Re.와 Co.직속인 Pr.과 Cu.를 제외한 모든 Pr.과 Cu. 및 Co. 아울러 Re.는 상급 평의회의 **소속**이라 칭한다.

서울 무염시태 Se. **소속** 인천 바다의 별 Re.

광주 중재자이신 마리아 Se. **소속** 전주 파티마의 모후 Re.

광주 중재자이신 마리아 Se. **소속** 안동 사도들의 모후 Co.

광주 중재자이신 마리아 Se. **소속** 임동 원죄 없이 잉태되신 모후 Co.

임동 원죄 없이 잉태되신 모후 Co. **소속** 중흥동 천주의 모친

Cu.

중흥동 천주의 모친 Cu. **소속** 사도들의 모후 Pr.

지산동 성모승천 Cu. **소속** 다윗의 탑 Pr.

③ 쁘레시디움에 소속된 단원은 쁘레시디움의 정당한 지시에 성실히 순명해야 한다. 레지오 조직에 절대 순명하고, 철저히 규율을 준수하고 일치에 협력해야 한다.

④ 쁘레시디움은 꾸리아나 상급기관에서 허가를 받고 설립해야 하고 레지오 조직에 반드시 가입해야 한다.

⑤ 본당 주임신부나 교구장의 승인 없이는 쁘레시디움을 설립하지 못한다. 쁘레시디움 해체는 함부로 할 수 없다. 쁘레시디움을 확장하지 못할지언정 이미 설립된 쁘레시디움을 해체한다는 것은 충성스럽지 못한 행위이다. 해체하려면 반드시 관할 교구장이나 본당 주임신부 또는 꼰칠리움의 승인을 얻어야 한다.

⑥ 쁘레시디움은 정기적인 주회합을 가져야 한다. 매주 1회, 같은 시간에, 같은 장소에서 주회합을 해야 한다. 매주 회합을 갖지 않으면 레지오가 아니다. 레지오는 희생하는 단체이다. 매주 함께 기도하며 활동하는 단체이다. '쁘레시디움 회합의 순서'라는 제18장에서 제시한 대로 진행해야 한다.

⑦ 각 쁘레시디움에는 영적 지도신부가 있다. 또 단장, 부단장, 서기, 회계가 있다. 이들은 쁘레시디움의 간부이며 매월 꾸리아 회합에 참석한다.

영적 지도신부가 회합에 참석할 수 없을 때는 다른 신부, 수도자, 또는 노련한 단원(Tribune · 트리뷴)을 지명하여 참석시킬 수 있다. 네 간부(단장, 부단장, 서기, 회계)는 꾸리아에서 임명한다. 수련기에 있는 단원을 간부로 임명하고자 할 때는 간부 서리로 임명할 수 있다. 이때 수련기의 간부직도 임기의 일부가 된다.

⑧ 간부들은 매번 꾸리아 월례 회의에 참석하고, 그 회의 내용을 쁘레시디움 주회합을 통해서 단원들에게 보고함으로써 단원들이 토의된 모든 내용을 잘 알고 있게 해야 한다.

⑨ 영적 지도자는 쁘레시디움의 간부 지위에 있으며, 레지오의 모든 합당한 권위를 인정하고 밑받침해 준다.

⑩ 영적 지도자는 회합에서 제기된 신앙이나 윤리에 관한 문제에 대하여 결정하는 권한이 있다. 또한 본당 주임신부나 교구장의 결정을 얻어야 할 필요가 있을 때에는 진행 중인 쁘레시디움의 활동이나 기타 업무 등을 잠정적으로 보류시킬 수 있다.

⑪ 쁘레시디움의 네 사람의 간부 임명에 따른 적임자 선발에 있어서 꾸리아는 공개적으로 논의해서는 안 된다.

⑫ 네 간부의 임기는 3년이다. 동일한 기간의 한 임기를 재임할 수 있다. 어떤 간부가 다른 직책으로 옮기거나 다른 쁘레시디움의 동일한 직책으로 자리를 바꾸는 것은 새로운 임명으로 간주한다. 3년 임기를 못 채우고 간부직을 떠나면 그날로 3년 임기를 마친 것으로 간주한다.

⑬ 꾸리아는 훌륭한 간부를 양성하고 쁘레시디움 간부로 임명해야 한다. 간부의 수준이 낮으면 레지오가 발전할 수 없다. "나

쁜 사병은 없고 다만 나쁜 장교가 있을 뿐이다."라고 말한 나폴레옹의 교육관이 생각난다.

⑭ 특히 쁘레시디움의 단장을 신중히 선발하여 임명해야 한다. 단장을 잘못 임명하면 쁘레시디움이 무너질 수도 있다. 자격 요건이 갖추어져야 한다.

⑮ 꾸리아는 단장의 직무 수행을 살펴서 잘 하도록 해야 한다. 문제 있는 쁘레시디움을 개편할 때 이유가 없는 한 단장도 함께 교체해야 한다.

⑯ 단원 중에서 간부 직무의 수행을 감당할 능력이 있을 때는 간부로 임명될 수 있다.

⑰ 한 쁘레시디움의 단원이 타 쁘레시디움으로 옮길 때는 전 단장의 허가를 받아야 한다. 이때 한 본당 내에서, 누구나 이해할 수 있는 사정이 아니고서는 이동해서는 안 된다. 세속의 사소한 감정 때문에 옮겨서는 안 된다.

⑱ 문제가 있는 단원일 경우 쁘레시디움의 단장은, 다른 간부들과 의논하여 충분한 이유(교회나 레지오에 나쁜 영향을 끼친 경우)가 있다고 판단될 때는 단원의 자격을 정지한다.

⑲ 꾸리아는 단원을 제명하거나 자격을 정지할 권한을 가진다.

⑳ 꾸리아는 쁘레시디움 간에 활동 분담 문제를 조정하고 판정한다.

㉑ 레지오 조직의 일부인 협조단원을 모집하고 관리하는 데 쁘레시디움은 철저히 해야 한다. 협조단원은 반드시 있어야 하고

또 양성해야 하며 매월 1회 이상 돌보아야 한다.

㉒ 군대는 각종 훈련소나 군사학교를 운영함으로써 장래를 항상 대비한다. 이와 마찬가지로 각 쁘레시디움은 소년 쁘레시디움을 운영하는 것을 그 조직체계의 일부로 여겨야 한다. 소년단원 양성에 적극적으로 나서야 한다. 현재 각 교구마다 소년단원이 너무 부족한 현실이다. 성인 쁘레시디움은 2명을 소년 쁘레시디움의 간부로 파견하여 지도하도록 한다. 소년단원은 성인 꾸리아에 참석할 수 없다.

규칙을 연구하고 자신을 그 틀에 넣어 수련하는 단원이야말로 은총의 그릇을 튼튼히 마련하는 모습이라 하겠다.

속세의 모든 조직체에도 엄격한 규칙이 있는데 하물며 성모님의 군대의 규칙은 가장 엄숙하고 강하게 제시되어야 하지 않겠는가?

레지오는 엄격한 규칙에 절대 순명해야 하며 규칙의 내용은 공인 교본에 자세히 언급되어 있다.

규칙은 위대한 힘을 가지고 있으며, 꺾을 수 없는 큰 힘을 솟아나게 한다.

단원은 엄격한 규율에 순종하는 조직 안에서 생활하고 규율의 어떤 조항이든지 정확하게 지키는 정신부터 가져야 한다. 이러한 정신을 가질 때 하느님의 특별한 강복과 성모님의 은총을 받는 자녀, 착한 성모님의 군대가 될 것이다.

규칙을 엄격히 지킴으로써 레지오 사도직에 항구히 참여할 수 있고 덕행이 뛰어나게 된다.

아무리 보잘것 없는 일이라도 정확하게 지켜 나가야 하고, 이를 어기면 그가 행하는 성모님의 사업이 아무리 가치가 있다 하더라도 레지오는 그와 인연을 끊어야 한다. 규칙은 레지오의 생명이다. 규칙을 어긴다면 레지오의 생명에 상처를 주는 불행스런 행위이다.

규칙은 통일성, 단일성, 일치성을 유지하도록 하며 하느님의 위력으로 사도직의 기초를 이룬다.

질서 있는 모습으로 성모님과 일치하여 주간 영성생활과 주간 활동을 하며 회합을 통해서 명확하게 활동보고를 하는 착한 단원들의 모습은 레지오의 힘이요, 일치하는 징표이다. 단원생활은 어디까지나 성모님과 일치하고 모든 단원과 일치해야 한다. 규칙을 멀리하고 자신의 지식으로 판단하여 레지오를 지도하고 생활한다면 "하느님의 모든 사업은 단일성 위에 건설되어야 하는 것"에 역행하는 일이라 하겠다.

레지오는 결합의 원리 위에 설립되었고 이 원리가 결핍되는 정도에 따라 레지오의 생명에서 이탈되는 것이다. 군대는 한 사람이 행동하는 것같이 일치단결하여 사령관에게 순종해야 한다.

규칙은 인간 본연의 약점을 극복하고 자기 의무를 완수하려는 힘을 준다.

쁘레시디움은 규칙을 존중해야 하며 솔선수범하여 지키는 모범을 보여야 한다. 질서가 흔들리고, 보통의 규칙에서 벗어나려는 마음은 레지오 대열에서 이탈하는 일이다.

 규칙을 지키려는 정신은 레지오의 훌륭한 정신이며 다른 단원들에게 큰 선물을 주는 훌륭한 기사정신이다.

 레지오는 전통이나 의무적인 외적 규칙과, 감미로운 애덕과 열정으로 마음에서 소생하는 내적 규칙이 서로 조화를 이루어 꺾을 수 없는 힘이 되며 방종을 방지한다. 레지오에 충성을 다짐한다면 결코 자기 중심적인 제멋대로의 행동은 할 수 없을 것이다.

 레지오 마리애는 공인 교본과 꼰칠리움에서 규정한 규칙을 지켜야 한다. 즉 꼰칠리움의 지시나 방침에 따라야 하고 교본의 정신과 방법을 모두 어김없이 준수하여야 한다.

 레지오의 규칙 변경은 오직 세계 평의회인 꼰칠리움만이 가능하다. 그밖의 평의회나 쁘레시디움은 아무리 작은 것이라도 변경시킬 권한이 없다. 세나뚜스가 꼰칠리움의 지시에 절대 복종하며, 실천하고 있는 것과 같이 산하 각급 평의회에서도 세나뚜스의 행정지시에 절대 복종해야 한다.

 공인 교본에 명확한 규정이 없다고 해서 인간적인 생각으로 처리한다거나 세나뚜스의 행정지시를 불만스럽게 받아들여 도전적 발언을 하는 것은 레지오 정신과 거리가 있는 행동이라 볼 수 있다.

 교본에 명확히 제시가 안 된 레지오 관리, 운영상의 지시는 세나뚜스를 지도해 오신 사제들의 지도와 해설로 이루어지며, 꼰칠리움의 서한에 근거를 두고 있다.

 사실 공인 교본을 올바로 이해하지 못한 분들과 대화는 어색해지기 쉽다. 수년간 들어온 내용의 이야기지만 그들은 강하게 도전한다. "아일랜드 사람들이 만든 교본의 내용을 한국에서 그대로 지킬 필요가 있느냐"는 것이다. 그러니까 한국적 레지오를 만들어 적당히 우리 식으로 하면 된다는 것이다. 신앙심이 깊고 열심하다는 평신도들까지 이런 질문을 한다.

이럴 때마다 프랭크 더프의 고충이 얼마나 컸던가를 짐작할 수 있다. 프랭크 더프는 수십 년간 레지오 조직과 특히 교본을 개혁하려는 시도에 저항하여 싸워야 했다. 주목할 만한 것은 이 시도를 한 그룹은 즉시 없어졌거나, 아니면 얼마 안 가 더 이상 존재하지 않는 결과를 초래했다는 사실이다.

오늘날 누군가가 교본 규칙에 대해 이러쿵저러쿵 논평하는 것은 성모님의 군대대열을 문란하게 하는 일이다. 교본 공부를 하면 모든 문제가 해결된다. 우리들은 지금 무엇보다 성모님과 일치하는 일이 시급하다. 우리 모두가 일치하고 전세계가 일치되어야 한다. 즉, 전세계의 레지오는 일치해야 한다는 것이다.

교본의 규칙을 준수하는 단원이 될 때 세계 레지오는 일치하는 모습으로 성모님의 사업을 완수할 수 있을 것이다. 레지오는 세계적인 조직이다. 우리나라만 보아도 거대한 즈직인데 이 거대한 조직을 관리, 운영하기 위해서는 철저한 규칙의 준수밖에 없다고 확신한다.

모든 단원은 선서할 때 "저는 레지오 규율에 온전히 복종하겠습니다. 이 규율은 저를 동료 단원들과 매이게 하여 우리 모두가

한 군대를 이루게 하기 때문입니다. 또한 이 규율은 마리아와 함께 진군하는 우리의 대열을 가다듬어 당신의 뜻을 이루고 은총의 기적을 일으키게 합니다."라고 한다. 아무리 작은 것이라도 복종하지 않으면 하느님께서 제일 기뻐하시는 순종을 거부하는 것이 된다.

교본에 명시한 레지오의 원리와 정신, 규칙과 방법을 그대로 따르지 않고 변질적으로 운영하는 것은, 상급 평의회에 순종하려는 마음이 없다는 뜻인데, 그렇다면 차라리 레지오를 떠나서 하고 싶은 대로 하는 것이 옳을 것이다. 작은 일이라도 세속을 본따 자기 편리한 대로 레지오를 운영하는 것은 절대로 허용할 수 없다.

단원들은 먼저 교본에 대한 바른 정신을 가져야 한다. 교본은 단원들이 제일 먼저 공부할 책이며 이는 참으로 단원의 근본적 의무이다.

교본은 레지오 정신, 조직의 원리, 레지오 생활의 규칙과 방법에 관한 중요한 지침서이다. 교본을 공부하는 것은 레지오 조직에 들어오는 문이요, 단원의 자격을 얻는 필수조건이다.

이와 같이 단원 자격의 기초를 이루는 교본을 소홀히 취급하거나 등한시하는 일은 레지오의 장래를 위해 매우 걱정하지 않을 수 없다. 학력 수준은 점차로 높아지고, 단원의 분포를 보면, 사회 각계각층의 인사들이 많아져 인적 자원은 풍부해졌다. 하지만 많이 배웠다는 단원일수록 교본을 공부하지 않고, 지식으로 혹은 상식으로 레지오를 하려고 한다는 것이다.

이런 시도는 용납될 수 없는 일이며 가장 위험스런 레지오의 장애이다. 제2차 바티칸 공의회를 주관하신 성 바오로 6세 교황은 제2차 바티칸 공의회 후 레지오 마리애 교본에 대하여 보낸 서한에서 "교본을 변경할 의도가 없고 앞으로도 그렇다."고 말씀하셨다.

"한 오라기 실 뽑으니
온 필베에 흠이 가고,
헝클어진 화음 하나
온 선율을 거스리네."
— 휫티어 —

"태양에서 나오는 광선은 여럿이지만 그 빛의 근원은 하나이다. 나무의 가지는 많지만 그 줄기는 하나이며, 그것은 흔들리지 않는 뿌리에 단단히 매여 있다."(「교회의 일치」, 성 치프리아노/St. Cyprian)

성모 마리아여,
 그리스도는 당신께 의탁하는 모든 죄인들을 구원하고 보호해 주는 방파제로써 당신을 우리에게 주셨습니다.

제15장
레지오의 선서문

 레지오 선서문은 정식단원이 되기 위한 서약이다. 성스러운 성모님의 군대로 등록되어 성모님에게 온전히 의탁하면서 선택된 자녀로, 군대로 용맹스럽게 봉헌된 삶을 살겠노라고 성령께 서약하는 것이다. 성모님을 통하여 성령께 간구하는 레지오 단원들은 성령의 은총을 풍부히 받는다고 교본은 강조하고 있다.
 세례 때에 마귀를 끊어 버리고 하느님만 굳게 믿겠다고 다짐하는 선서가 가장 으뜸가는 선서이고, 그 다음으로 단원의 선서가 중요성을 내포하고 있다. 세례 때의 서약을 갱신하고 성모님을 통해 예수님께 자신을 온전히 봉헌하겠다는 이 선서는 성스럽지 않을 수가 없다.
 선서란 말은 일을 성실히 수행할 것을 맹세하는 것을 말한다. 레지오의 선서는 성령께 자신을 온전히 바칠 것을 서약한다. 선서문을 교본에 있는 그대로 봉독하면서 선서하게 되는데 그 시기와 절차는 아래와 같다. 새 단원이 입단하면 3개월간 예비단원으로 복무하다가 선서의 의지를 물어서 선서를 하도록 한다. 선서를 함으로써 정단원이 된다. 선서하기까지 준비는 단장이 지도해야 한다. 선서는 단원으로서 성실히 봉사할 것을 다짐하는 성스러운 행사이다.

만약 예비단원이 3개월이 되었는데도 선서를 미룰 때에는 3개월을 더 연장해 줄 수 있다. 또 3개월이 경과했는데도 선서의 준비가 안 되었을 때는 자연스럽게 퇴단시켜야 한다. 단장은 예비단원이 선서할 시기가 되면 일 주일 전에 예비단원과 영적 지도자에게 알린다. 그래서 선서 때에 영적 지도자를 참석시키면 좋을 것이다.

선서문은 모든 단원에게 잘 들리도록 큰 소리로 낭독해야 한다. 선서하는 새 동료를 진심으로 축하해 주는 전우애를 발휘해야 한다. 선서하는 단원에게 성모님이 큰 은총을 주시며 기뻐하실 것이다. 용맹스런 당신의 자녀를 보고 축하하며 가슴으로 품어 주실 것이다.

선서하는 단원은 이제 하느님과 성모님에게 온전히 봉헌되었음을 재인식하는 착한 자녀가 되어야 한다. 선서한 단원이 불가피한 사정으로 퇴단한 다음 다시 입단하려면 다시 새 단원의 입단 순서대로 모든 절차를 거쳐야 한다.

단원이 퇴단한 다음 다시 입단하면 그 기간에 관계없이 예비단원이 된다. 그래서 수년간의 단원생활을 했더라도 퇴단하지 말고 어떠한 고난이 닥쳐오더라도 믿음과 기도로 헤쳐 나가야 보람을 느낀다. 단원은 영원한 단원이어야 한다.

단원들은 세례식 때에 선서한 은총의 순간과 정식단원으로 선서한 은총의 순간을 잊어서는 안 된다. 선서할 당시의 그 엄숙한 모습을 상기하면서 항상 활기 있는 복무생활을 영위해야 한다. 단원들은 성령께 대한 깊은 공경심을 발휘해야 한다. 또 성령과 불가분의 관계로 작용하시는 성모님에게 대한 신심이 두터워야 한다. 성령께 대한 공경심이 부족하면 성모님에 대한 신심이 부족하게 된다.

만일 단원들이 성모님에게 대한 사랑을 성령께 대한 확고한 신심으로 결합시킨다면, 단원들은 이 땅을 새롭게 하는 사업에, 성령과 성모님이 일치하여 협동하시기를 바라는 하느님의 계획에 가장 완전하게 참여하게 될 것이다.

선서문은 레지오 단기에 그려진 레지오 신심과도 잘 조화된다. 이 단기에는 비둘기 모상의 성령께서 영혼의 구원을 위해 활동하는 레지오와 그 사업을 성모님을 통해 주재하시는 모습이 잘 나타나 있다.

"성모님은 그리스도의 뜻에 따라 중재하시므로, 그리스도께서 구원하고자 하시면 성모님은 당장에 빌어 주신다. 예수께서는 참으로 성모님의 기도에 따르고자 하시며, 또한 성모님은 예수님의 뜻에 따라 기도하신다."(뉴먼)

❖

 당신의 거룩한 베일로 우리를 덮어 주시고, 모든 악에서 구하여 주소서. 당신의 아들, 우리 주 그리스도께 우리의 영혼을 구하시도록 전구하여 주소서.

제16장
일반 행동단원 이외의 단원 등급

레지오는 일반 행동단원 이외에 다른 두 등급의 단원이 있다.

쁘레또리움 단원

쁘레또리움(Praetorium) 단원은 행동단원보다 높은 등급의 단원이다. 이 쁘레또리움 단원은 행동단원의 보통 의무 이외에 다음과 같은 신심행위를 추가 이행해야 한다.
· 레지오의 뗏세라에 있는 모든 기도문을 매일 바친다.
· 매일 미사와 매일 영성체를 한다. 일 주일에 한두 번 이상 빠지지 않는 단원이면 쁘레또리움 단원으로 등록해도 된다.
· 가톨릭 교회가 공인한 일정 형태의 일과를 매일 바친다. 성모 소일과, 성모의 원죄 없으신 잉태의 소일과, 묵주기도 15단(도미니꼬회 제삼회원일 경우), 주님의 기도, 성모송, 영광송 12번(프란치스코 제삼회원일 경우), 또는 성무일도의 주요 부분(곧 아침

기도 및 찬가 혹은 낮기도)

가톨릭 교회의 전례에서 미사, 성체, 성사에 다음가는 것은 성무일과이다. 그것은 그리스도 자신도 함께 기도하고 있는 교회의 공동기도이다.

다음 사항을 이해할 필요가 있다.
- 쁘레또리움 단원은 단원의 한 등급일 뿐이고, 조직의 별개 구성 단위가 아니다.
- 쁘레또리움 단원은 개별 단원의 사적인 약속일 뿐이다.
- 쁘레또리움 단원의 모집은 강요해서는 안 되지만 권유할 수는 있다.
- 쁘레또리움 단원의 자격은 특별 명부에 이름을 올리면 된다.
- 영적 지도자와 단장은 쁘레또리움 단원을 늘리도록 힘써야 한다.

협조단원

협조단원은 사제, 수도자 및 평신도 누구나 될 수 있다. 행동단원의 임무를 수행할 수 없거나 하지 않는 사람으로, 레지오의 이름으로 기도함으로써 레지오에 참여하는 사람은 모두 협조단원이 된다.
협조단원은 두 단계로 나누는데,
- 기초 등급에 속하는 단원은 협조단원이라 부르고

· 상위 등급에 속하는 단원은 아듀또리움(Adjutorium) 단원이라 부른다.

협조단원은 나이 제한이 없다. 협조단원의 봉사는 성모님에게 무조건 바쳐서 성모님의 의향대로 관리하시도록 해야 한다. 이 두 단계의 협조단원은 레지오의 두 날개이다. 협조단원이 많을수록 넓게 펴지며, 그들의 충실한 기도는 박진감 있는 추진력이 될 것이다. 이 두 날개가 온전하지 못하면 어색하고 절름거리며, 그만 장애물에 걸려 넘어진다.

1) 협조단원

협조단원은 열렬히 기도하는 레지오 군단의 왼쪽 날개이다. 날마다 뗏세라 기도문을 바친다. 하루 중에 적절히 나누어 바쳐도 된다. 묵주기도를 이미 어떤 의향으로 매일 바치는 사람이 협조단원이 될 때에는 묵주기도를 별도로 바치지 않아도 된다.

"기도하는 사람은 모든 사람의 영혼을 돕는다. 하느님께 대한 믿음과 지식과 의지를 지닌 그의 영혼은 다른 이들의 영혼을 세속으로부터 이끌어 내어 구해 주는 영혼의 자석(磁石)과 같다. 그는 성 바오로가 우리에게 특별히 당부하는 기도와 청원과 감사를 모든 영혼을 대신하여 행하고 있는 것이다. '쉬지 말고 기도하라. 그리고 언제나 성령께 간구하여라.'(에페 6,18 참조) 그러므로 만일 여러분이 자신을 잘 살피지 않고 간절히 기도하지 않거나 노력하지도 않고 결국 굳건히 버티지 못하고 만다면, 만사가 해이해져 세상은 타락할 것이며, 여러분의 형제들은 의지할 데를 잃고 힘없이 늘어지고 말지 않겠는가? 분명 그렇게 될 것이다. 우리들은 각자 주어진 몫에 따라 어느 정도는 자신의 힘으로 세상을 떠받치고 있다. 따라서 자신의 몫을 다하지 않는 사람들은 결국 자신의 일을 남에게 떠넘기고 있는 셈이다."(「원천」, 그라트리/Gratry)

2) 아듀또리움 단원

기도하는 레지오 군단의 오른쪽 날개이다. 아듀또리움 단원은 뗏세라의 모든 기도문을 매일 바친다. 그리고 매일 미사 참례와 영성체를 하고, 가톨릭 교회가 인정한 성무일과를 한 가지 바친다. 아르키메데스는 "내게 지렛대와 받침목을 주면 지구를 들어 올리겠다."고 하였다. 바로 아듀또리움 단원들의 기도가 지렛대의 역할을 하여 세상을 변화시키고 악을 제거하며 영혼을 구원하는 데 큰 역할을 한다.

아듀또리움 단원과 일반 협조단원의 관계는, 쁘레또리움 단원과 일반 행동단원과의 관계와 같고 그 추가되는 의무는 동일하다.

사제, 수도자들이 아듀또리움 단원이 되기를 레지오는 특별히 갈망한다. 레지오는 이 거룩한 이들과 일체가 되기를 진정으로 바라고 있기 때문이다. 이 사람들의 기도는 엄청난 힘이 되어 이 세상의 영혼들을 살리고, 산적한 많은 문제들을 해결해 주며 세상의 평화를 이루는 데 크게 기여하게 된다.

3) 협조단원들이 알아 두어야 하는 사항들
- 협조단원에게 주어진 기본 임무는 최소한도의 봉사로 여겨야 한다. 협조단원의 아낌없는 봉사는 희생이 아니라 은총임을 자각해야 한다. 행동단원들과 동일한 성모님의 은총을 받고 성모님의 군대로서 복무하고 있기 때문이다. 성모님에게 바치는 정성은 은총으로 되돌아오며 영광스런 영생을 보장받는다.
- 어떻게 해서 성스러운 성모님의 군대에 입단했는가? 감사한 마음으로 성모님에게 가장 좋은 선물을 드려야 하지 않겠는가? 레지오의 모후, 온 세계의 모후께 정성을 다하여 기도하는 것은 당연한 도리이다.
- 당신 손에 맡겨진 영성적 보화를 관리하시는 원죄 없으신 성모님은 의무를 이행하는 단원들의 일상생활에 함께 해주신다. 성모님은 정성껏 바치는 것을 모아 다른 사람들을 도와주신다. 이때 우리 자신들도 더욱더 풍부하게 된다. 몽포르의 성 루도비코는 "우리의 선행이 성모님의 손을 거치기만 하면 점점 더 순수하게 되고 결과적으로 가치가 커지며, 보속과 청원의 가치가 더욱 증가된다."고 설명한다.
- 성모님은 당신의 레지오에 사람의 마음을 움직이는 강력한 당신의 호소력을 주시는 듯하다. 단원의 가까운 주위 사람들을 협조단원으로 봉사하도록 하는 게 어렵지 않기 때문이다.
- 협조단원이 기도하는 대열에 참여하게 되면, 행동단원과 같

은 이상을 품게 된다. 묵주기도와 뗏세라를 매일 바치면 모든 삶의 터전에서 삶의 흥미를 되찾게 된다. 마치 십자군이라도 참가하고 있는 듯한 느낌에서 오는 감동으로 새 사람으로 변화된다.

- 모든 쁘레시디움은 그 지역의 신자들을 모두 협조단원으로 입단하도록 정성을 다해야 한다. 협조단원 모집을 위해 신자들의 가정을 방문하면 대개 환영을 받는다.
- 가톨릭 단체와 활동에 참가하고 있는 사람들을 협조단원으로 입단시키는 데 정성을 다해야 한다. 이 사업은 성모님에게 일치하고 공감대를 형성하는 데 바람직한 효과를 거둔다. 협조단원의 기도는 레지오를 위해서 바치는 것이 아니고 복되신 동정 성모님의 영광을 위해 바친다.
- 가톨릭 신자가 아닌 사람은 협조단원이 될 수가 없다.
- 협조단원이 기도를 통하여 바치는 봉사는 어떤 지역적인 필요성 때문에 하는 것이 아니라, 전세계에 걸친 레지오 사업과 영혼들의 구원사업을 위한 것이다. 전투부대에 대한 보급부대가 협조단원이다.
- 협조단원은 영성생활을 성실히 하는 신자 중에서 모집해야 한다.
- 협조단원은 영성생활을 성실히 해야 한다. 앞으로 아듀또리움 단원이나 행동단원으로 이끌어 내야 한다. 레지오의 사업을 깊이 이해시켜야 한다.

- 단원은 협조단원을 지속적으로 돌보아야 한다.
- 협조단원은 로사리오회의 회원이 되어 큰 은총을 받도록 한다.
- 참된 신심을 가지고 성모님에게 전적으로 삶을 봉헌하도록 강화해야 한다.
- 협조단원들이 간단한 조직체를 만들어서 자체적인 회합이나 대화를 가지도록 하는 것이 바람직하다.
- 협조단원으로 신심단체를 만들면 훌륭한 단체가 된다. 레지오의 온기와 빛깔을 지닌 레지오적 단체가 된다.
- 모든 협조단원은 빠뜨리치안회에 가입하도록 해야 한다. 계속적인 만남은 레지오에 관심을 가지게 되고, 빠뜨리치안회원들이 협조단원으로 가입하는 데 도움을 준다.
- 협조단원에게 정상적인 레지오 활동을 하도록 해서는 안 된다. 레지오 회합 없이 레지오 활동을 한다는 것은 있을 수 없는 일이다.
- 협조단원은 아치에스에 참석할 수 있다. 개인적인 봉헌행위를 할 용의가 있는 사람은 행동단원이 봉헌을 마친 다음에 해야 한다.
- 뗏세라를 바칠 때 성모님에 대한 호칭은 "티 없이 깨끗하신 마리아, 모든 은총의 중개자이시여, 저희를 위하여 빌어 주소서."이다.
- 전세계를 에워싸는 황금의 기도망 역할을 하기 위해 "항상

영혼들을 위해 봉사하라."고 해야 한다.
- 협조단원의 기도문은 절대 변경할 수 없다.
- 뗏세라와 회원증의 대금 지불을 요구할 수는 있으나 회비는 없다.
- 명부 작성은 아듀또리움 단원과 일반 협조단원으로 구분해서 이름과 주소를 기입한다. 이 명부는 쁘레시디움에서 보관한다.
- 협조단원은 쁘레시디움의 협조단원 명부에 이름을 올리면 그 자격을 얻는다. 이 명부는 부단장이 관장한다.
- 협조단원 후보자의 이름은 3개월의 수련기가 끝날 때까지는 임시명부에 기입한다. 수련기가 끝나면 쁘레시디움은 단원으로서 의무를 충실히 이행해 왔는지를 확인하고 나서, 협조단원 명부에 이름을 기입한다. 선서는 하지 않는다.

성모님의 예비 군대인 협조단원을 올바르게 양성하려면 꼭 읽어야 할 「복되신 동정 마리아께 대한 참된 신심」과 「성모님에 대한 이해」 등의 서적을 탐독하여 성모님에게 봉헌하려는 마음을 길러야 한다.

세계 최고 상급 평의회인 꼰칠리움 레지오니스의 서한에서, 쁘레또리움 단원 양성에 지대한 관심을 가지도록 권장하고 있다. 이는 레지오의 양적 확장도 중요하지만 질적 강화도 해야 한다는 점을 강조한 것이다. 각 평의회에서는 쁘레또리움 단원 양성에 정성을 다하여 레지오의 활성화를 기해야 한다.

"착한 일을 해서 쌓은 우리의 모든 공로를 성도님의 손을 통해 예수님께 완전히 바치는 것은 영웅적인 행동이며, 자신을 아낌없이 내어놓는 행위이다. 이러한 행위에 대해 예수님께서는 과연 어떻게 갚아 주실까? 예수님께서는 당신을 사랑하기 때문에 세속의 재산과 명예를 버리는 사람들에게 이미 이 세상에서 백 배나 갚아 주신다. 그렇다면 주님을 위해 자신의 내적이고 영성적인 보화마저도 아낌없이 바치는 이들에게는 과연 그 백 배의 은총이 얼마나 크겠는가?" (몽포르의 성 루도비코 마리아/St. Louis-Marie de Monfort)

④ 단원의 구분 도표

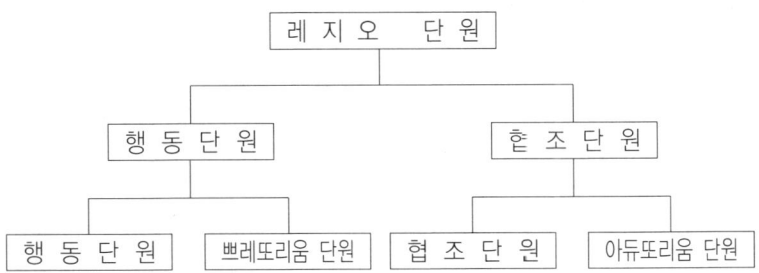

❖

　마리아는 그리스도인들의 삶과 죽음의 중심은 아니지만, 그 중심에서 발견될 수 있고 우리를 중심으로 인도한다. 우리를 그리스도의 몸으로 변화시키는 분은 성령이지만 마리아는 그 몸의 일부분이다.

제17장
세상을 떠난 레지오 단원들의 영혼

이 세상에서 싸움이 끝나면 레지오 단원들은 장엄한 최후를 맞는다. 단원들은 죽어도 주님의 것이다. 단원은 누구나 자신이 한 봉사를 확인받고 영원의 세계에서 레지오 단원이 된다. 레지오는 영성생활의 바탕이고 거푸집이다.

이 세상에서 가장 성스럽고 보람된 사업에 열성을 다하여 헌신하고 봉사한 그대들은 누구인가?

눈비를 가리지 않고 수십 년간 하느님 나라를 건설하기 위하여 뒤돌아보지 않고 오직 외길로만 용맹스럽게 싸운 그대들은 누구인가?

자신을 희생하고 오직 하느님께 향한 일편단심으로 복무해 온 착한 군인들이 있으니 그 빛나는 이름 레지오여! 그대들의 영혼에 하느님의 큰 축복이 풍성하게 내릴 것을 굳게 믿는다.

"마침내 한평생 싸움이 끝난 다음, 우리 레지오가 한 사람도 빠짐없이 주님의 사랑과 영광의 나라에서 다시 모일 수 있도록 우리의 발걸음을 평화의 길로 인도하는 믿음을 주소서."라고 간절히 기도하며 앞장 서서 용맹히 싸웠던 전우가 장엄한 최후를 맞이하면 인간적으로 얼마나 슬픈 일인가?

그러나 누구나 최후의 그날을 맞이하는 법이고 레지오가 마련해 준 영원의 세계에서 단원생활을 계속할 것을 묵상한다면 결코 슬픈 것만은 아닐 것이다.

우리들은 이 세상에서 가장 정이 두텁고 의리 있는 형제로서 하느님의 편에 서서 생활했고 성모님과 함께 살았으며 세계평화를 위해 싸운 성모님의 군대이다. 착한 친구이자 동료이며 생사고락을 같이 한 전우가 최후의 날을 맞이했다면 그분이 한시바삐 연옥에서 구출되도록 온갖 정성을 다해야 한다. 쁘레시디움은 행동단원이 죽으면 그 영혼을 위하여 지체 없이 한 대의 미사를 봉헌해야 하며 쁘레시디움의 전 단원은 선종한 그 영혼을 위하여 묵주기도를 포함한 레지오 기도문을 반드시 1회 이상 바쳐야 한다. 장례미사에는 해당 쁘레시디움의 단원들이 모두 참석해야 하며 많은 단원들이 미사에 참례하고 유족과 함께 장지까지 가야 한다.

매년 11월 위령성월에 모든 쁘레시디움은 세상을 떠난 단원들의 영혼을 위해 미사 한 대를 봉헌해야 한다. 단원이 선종하면 레지오장을 적극 권유한다.

레지오장은 단원생활을 하는 동안 땀 흘리며 수고한 죽은 단원에 대한 동료의 우정이 넘친 장례행사이다. 레지오장을 함으로써 죽은 단원에게는 이 세상 성모님의 군대 대열의 고별 예절이 되고, 단원 상호간에는 위로와 일치를 보여 주는 행사가 된다. 사실 단원들은 일년 내내 얼마나 고생하며 수고하는가? 주님의 나라 건설에 그저 헌신하며 살아온 착하기만한 단원들이 선종하면 이 땅을 떠나가는 분을 엄숙히, 그리고 정성을 다해서 모시는 것은 지극히 성모님의 자녀다운 미덕이다.

레지오장은 초창기부터 전해온 장례의식이 아니다. 교본에 레지오장이란 내용이 없기 때문에 설명을 하고자 한다. 1986년 봄에 필자인 김영대(루도비코)가 광주 세나뚜스 단장으로 재임할 때에 계림동 꾸리아 단장도 겸임했었다. 그때 맨 처음 '레지오장'이란 이름으로 장례행사가 거행되었다. 오랫동안 모범단원 생활을 하면서 레지오 확장에 공헌한 한 자매가 선종하였다. 꾸리아에서는 그가 보여 준 투철한 단원정신과 용맹스런 활동에 감사하면서, 엄숙하면서도 성모님 군대의 전우애가 진하게 담긴 장례의식을 치르기 위해 협의하는 과정에서 지도신부의 허락을 받아 '레지오장'이란 호칭으로 장례식을 거행하였다.

처음에 거행한 레지오장이지만 여론은 아주 좋았다. 단원들 전원이 참석하고 자기 일같이 협조했으며 마음에 큰 위로를 받았다. 조문객들은 성교회의 엄숙하고도 형제애가 넘친 장례행사를 보고 입교할 마음이 생기게 되었다. 레지오를 하지 않던 신자들도 그 뒷날 몇몇이 입단을 희망해 왔다. 정말 성모님의 위력이 보였다. 레지오장에 참석했던 모든 사람이 따뜻한 사랑의 형제애를 만끽하며 주님께 감사한 마음을 가지고 있었다. 레지오장이 좋았다는 여론을 감지하고, 세나뚜스 총재인 윤공희(빅토리노) 대주교님에게 본당 주임신부의 허락 아래 레지오장을 거행해도 좋다는 허락을 받고, 전국의 각 평의회에 사례를 소개하면서 적극 권장하였다. 지금은 전국적으로 레지오장을 거행하고 있다.

레지오장의 순서는 아래와 같이 하면 좋다.
① 출상하는 날 단원들은 성당 밖에서 양편으로 도열하여 영구를 맞이한다.
② 뒤따라 성당에 입장하는데 이때 쁘레시디움 단기는 성당 내 양편에 적당한 간격으로 세운다.
③ 장례 미사, 사도예절을 마치면 레지오장의 순서가 된다.
④ 바로 평의회(Co., Cu.) 대표의 헌화와 죽은 사람이 소속한 쁘레시디움 단원들의 헌화가 있으면 좋다(국화꽃 한 송이 정도면 좋을 것이다).
⑤ 꾸리아 단장이 죽은 사람의 생애를 소개한다. 유의할 점은 주로 교회생활을 보고하여 고인의 믿음을 본받을 수 있도록 한다.
⑥ 죽은 단원이 매일 바쳤던 까떼나를 모두 함께 바친다.
⑦ 단가를 부르며 퇴장한다. 영구 뒤따라 양쪽으로 단기가 나오고 단원이 따른다.

이런 순서로 진행하면 약 25분 정도 소요된다. 시간이 많이 소요되지 않도록 사전에 세심한 준비가 필요하다. 레지오장에 참석하는 단원들이 자연스럽게 흰옷으로 정장을 하고 엄숙하게 미사에 참례하고 끝까지 동행하는 것은 미덕이 아닐 수 없다. 장지까지는 상가의 형편에 따라서 참여할 것이나 소속 쁘레시디움 단원들은 참석해야 한다. 영적 지도사제나 수도자의 장례에도 모든 단원은 이런 모습으로 참여해야 한다. 장지에 도착하면 묘지까지 관을 뒤따르며 성가와 묵주기도를 한다.

이때 단기를 들고 참여하면 좋다. 하관하고 매장이 진행되는 동안 교회의 예절과 공식 기도가 끝나면 바로 묵주기도와 레지오 기도문을 바친다. 이러한 일은 선종한 단원에게 유익이 되고 슬픔에 잠긴 가족, 친척, 그리고 단원 및 장례에 참여한 모든 사람에게 위로가 된다.

입관 준비를 하는 동안에도 유해 곁에서 교회의 공식 기도문 이외에 묵주기도와 레지오 기도문을 바치는 것이 바람직하다. 레지오장은 대개 성당 내에서 거행하기 때문에 지도신부의 양해와 지도가 반드시 있어야 한다. 레지오장의 취지를 충분히 말씀드리면 지도신부의 허락은 쉽게 얻을 수 있을 것이다. 성모님도 단원들의 상부상조의 모습과 격려와 감사와 위토, 그리고 사랑의 행사를 원하시기 때문이다. 단원들이 이러한 돈독한 전우애를 나누는 기회가 많을수록 좋을 것이다.

레지오장을 한다고 해서 비용이 더 들고 복잡한 준비가 필요한 것도 아니다. 약 25분 정도의 시간이 필요하지만 이 의식을 통하여 죽은 단원의 생애를 추모함으로써 가족과 친지들은 더 없는 위로와 감사의 정을 품게 될 것이며 우리 모두에게는 전우애를 마지막으로 나누며 머지않은 죽음의 의미를 마음으로 묵상하는 분위기가 될 것이다. 레지오장에는 모든 단원이 참석해야 한다. 이것은 바로 나와 관계가 깊은 의식이기 때문이다.

매년 11월 위령성월 중에 각 쁘레시디움은 세상을 먼저 떠난 단원의 영혼들, 곧 쁘레시디움뿐 아니라 온 세계의 돌아가신 레지오 영혼들을 위해서 미사를 한 대 봉헌해야 한다. 모든 단원을 위해 봉헌하는 것이다. 이 미사에는 쁘레시디움의 전 단원이 참석하도록 유의한다. 한 본당에 수십 개의 쁘레시디움이 있는 경우에는 쁘레시디움 별로 미사 봉헌이 어려우므로 꾸리아에서 합동으로 봉헌하는 경우도 있으나 수도회 사제에게 부탁드려도 좋다.

연옥(푸르카토리움, Purgutrium)이란 11세기 힐데베르트 대주교가 처음 사용했는데 천국과 지옥의 중간 상태, 곧 내세 정화를 의미한다. 은총 지위에서 죽은 사람들은 은혜롭게 하느님을 뵙기 위해 천국에 들어가는 것을 허락받기 전에 자신들에게 달라붙어 있는 모든 오점들을 정화해야 한다. 내세의 정화소가 존재하는 것을 일컬어 연옥이라 한다. 내세의 정화소에 관한 가톨릭의 진리는 성경에 그 근거를 두고 있다는 주장은 합당한 것이다. 죽은 이들을 위해 기도하라는 성경구절들은 바로 이 사실들이 지당하다는 것을 입증한다(2마카 12,38-45; 2티모 1,18; 마태 12,3-32: 5,25; 1코린 3,10-15).

제17장 세상을 더난 레지오 단원들의 영혼

 우리가 연옥의 불쌍한 영혼들을 위한 대원, 즉 미사 성제, 기도, 희생과 보속(속죄행위) 그 밖의 선행과 대사 등을 통해 연옥의 영혼들을 도울 때 하느님의 뜻을 움직일 수 있으며 하느님께서는 우리가 대신 드리는 속죄와 기도의 가치들을 당신의 자비로우신 척도에 따라 처리하신다는 것과 죽은 이들과 우리 지상의 나그네들은 그 후에 원하는 것들을 얻게 된다는 것이다.

 연옥에도 당신의 자녀들이 있다. 몽포르의 성 루도비코 마리아는 "우리의 기도와 보속을 마리아의 손에 맡기기를 당부한다. 우리가 사랑하는 영혼에게 직접 기도한 경우보다도 훨씬 더 풍부한 구원의 혜택이 돌아갈 것"이라고 다짐했다. 대주교이며 교부인 성 아우구스티노는 다음과 같이 갈파하였다.

"인간의 죽음과 마지막 부활 사이의 중간 시간 동안에 그가 무엇을 했느냐에 따라 비밀에 붙여져 있던 장소에 머무르게 된다. 이때에 살아 있는 가족들의 경건한 봉사로 중재자이신 예수 그리스도께 희생이 바쳐지거나 교회 안에서 자선이 행하여진다면 죽은 이의 영혼의 고통이 좀더 경감될 수 있다는 것은 부인할 수 없는 진실이다. 지극히 나쁜 생활을 했던 영혼에게는 아무런 도움도 되지 않겠지만 살아 있는 사람에게는 어느 정도 위안이 될 것이다.

 그러나 일단 그 희생 봉헌의 도움을 받아 용서를 받을 경우에는 완전한 용서를 받게 될 것이며, 계속 형벌을 받게 될지라도 견딜 수 있을 만큼 경감된 형벌을 받게 되는 것이다."

단원들은 앞서 죽은 단원들과 많은 죽은 사람들을 기억하고 불쌍한 연옥 영혼들에 대해서 큰 관심을 가지고 정성을 드려야 한다. 살아 있는 우리들의 태만으로 연옥 영혼들이 고통 속에 지낼 수도 있다는 것을 두려워해야 한다. 단원들의 중재기도와 현세에서 바치는 희생제물이 모든 국가와 신분, 그리고 분파들을 초월하여 무참히 죽어간 모든 영혼에게 혜택이 주어지도록 간절히 기원해야 한다.

레지오는 모든 연옥 영혼이 하루빨리 하느님 나라에서 영복을 누리도록 기도해야 한다. 모든 성인의 날 축일과 위령의 날에 그리고 위령성월인 11월 내내 열렬한 속죄와 기도를 바쳐야 한다. 성 요한 마리아 비안네는 또 "연옥의 영혼들이 하느님의 마음을 움직일 만큼 큰 힘이 있다는 것을 알고 또 연옥 영혼의 전달을 통해서 많은 은총을 받을 수 있다는 것을 안다면 연옥 영혼들을 결코 잊을 수 없을 것입니다. 우리들이 그들을 위해 기도한 만큼 그들도 우리를 위해 기도할 것입니다."라고 말했다.

레지오 단원들이 세상을 떠난 영혼들을 친한 친구로 삼아 그들 가까이에 있으면서 함께 기도하고 함께 일하는 친구로 여길 수 있는 것은 믿음의 선물이다. 그들을 위하여, 그들과 함께 영혼을 구하기 위해 기도하는 믿음은 우리에게 주신 하느님의 귀한 선물이다.

❖

"어떤 영혼이 마리아를 찾으면 성령은 그리로 날아 들어간다. 완전하게 들어가서 그 영혼과 풍부한 의사소통을 한다. 지금 성령이 영혼에게 깜짝 놀랄 만한 기적을 보이지 않는 이유는 그분의 충실하고 분리할 수 없는 배우자와의 긴밀한 결합을 영혼 안에서 발견하지 못하기 때문이다."

제18장
쁘레시디움 회합의 순서

쁘레시디움의 회합은 레지오의 생명이다. 성모님 군대의 생기 있고 살아 움직이는 생명의 원천이 쁘레시디움 회합이다. 지상의 악의 세력을 무너뜨리고 주님의 진리를 전파하는 원심력이 바로 쁘레시디움 회합에서 발생한다. 단원들의 전력을 배분하고 은총을 나누는 곳이다. 회합에서 은총을 못 나누고 보람을 얻지 못한다면 단원의 생명력은 상실되고 만다.

회합의 순서를 성실히 진행해야 한다. 회합의 순서는 큰 원동기의 톱니바퀴와 같아 순서대로 차분히 진행하지 않으면 흔들리기 마련이다. 단원들은 흩어지게 되고, 활동은 노동같이 생각되고 성령의 은총을 외면하여 메마른 나무와 같은 처량한 모습으로 변할 것이다.

쁘레시디움 회합에 참석하는 모든 단원은 먼저 정성어린 마음과 정신이 앞서야 한다. 하느님께서 보시는 가운데 성모님을 모시고 일 주일 동안 자녀로서, 그리고 성스러운 성모님 군대의 일원으로서 활동한 내용을 보고하고 또 활동배당을 받는 선택된 자녀들의 회합임을 자각해야 한다.

쁘레시디움은 레지오 마리애의 지단, 즉 파견대이며 최전선 선봉장이다. 매주일마다 정한 시각에 규칙적으로 시작되는 이 주회합은 레지오의 심장이다. 또한 단원의 수련장이며 학습장이다. 주회합을 형식적으로 하면 레지오는 실패한다.

시작기도에서 마침기도까지 레지오의 규칙과 전통에 따라 운영함으로써 세계적으로 일치되고 질서정연한 레지오의 참 모습을 유지한다면 한층 더 성숙해질 수 있을 것이다.

쁘레시디움 회합의 차림은 어디서나 같은 모양이어야 한다

1) 단장은 회합을 정시에 시작할 수 있도록 회합실의 준비(조명, 난방, 좌석)가 되었는지를 점검할 일차적 책임이 있다.
  · 분위기 조성
  · 탁자와 의자 준비(단원수에 맞게 + 영적 지도자)
  · 제대포(호칭기도 기록 안됨, 구별보다는 일치를 중요시함)
    빨간색으로 'Legio Mariae' 글자만을 새긴다.
  · 성모상은 원죄 없으신 잉태의 성모상(높이 약 60cm)
  · 2개의 촛대와 초
  · 2개의 꽃병과 꽃
  · 벡실리움(받침대 포함해서 32cm)

2) 성모상은 당신의 군사들 가운데 계시는 모후를 표상하도록 하고 있으므로 제대를 회합 탁자에서 분리시켜서는 안 되며, 또한 둘러앉은 단원들의 밖에 모셔도 안 된다.

3) 제대의 기물과 꽃은 되도록 좋은 것으로 마련해야 한다. 생화가 바람직스러우나 생화를 구할 수 없는 경우에는 조화를 사용할 수 있다(산 나뭇잎을 곁들임).

4) 개인별 준비사항

　㉠ 단장: 단장 계획서(활동 계획표), 훈화자료(필요할 때), 상급평의회 지시사항(필요할 때) 등

　㉡ 부단장: 출석부

　㉢ 서기: 쁘레시디움 주회합 회의록

　㉣ 회계: 회계장부, 비밀헌금 주머니, 꽃 등

　㉤ 모든 단원: 교본, 묵주(5단짜리), 레지오 수첩, 뗏세라, 필기구 등

정해진 시각에 어김없이 회합을 시작한다

1) 레지오 단원이 지켜야 할 으뜸가는 의무는 회합에 참석하는 것이다.

2) 단장은 활동 계획서 없이 쁘레시디움 회합을 시작해서는 안 된다. 이 계획서는 회합보다 미리 마련되어야 하고 단장은 거기에 따라 활동을 배당한다.

3) 주회합은 비밀이 보장되어야 하고 또 정한 시각에 시작해야 하므로 본당 또는 공소 회합실이 아닌 장소, 예컨데 가정집을 옮겨 가면서 회합하는 것은 절대 삼가야 한다. 성당을 신축하거나 개축하는 불가피한 경우에는 안정되고 비밀이 보장되는 장소를 지도신부님의 승인을 얻어 회합실로 해야 한다.

4) 주회합이나 평의회는 어떤 행사로도 대체할 수 없으며, 휴회할 수도 없다.

(예: 야외행사, Pr.친목회, 연차 총친목회 등)

회합의 시작

회합은 성령께 대한 호칭기도로 시작한다(단장이 없을 때는 부단장이 주재한다).

1) 정시에 시작한다.
2) 주회합 일시를 변경할 수 없다.

   존중되어야 할 주회합이 문란하게 될 우려가 있기 때문이다. 만일 주회합의 일시 변경이 불가피할 때는 미리 꾸리아 승인을 받아야 하며, 또 영적 지도자에게도 미리 알려야 한다. 단원들에게는 적어도 일 주일 전에 알려야 한다.
3) 모두 일어서서 시작기도를 성모님을 향하여 정성스럽게 바친다.

― (양 세나뚜스 협의회)

4) 지각한 단원은 회의 진행에 방해되지 않도록 조용히, 앞을 의자 뒤에 서서 시작기도를 개인적으로 염송한 다음 자연스럽게 합류해야 한다.
5) 쁘레시디움 회합이 열리기 전 교회의 다른 레지오 행사나 다른 행사에서 레지오 기도문을 바쳤더라도 쁘레시디움 회합에서는 다시 모든 기도문을 바쳐야 한다.

"성모님은 하느님의 성자를 태중에 잉태하신 그 순간부터 성령께서 이 세상에서 하시는 모든 일에 대하여 일종의 권리나 관리권을 지니게 되셨으며, 성모님의 중재를 통하지 않고서는 아무도 하느님의 은총을 받을 수 없게 되었다…성령께서 내리시는 모든 은혜와 덕성과 은총은 성모님이 원하시는 사람들에게, 성모님이 원하시는 때에, 성모님이 원하시는 만큼, 성모님이 원하시는 방법으로 베풀어지고 있다."(성 베르나르도)

＊ 주: 윗글의 뒤쪽 부분과 거의 같은 내용이 성 베르나르도보다 200년 전에 살았던 성 알베르토 대왕(St. Albert the Great)의 글(Biblia Mareana, Liber Esther I)에도 씌어 있다.

묵주기도 5단을 바친다

1) 묵주기도를 바칠 때 성호경과 사도신경, 주님의 기도, 성모

송 3번, 영광송을 바치고 곧바로 각 신비1단을 한다(세나뚜스 협의회 결정).
2) 교본에는 무릎을 꿇고 바치도록 되어 있으나 우리나라 교회 실정상 장궤틀이 없으므로 일어서서 그 주일의 현의에 따라 신비를 묵상하면서 바친다(세나뚜스 협의회 결정).
3) 시작기도 전반부가 끝나면 사도신경 1번, 주님의 기도 1번, 성모송 3번, 영광송 1번, 묵주기도 1~5단만 바친다.
   · 반드시 5단 묵주를 사용하며 5단을 므두 경건한 자세로 1·3·5단은 단장(계)로, 2·4단은 단원(계)로 바친다.
   · 주회합 때 묵주기도에 특별한 지향은 들 수 없다.
   · 성모송은 전반부가 끝나기 전에는 후반부를 바치지 않도록 해야 한다.
   · 주회합 때 묵주기도의 '현의'(신비) 선택은 교회 전례에 준하여 선택한다.
      ㉮ 대림 및 성탄: 환희의 신비 ㉯ 사순시기: 고통의 신비
      ㉰ 부활시기: 영광의 신비   ㉱ 연 중: 요일에 맞게
         (혹은 돌아가며 선택)
      ※ 주회합 때 구원의 기도는 바치지 않는다(주회합 이외의 신심행사 때, 또는 개인적으로 바칠 때는 구원의 기도를 해도 무방함).
4) 묵주기도 5단이 끝나면 시작기도 후반부를 바치고 모두 자리에 앉는다.

"기도드리는 여러 방법 중에서 묵주기도보다 더 뛰어난 기도는 없다. 이 기도는 우리가 성모님에게 드려야 하는 모든 공경을 한데 모아 놓고 있다. 우리의 모든 악을 치료해 주며 또한 모든 축복의 근원이다."(레오 13세 교황/Pope Leo XIII)

"모든 기도 가운데 묵주기도는 가장 아름답고 은총이 가장 풍부하며 지극히 거룩하신 동정 성모님을 가장 기쁘게 해드리는 기도이다. 그러므로 묵주기도를 사랑하고 날마다 열심히 바치기 바란다. 이것이 나의 유언이니, 이로써 나를 기억해 주기 바란다."(성 비오 10세/St. Pius X)

묵주기도가 끝나면 곧 바로 영적 독서를 한다

1) 영적 독서는 영적 지도자가 하는 게 원칙이지만 불참일 경우 단장이 한다.
2) 영적 독서는 자유로이 선택한다. 그러나 쁘레시디움 창단 몇 년 동안은 교본으로 영적 독서하기를 강력히 권장한다.
3) 나자렛 성가정의 정신을 본받아 영적 지도자나 단장이 앉아서 전 단원이 들을 수 있도록 천천히 낭독한다(꼰칠리움 서한 1963. 9. 13).
4) 영적 독서가 끝나면 십자성호를 긋는 것이 관례로 되어 있다.

* 순방자 소개(상급 평의회 간부나 순방자가 있을 때 함)

전(前)주 회의록을 낭독한다

1) 단장의 지시에 따라 서기는 앉아서 뚜렷한 목소리로 회의록을 낭독한다.
2) 회의록에는 주회합의 찻수를 기입하며, 너무 길지도, 너무 짧지도 않게 알맞게 작성한다. 또 회의록을 잘 보존할 수 있도록 작성한다.
3) 낭독 후 단장은 수정 여부를 물은 뒤 서명한다.

상훈

1) 매월 첫 회합에서 회의록의 서명 바로 뒤에 단장이 낭독한다.
2) 일부 유인물에 단장이 일어서서 낭독한다고 되어 있으나 이는 잘못이며 전례적으로 앉아서 단장이 엄숙하게 낭독한다 (꼰칠리움 서한 1958. 8. 15).

출석 호명

· 부단장이 호명하고 출석부에 기재한다.
· 각 단원은 또렷하게 "예"로 대답한다.
  대답에 성모 호칭이나 성경구절 등을 이용할 수 없다.

· 지각자는 다른 단원이 분심이 들지 않도록 조용히 뒤편에 서서 시작기도를 먼저 바친 다음에 단원들이 바치고 있는 묵주기도에 동참한다. 지각을 하여 '쁘레시디움의 묵주기도'에 동참하지 못하는 경우 잃게 되는 은총은 무엇으로도 대신 채울 수 없다.

· 조퇴자도 지각자와 마찬가지로 한 발 뒤로 물러서서 남은 기도를 먼저 바치고 조용히 퇴장한다. 단, 회합 시작 전에 쁘레시디움 단장의 사전 허락을 얻어야 한다.

· 결석자가 있을 때에는 다음 주회합이 있기 전까지 방문이나 전화로써 형제애를 돈독히 하여 단원 전체가 일치를 이루도록 노력해야 한다.

· 주회합 참석은 단원의 으뜸 의무이며, 주회합 참석이 없는 활동은 영혼이 없는 육체와도 같다.

· 출석 호명하는 시간까지 주회합에 참석했다면 출석부에는 지각으로 기재하지 않는다.

* 출석에 대한 보충설명
· 쁘레시디움 회합의 출·결석

정해진 쁘레시디움 회합의 장소와 시간에 참석하여 단원의 의무를 성실히 수행해야 한다. 쁘레시디움 단장이 인정하는 불가피한 개인적 사정이 있어 쁘레시디움 회합에 참석하지 못한 경우에는 '유고(有故, EXCUSED)'로 처리되며, 그 사유가 회의록 작성과 낭독에 포함되어야 한다. 다만 상급평의회의 방문 지시에 따라 다른 레지오 회합에 방문했을 때와 레지오 교육과 피정에 참석했을 때는 출석으로 간주한다.(2001.1.19.양 Se.결정)

유고(有故) 결석의 예
㉮ 거동이 어려운 정도의 일시적 또는 1개월 이하의 치료를 요하는 병고
㉯ 1개월 이내 해외 또는 먼 거리 다른 지방 출장이나 여행
㉰ 장지 수행
㉱ 가족이나 친척의 사망 또는 본인의 약혼이나 결혼에 따른 주회합 불참
㉲ 위급을 요하는 환자나 재난을 당한 사람들을 도와준 경우
㉳ 부득이한 직장 사정에 따른 주회합 불참

무고(無故) 결석의 예
㉮ 개인 사정에 따른 주회합 불참(상기한 ㉱항 이외의 개인적인 경조사로 인한 주회합 불참)
㉯ 기타 상기 사항에 포함되지 않는 사항에 따른 주회합 불참

위에 언급되지 않은 여러 가지 다른 정황에 대한 판단은 쁘레시디움 단장의 고유 권한에 속한다. 따라서 단장은 레지오의 모든 제도(규율, 규칙)와 일반적인 상식의 사이에서 올바른 균형을 취하는 분별력을 지녀야 할 것이다(1997.8.16. Con.).

* 장기 유고

다음과 같은 경우에 장기 유고를 허용하며, 해당자는 출석률 계산 때 제외된다.

1) 1개월 이상의 치료를 요하는 장기적인 병고일 경우 본인의 퇴단 의사가 없는 한 장기 유고의 기간은 제한이 없다.
2) 1개월 이상의 먼 거리 출장이나 여행이나 장기 유고를 할 경우 최장 3개월 말까지만 허용되며, 3개월이 경과되면 Pr.은 본인의 의사에 관계없이 퇴단 처리해야 한다(1998. 6. 21. 양 Se.).
3) 타당한 이유 없이 습관적으로 결석이 잦은 단원이나 주간 활동 의무를 잘 채우지 못하는 단원은 천주교 신자로서의 본인 자신과 레지오 마리애의 올바른 성장을 위하여 협조단원으로 봉사함이 옳은 일이다(1958. 1. 6, 1959. 1. 7. Con.).

회계 보고

회계는 쁘레시디움의 수입과 지출 및 잔고를 매주 회합에 보고하며 관리한다(금융기관의 통장을 이용하며 이자 수입까지 정리한다).

활동보고

1) 각 단원은 앉아서 조별로 보고하며 3분 정도 지루하지 않도

록 보고한다.
2) 단장의 활동지시에 따른 보고를 간단명료하게 한다.
3) 활동은 쁘레시디움이 배당하므로 개인적으로 한 자유활동은 보고하지 않는다.
4) 반드시 두 사람씩 짝지어 활동한다.
5) 먼 거리 활동에 쓰이는 교통비는 의연금에서 지출할 수 있다.
6) 기도나 다른 신심행위를 아무리 많이 할지라도 활동의 의무로 채울 수 없고 그 일부로 칠 수도 없다.

까떼나(Catena Legionis)

1) 까떼나는 레지오와 모든 단원의 일상생활을 연결시키고 또한 복되신 성모님과 결합시키는 끈이다.
2) 매일마다 반드시 바쳐야 한다.
3) 회의록 서명과 폐회시간의 중간에 모든 단원이 일어서서 바친다.

선서(선서할 단원이 있을 경우에만 한다)

1) 단원 후보자의 수련 기간이 만족스럽게 끝났다고 판단되면 일 주일 전에 입단에 관한 통고를 한다.

2) 레지오 단원의 선서는 성모님에게 대해서가 아니고 성모님 정신에 따라 살겠다고 성령께 하는 단원으로서 약속이고 맹세이다.
3) 선서는 쁘레시디움의 보통 회합에서 모든 단원이 일어서 있는 채로 선서할 후보 옆에 벡실리움을 옮겨 놓는다. 후보자는 선서문을 왼손에 들고 자신의 이름을 지정한 곳에 넣으면서 큰 소리로 선서문을 읽는다. 선서 단원은 벡실리움 깃대에 오른손을 갖다 대고 선서문 낭독이 끝날 때까지 그대로 있는다.
4) 부단장은 선서의 절차를 밟도록 도와주어야 한다.

훈화(알로꾸시오 · Allocutio)

1) 영적 지도자는 5~6분 정도 훈화를 하며, 특별한 경우를 제외하고는 교본에 대한 해설 형식이 되어야 한다. 레지오에 관련된 내용으로 하여 단원들의 사기를 북돋워 준다.
2) 영적 지도자가 불참할 경우에는 단장이 한다. 따라서 단장은 훈화를 항상 준비해야 한다. 그리고 단장이 지명한 단원도 할 수 있다.

✳ 훈화가 끝난 후
훈화가 끝나면 십자성호를 긋는다. 이어서 활동보고를 계속하거나 다음 순서로 넘어간다.

비밀헌금 주머니

1) 훈화가 끝나면 바로 회합 진행에 방해가 되지 않도록 비밀 주머니를 돌린다.
2) 쁘레시디움의 여러 비용을 지출하고 꾸리아와 상급 평의회에 헌금하기 위한 것이다.
3) 여유를 가진 사람이나 그렇지 못한 사람이나 쁘레시디움에서 동등한 입장이 되려면 비밀 원칙이 존중되어야 한다.
4) 하급기관의 헌금 없이는 중요한 레지오의 기능이 마비된다.
5) 알맞은 주머니에 손목까지 넣어서 헌금한다. 헌금 때문에 열등의식이 들지 않도록 하기 위함이다.

활동배당

1) 활동은 쁘레시디움이 배당한다. 따라서 단장은 활동 계획서를 회합보다 미리 마련하고, 거기에 따라 배당해야 한다.
2) 각 단원은 해당 주간에 해야 할 활동을 반드시 배당받아야 한다.
3) 영웅적이라고 부를 활동을 하나씩 목표로 세워 동료들이 그 목표를 향해 나갈 수 있도록 한다.

4) 레지오의 활동은 본질적으로 숨은 행동이다. 활동은 각 레지오 단원의 마음속에서 시작하며 열정과 사랑의 정신으로 발전시켜 나간다.
5) 방문은 반드시 두 사람씩 짝지어 해야 한다.
6) 레지오는 그 지역에 사는 사람들이 어느 계층의 사람이든지 가리지 않고 집집마다 방문해야 한다.
7) 하나의 열정적인 영혼이 다른 영혼을 개별적으로 또는 꾸준히 만나는 것이 목표이다.
8) 레지오 방문의 본질은 친밀한 관계를 이루는 데 있으므로 이 점을 조심스럽게 가꾸어 나간다.

교본 연구

1) 교본은 레지오의 정신, 조직 원리, 규칙, 방법을 설명한 레지오의 공인 해설서이다. 따라서 간부들이 교본을 모르면 레지오 조직을 운영할 수가 없다. 각 단원의 발표는 앉은 채로 한다. 전 단원에게 교본을 연구하도록 지시하고 한 단원을 지명하여 발표시킨다.
2) 레지오 단원의 공부는 지적인 것보다는 심신적인 측면에서 하는 공부라는 특징이 있다.
3) 예비단원에게는 활동의무의 일부로 교본 공부를 하도록 지도한다.

✽ 기타 사항
쁘레시디움과 직접, 간접으로 관련된 사항들을 토의한다.
1) 쁘레시디움의 운영방안 논의
2) 단원 성화를 위한 영성생활 연구
3) 단원관리에 관한 연구
4) 활동자료 및 수준 높은 활동방안 연구
5) 행사계획 입안 및 실천방안 논의
특히 레지오의 발전과 쇄신을 위하여 논의한다. 세속적인 이야기나 돈 걷는 일 등으로 시간을 허비해서는 안 된다.

회합을 마침

1) 회합은 시작기도부터 한 시간 반 이상 걸리지 않도록 한다.
2) 단원들의 보고와 다른 회합 순서를 늘 단축해야 회합을 정시에 끝낼 수 있는 형편이 되면, 쁘레시디움을 둘로 나누어야 할 단계에 이른 것이다.
3) 사제의 강복으로 회합이 끝난다. 강복이 없을 때는 성호를 긋는다.

오늘날 우리 그리스도인의 가장 큰 약점은 하느님께 헌신할 각오는 되어 있지만 함께 하느님을 섬기겠다는 각오는 좀 약하다는 것이다. 그러나 우리 레지오는 가장 뛰어나게 일치가 잘 되어 우리나라 교회의 발전에 기여하고 있다.

적어도 한 쁘레시디움의 모든 단원들은 생사를 같이 한다는 전우의 관계를 유지하며 단장을 중심으로 형제적 사랑으로 일치한 생활을 해야 한다. 우리는 동역(Partner Ship) 관계이며 싸움터에선 전우이다. 성모님의 군대인 우리들은 싸워야 하며 싸워서 반드시 승리해야 한다. 승리하기 위해서는 먼저 훌륭한 조직이 필요하다. 즉 팀워크(Team Work)가 중요하다.

쁘레시디움의 일치된 모습은 어떤 단원들로 구성되었는가와 화기가 넘친 성모님적 분위기에서 일치되었는가로 이루어진다. 이런 전체의 분위기는 단장을 비롯하여 간부들의 솔선수범에서 이루어질 수 있을 것이다.

특히 단장은 소속 단원들의 훈련을 담당해야 하는데 그 훈련 방법이란 영성생활과 용맹스런 활동을 보여 주며 따르도록 모범을 보이는 것이다. 적극적인 자세가 중요하며 모든 일에 긍정적인 사고방식을 가져야 한다. 일감이 주어지면 기다리지 말고 바로 착수해야 하며 반드시 성공한다는 확신을 가지고 활동해야 한다.

비록 활동의 성과가 눈에 성공적이지 못하더라도 그것은 실패일 수 없다. 언젠가는 성공하며 이 지상의 어느 곳에선가 성취되고 있다는 사실을 알아야 한다.

레지오의 성패는 주회합에 있으며 회합의 분위기에 있다. 단원은 우수하나 간부가 문제이거나 혹은 단장과 단원 모두가 일치되지 않는다면 열성이 약해지고 조직이 무너지게 된다. 우리는 서로 동역관계에 있으며 성모님에게 충성을 다짐한 성스러운 군대요, 형제임을 자각하면서 인간적인 의견차이가 있게 마련인 만큼, 서로 이해하고 사랑하여 손을 잡고 그 길로 나가야 한다. 한 쁘레시디움이 강하게 성장하면 모든 레지오가 역시 강하게 성장한다.

우리나라 레지오는 세계적으로 모범이 되는 레지오가 되어야 한다. 우리나라 레지오는 민족의 복음화, 아시아의 복음화의 요새가 되고 주역이 되어야 한다. 이 일은 결국 성취될 것이다. 이 모든 사업은 성모님의 은총으로 이루어질 것이다. 이 거대한 사업의 기초가 쁘레시디움의 일치된 모습이니 서로 인화하여 성모님적인 평화의 분위기에서 생활해야 하며 이런 분위기에서 복무한 단원들은 항상 기쁨이 충만한 은총의 생활을 체험한다.

* 새 단원 모집
1) 새 단원으로 적합한 사람을 추천한다.
   이때 단장은 가입 대상자의 가입 요건이 인정되고 모든 단원이 찬성하면 예비단원으로 입단시킨다.
2) 입단시킨 후 3개월의 수련기간을 거쳐 선서하고 정식단원이 된다.

* 통신 교환
단장은 상급 평의회 소식을 단원들에게 상세히 전달해야 하며, 공문은 수신과 발신으로 명확히 구분한다. 모든 발신 공문에는

벡실리움 표장과 단장의 서명이 있어야 하며, 항상 2부씩 작성하여 한 부는 상급 평의회에 제출하고 다른 한 부는 쁘레시디움에 보관해야 한다.
1) 내용이 똑같은 것은 통 수에 관계없이 한 건으로 취급한다. 그러나 벡실리움 표장이 찍힌 공문이라 해도 기재사항이 없는 빈 양식은 공문으로 취급하지 않는다.
2) 교회 내외의 타 단체로부터 온 공문도 수신으로 처리한다.

* 협조단원 모집 및 돌봄
1) 협조단원은 군대에 비교하면 보급부대이다.
2) 협조단원을 모집하고 돌봄은 레지오 단원의 의무이다.
3) 협조단원은 기도하는 레지오 군대이다. 새에 비유하면 양날개 중의 왼쪽 날개에 해당한다.
4) 협조단원은 뗏세라의 모든 기도를 매일 바쳐야 한다.
5) 협조단원을 돌보는 데 유의할 사항은 행동단원인 나에게 소속된 협조단원이 아니라 레지오 전체의 협조단원이라는 것이다.
6) 협조단원의 자격은 사제, 수도자, 평신도 누구나 될 수 있다. 남녀노소, 성별, 나이에 제한이 없다.
7) 새의 오른쪽 날개인 아듀또리움 단원을 양성하고 돌보아야 한다.
8) 협조단원이 레지오 행사에 참여하도록 적극적으로 권유한다.

▲ 1991년 9월 7일 올림픽 주경기장에서 서울 무염시태 세나뚜스 주최로 개최된 '레지오 마리애 창설 70주년 기념 민족 복음화 대회'.

제19장
회합과 단원

회합을 존중하자

단원은 쁘레시디움에 최대의 존경심을 바쳐야 하며, 회합에만 출석하는 기계적이고 피동적인 자세에서 탈피해야 한다. 레지오 조직에 충성을 바치고 순종하는 마음은 성모님에게 충성하는 모습이며 순명하는 표지이다. 회합에 참석하는 충성된 정신으로 단원생활을 할 때 단원 모두와 일치하고 성모님과 일치하게 되며 또한 주회합을 통하여 두터운 신심을 쌓게 된다. 또한 주회합을 통하여 감화되어야 한다.

주회합은 단원의 집이요, 은총의 본산이다. 주회합을 존경하고 사랑하는 단원일수록 레지오 사도직의 사명감에 젖어 있는 장한 성모님의 군대라 할 수 있다.

회합을 존경하면 모든 문제가 해결된다. 무엇보다 회합을 사랑하는 단원이어야 은총의 선물을 듬뿍 받을 수 있다. 회합 출석의 의무를 생활화하며 일상생활에서 회합 참석을 최우선으로 계획하고 실천해야 한다. 주회합에 대한 존경심을 발휘한 단원은 참으로 축복받고 아름다운 신앙의 추억을 간직한다. 레지오를 사랑하면 할수록 위력이 발생하고 승리의 삶이 될 것이다.

쁘레시디움은 존중받도록 힘써야 한다

쁘레시디움은 구성원인 단원 각자를 하나로 모으고 성모님과 일치하도록 모든 정성을 기울여야 한다.

간부들은 단원들이 훈련된 병사처럼 규칙적으로 출석하고 활동의 의무를 수행할 수 있도록 지도해야 하고 주회합을 통해서 은총을 풍족히 받고 감사한 생활을 할 수 있도록 기도하며 진지한 회합을 위한 세심한 준비를 해야 한다.

천재지변으로 부득이한 경우에는 그 형편에 따라서 결정할 수 있을 것이나 아직 우리나라에는 이런 이변으로 주회합을 중단한 전례가 없다. 레지오가 생명력을 유지하는 것은 악조건에서라도 지속적으로 주회합을 개최하고 열성적인 단원들이 서로 모범을 보여 왔기 때문이다.

모든 단원이 출석한 가운데 주회합이 진행되어야 하지만 어떤 때는 2~3명의 단원이 참석했더라도 정각에 시작하여 정상적인 회합을 해야 한다. 단 한 명의 단원만이 참석하는 경우라도 대단히 불충스런 모습이지만 제대를 차리고 기도를 바쳐야 한다. 이러한 상황을 다음 회합 때에 단원들이 알게 된다면 자신의 나태와 소극적인 순명의 정신에 대해 죄책감을 느껴 반성하고 이후부터는 회합에 대하여 지극한 존경심을 발휘할 것이다. 2차 세계대전 때에 포탄이 쏟아지는 험한 분위기에서도 영국군과 독일군의 쁘레시디움에서는 회합을 했다는데 이는 우리에게 큰 감명을 주는 사실이다.

쁘레시디움은 규율을 지켜야 한다

용맹스런 단원은 쁘레시디움에 최대의 존경을 표시한다. 그러므로 그 단원은 레지오의 생명을 온전히 전달받고 은총의 보고에 접하게 된다. 쁘레시디움은 레지오의 규칙을 엄수하여 정상적인 운영을 할 때에만 존경을 받을 수 있고 감화를 줄 수 있다.

쁘레시디움은 성실함의 본보기가 되어야 한다

회합은 어떠한 경우라도 걸러서는 안 된다. 교회 행사나 사회 행사로, 혹은 어떤 이유로든 걸러서는 안 된다. 춥다거나, 덥다거나, 농번기이거나, 명절이거나를 막론하고 한 번 정도는 걸러도 된다는 생각은 버려야 한다. 단원의 대다수가 결석한 경우라도 회합은 가져야만 한다. 회합의 날짜 변경이 있을 때는 사전에 꾸리아의 승인을 받아야 한다.

난방과 조명

회합실은 항상 밝고 알맞은 온도를 유지해야 한다. 여름 철에는 창문을 열고 겨울철에는 온방장치가 있어서 회합하는 데 괴로움이 없어야 하며, 제대용 탁자와 의자도 불편하지 않도록 준비해야 한다. 회합실의 허술한 분위기는 쁘레시디움의 발전에 장애가 된다. 회합실의 준비에 드는 재정적인 지원은 본당의 사목회에서 해주어야 하지만 어려운 처지일 때는 단원의 기부금으로 준비한다든지 의연금으로 준비해야 한다. 회합실의 준비에 따른 경비는 의연금에서 지불할 수 있다. 이 준비는 간부들의 책임이다.

좌석 배치

단원들이 앉을 의자를 준비하되 회합은 영원히 지속되는 것이기 때문에 그때마다 임시로 자리를 마련해서는 안 된다. 편안한 자세로 앉아서 안정된 마음으로 회합에 참석할 수 있도록 튼튼한 의자를 준비해야 한다. 레지오는 모든 것에 질서가 있어야 하므로 이런 모습도 레지오적으로 진행되어야 한다. 이 준비 역시 간부들의 책임이다.

회합시간은 단원들이 편리한 시간으로 정한다

쁘레시디움은 회합시간을 가장 합리적으로 결정해야 한다. 직장과 환경이 다른 단원들이 출석하기에 가장 편리한 요일과 시간이 결정되도록 세심한 노력을 기울여야 한다.

회합시간과 요일을 자꾸 변경하는 것은 좋은 방법이 아니다. 어떤 쁘레시디움의 경우에는 20년 동안 단 한번도 회합시간과 요일을 변경하지 않았다고 한다. 이 쁘레시디움은 첫 회합부터 아주 합리적으로 시간을 결정했기 때문이다. 회합시간에 따라 출석률에 영향이 있으며 레지오의 활성화에도 밀접하게 관계가 있다.

교대 근무자는 두 쁘레시디움에 교대로 출석하면서 배당받은 활동을 성실히 수행하고 보고해야 한다. 두 쁘레시디움은 서로 긴밀한 접촉이 있어야 한다.

회합은 정해진 시간 안에 끝낸다

회합시간은 시작기도부터 마침기도까지 1시간 30분을 넘지 않도록 해야 하지만 1시간 이내로 회합을 마치면 경솔하게 진행되는 경우가 있다.

한 쁘레시디움의 단원수는 영적 지도자를 포함하여 13명 정도가 가장 이상적이다. 단원의 활동보고는 수첩을 보면서 3분 이내로 하도록 지도해야 한다. 회합이 1시간 30분보다 훨씬 길어지면 즐거운 회합이 지루하게 생각되어 회합에 대한 흥미와 열성을 잃기 쉽다. 단원이 증가하면 분할을 고려해야 한다.

회합시간의 길이

  정상적인 회합에 소요되는 시간은 1시간에서 1시간 30분 정도인데 이 시간의 범위에서 벗어난 쁘레시디움은 자체 점검을 한다든지, 혹은 영적 지도자나 꾸리아에 보고하여 지도를 받아서 주어진 시간의 범위에서 진행해야 한다. 단장은 시계를 보면서 효율적으로 회합을 이끌어 나가야 한다.

지각 또는 조퇴

  기도가 시작된 후에 출석한 단원은 묵주기도 앞부분의 기도문과 그 뒤에 이어지는 호칭기도를 소리내지 않고 바친다.
  회합이 끝나기 전에 조퇴해야 할 단원은 회합 시작 전에 단장의 허가를 얻어야 하며 조퇴할 때에는 마침기도와 그 뒤에 이어지는 호칭기도를 바친 후 조용히 자리를 뜬다.
  어떤 경우를 막론하고 한 단원이 늦게 오거나 빨리 떠나는 것은 허용될 수 없다. 지각이나 조퇴를 할지라도 활동에 대한 보고를 할 수는 있다. 그러나 시작기도와 마침기도를 가벼이 여기고 태만히 하는 것은 기도를 중요하게 여기는 레지오의 정신에도 어긋날 뿐 아니라 거역하려는 마음가짐을 보이는 것이다. 지각을 자주하는 단원이 레지오 대열에서 떠나는 경으가 종종 있음을 명심해야 한다. 자신이 제대 준비를 하겠다는 마음으로 달려나가야 한다.

바른 질서는 규율의 뿌리이다

제대의 차림이나 회합의 순서는 질서 있게 규율에 따라 진행되어야 한다. 규율의 정신이 없다면 힘도 없고 감화력도 없고 통제력도 없으며 영향력도 없어진다. 규율을 준수하면 강력한 힘이 솟아난다. 규율을 문란하게 하고 지키지 않는 불충스런 태도가 문제이다. 모든 업무 절차를 체계적으로 꼼꼼하게 처리하고 이어 나가야 한다.

규율은 군법이다. 성모님 군대의 군법인 규율을 철저히 지켜야 한다. 규율의 정신을 잘 지키는 것은 성모님의 정신과 일치하는 아름다운 모습이다. 이것은 한없이 값진 보물이다.

시간을 지키자

시간을 충실하게 쓰는 것이 행복이라 하고, 시간을 낭비하는 것은 죄라고 했다. 허송세월한다는 것은 삶을 포기하는 행위이다. 레지오에서는 시간을 대단히 중요시한다. 시간을 지키는 일은 가장 신뢰받는 전우의 생활지침이며 훈련된 군대의 용맹스런 모습이다. 활동 장소에서 시간 약속을 어긴다면 적지에서 항복하는 패잔병의 행위와 다를 바 없다. 약속을 했으면 반드시 지켜야 한다. 회합의 시작에서 마침까지 질서에 따라 시간 안배를 하며 진행해야 한다. 그래서 단련된 쁘레시디움일지라도 탁자 위에 시계를 준비하여 회합을 진행하면 적당한 시간에 더욱 효과적으로 마칠 수 있을 것이다.

우리나라에 최초로 레지오 마리애를 도입한 고 헨리 대주교는 시간 엄수에 대한 고뇌와 기적을 이렇게 회고하였다.

"레지오가 한국 교회 안에 뿌리내리기 위해서는 많은 어려움이 있었지만 무엇보다도 회원들의 시간 엄수 문제가 나를 피곤하게 했다. 한국인들은 많은 덕성을 지녔어도 시간을 지키는 데는 소홀했다. 이 한 가지 이유로 나는 레지오의 장래를 낙관하지만은 않았다. 거센 폭풍이 몰아치고 있던 어느 날 밤, 나는 성체강복 후에 가질 계획이던 레지오 회합에 레지오 단원들이 참석할 것 같지 않다는 생각이 들어 본당신부에게 회합을 다음 날 저녁으로 연기하도록 하자는 내용의 연락을 보냈다. 성체강복이 끝나고 내 방으로 돌아왔을 때 누가 방문을 두드리는 소리가 들렸다. 방문을 열어 보니 세실리아 자매가 서 있었는데 그 뒤에는 여성 쁘레시디움 모든 단원이 서 있는 것이었다. 그녀는 말했다.

'주교님, 주교님은 매회합 때마다 저희들에게 시간을 잘 지켜야 한다고 말씀하셨어요. 그런데 지금은 회합을 연기 하거나 무산시킬 만한 아무런 이유가 없어요. 그래서 저희들이 이렇게 찾아왔어요.'

이 일은 한국 레지오의 첫번째 기적이었다. 이 일 이전의 한국 사람들은 그 어느 것을 위해서도 제 시간에 참석한 적이 결코 없었다. 레지오와 함께 오랜 악습이 깨져 버린 것이다. 회합이 정시에 시작됐다. 나는 아직도 그때 일을 믿을 수가 없다. 그 1년 후에 단원들에게 일어난 엄청난 변화에 대해서는 이루 다 표현할 수가 없다. 그들은 진정한 자기 희생의 고결한 정신과 성화에 뚜렷한 성장을 보였고 숙련된 팀과 같은 기능을 갖게 되었다."

기도는 정성스럽게 바치자

기도문은 침착하고 똑똑하게, 그리고 마디마디를 띄어서 그 내용을 음미하며 바쳐야 한다. 불경스런 태도로 속세의 어느 모임같이 임해서는 안 된다.

성모님이 회합의 한가운데 계신다고 의식할 때 단원들의 자세는 어떠하겠는가? 침착성이 없고 태만한 자세로 기도해서는 절대로 안 된다. 기계적으로 그냥 바쳐서도 안 된다.

기도는 회합과 한 덩이가 되어야 한다

회합은 일치성을 강조한다. 일치성은 레지오의 필수조건이다. 어느 지방이나 어느 국가나, 주회합의 시작기도부터 마침기도까지 모든 회합 모습이 일치해야 한다.

본당의 사정이나 영적 지도자의 편의를 고려해서 합동 훈화를 먼저 듣고 회합실로 간다든지 묵주기도를 성체 앞에서 바치고 회합실로 간다든지 하는 불일치한 방법으로 해서는 안 된다.

  회합은 회합실에서 제대를 차려 놓고 처음부터 끝까지 해야 한다. 레지오의 통일성을 준수해야 레지오가 산다. 단 한 가지라도 변칙적으로 운영하면 레지오가 변질되어 전염병같이 번지게 된다. 레지오 조직은 회합을 바탕으로 성취된다. 회합은 레지오의 생명이다.

  영적 지도자는 훈화를 하고 강복을 준다. 그런데 훈화나 강복을 주기 위해서 넓은 장소에 모아 놓고 한꺼번에 하는 경우가 있다면 교본의 규율에 따라 시정해 주도록 진언해야 한다. 변질된 레지오를 바로 잡으려면 많은 시간이 소요되며 아무리 큰 업적이 있다 하더라도 레지오라고 할 수 없다.

  성모님에게 불충스런 행동은 삼가야 한다. 성모님이 보고 계시는데 어찌 묵주기도를 생략할 수 있단 말인가? 회합의 통일성과 일치성은 레지오 조직에 필수이다.

다른 신심행사 중에 바친 레지오 기도문

  회합 때에 바치는 레지오 기도문을 회합 전에 교회 안에서, 또는 다른 행사에서 바쳤더라도 쁘레시디움 회합 때에는 처음 시작한 것같이 모든 기도를 다시 바쳐야 한다.

  회합의 통일성과 일치성을 다시 강조한 것이다. 어떤 경우라도 정성이 없이 적당히 회합을 해치우는 불경스런 태도는 버려야 한다. 특히 레지오에서는 정성이 없는 행동은 모두 위선이라 한다.

회합에서 레지오의 기도문 외에 다른 특별한 기도를 바치는 문제

회합 때에 바치는 기도는 오직 레지오의 모후이신 복되신 성모님의 의향(성모님에게 지향을 두고)을 위해서 바쳐야 한다. 회합 중에 특별한 의향으로 특별기도를 바칠 수 없다. 단원의 사사로운 신심행위에서 특별한 의향으로 기도해 줄 것을 권장하는 일은 허용될 수 있다.

성실한 보고가 겸손에 어긋나는가

활동보고는 활동한 내용을 그대로 보고해야 한다. 활동한 내용에다 덧붙여서도 안 되고 의식적으로 일부분만 보고해서도 안 된다. 간단명확하게 모두 보고해야 한다.

겸손해야 한다는 생각에서 보고를 생략하는 것은 삼가야 한다. 레지오에서 그런 생각은 참된 겸손이 아니며 오히려 규칙과 관례를 깨뜨리는 교만한 행위로 받아들여질 수 있다. 단원들의 보고는 회합을 쌓아 올리는 한장 한장의 벽돌이다. 다른 단원들에게 정보를 제공해 주고 서로 교육한다는 차원에서 성실하고 진실하게 보고하고 경청해야 한다.

화합은 일치의 표시이다

 회합에서 사랑의 정신이 하나로 모이면 레지오의 거대한 힘으로 연결된다. 이 힘이 강해져야 주위에 영향력을 줄 수 있다.
 레지오는 오직 일치와 화합의 원리에서 발전되고 생명력이 강해진다. 이러한 원리에 위배되는 독선, 흠 잡는 일, 화를 내는 성질, 비꼬는 태도, 교만, 도전적인 언동 등을 듣하고 있다.

동료 단원의 활동에 모든 단원이 관심을 갖자

 회합에는 동등한 자격으로 참여해야 한다. 활동보고를 할 경우나 듣는 경우나 하나의 생각과 마음으로 관심을 가져야 한다. 사사로운 잡음이나 혼동을 주는 행위는 아주 금물이다.
 단원들의 보고 내용이 흥미가 없더라도 진지하게 듣고 관심 있게 들어야 한다. 따분한 내용일지라도 회합의 유대감과 진행 과정을 참작하여 주의를 기울여야 한다. 단원은 활동을 성실히 해야 하고 사실대로 보고해야 한다. 이 모든 것은 세월이 가면 숙달된 조교처럼 잘할 수 있게 된다. 동료의 보고에 성의를 표하면 내가 보고할 때도 존경을 받는다.

반드시 비밀을 지켜야 한다

상훈은 레지오가 비밀을 엄격히 지켜야 한다고 강조해 주고 있다. 군대의 기밀을 누설하는 것은 이적행위요, 배신행위이다. 단원이 비밀을 밖에 흘리는 것은 레지오의 조직을 흔드는 무분별한 행위로써 마땅히 그 책임을 져야 한다. 쁘레시디움은 어떤 일이나 회합에서 활동을 통하여 알고 있는 사항은 남김없이 보고하도록 해야 한다.

공동활동을 한 조직의 단원은 개인 자격으로 활동하는 것이 아니라 쁘레시디움 이름으로 활동했기 때문에 자세히 보고해야 한다. 쁘레시디움은 단원들에게 충고, 지도, 또는 논평을 할 수 있다. 비밀 보장을 위해 쁘레시디움은 철저한 교육을 해야 하며 배신자가 생기지 않도록 지도해야 한다.

레지오의 비밀 보장을 위해서는 쁘레시디움이 단원을 장악하고 관리에 유념해야 한다. 장악의 힘이 약해지면 비밀의 자물통이 점차로 허술해져 조직이 파괴된다.

발언의 자유

주회합의 분위기는 한 가족이 회의하는 모습이어야 한다. 레지오가 성모님의 군대라고 해서 군대식으로 진행해서는 안 된다. 공정한 논평을 통해서 배우고 질서가 있고 도덕성이 감도는 사랑의 회의이며 가족 회의와 같이 자유스런 분위기가 되어야 한다. 단원간의 공정한 논평을 환영하며 어디까지나 레지오적으로 조언하고 받아들여야 한다. 도전적인 언사를 한다든지 간부들에 대한 존경심을 저버리는 태도가 있어서는 안 된다.

회합은 단원생활을 지탱하는 근본이다

활동을 하노라면 바로 성과가 나타나는 경우도 있고 희망이 없는 것처럼 느껴지는 경우도 있다. 이런 경우 희망이 없다고 포기하거나 실망해서는 안 된다.

비록 지금은 성과가 없지만 언젠가는 반드시 그 열매를 얻을 수 있기 때문이다. 시간과 노력을 허비한다는 생각은 버려야 한다. 쁘레시디움의 활동은 모두 귀중하고 하느님 나라의 건설에 큰 보탬이 되는 것이다.

은총이 넘치는 기도, 의식 절차와 독특한 분위기, 활동보고, 축복받은 우정, 규율이 이끄는 힘, 활발한 관심, 정연한 질서 등으로 이어지는 주회합은 단원생활을 뒷받침해 주게 된다.

쁘레시디움은 성모님이 '우리와 함께 계시는' 곳이다

쁘레시디움은 성모님이 '나타나시는 것'이라 생각해야 하며 활동은 성모님을 대신해서 한다는 의식을 가져야 한다. 성모님은 쁘레시디움을 통해서 특별한 은총을 주시고 모성적 보살피심을 재현하고 계시기 때문이다.

성모님은 단원들을 통하여 활동하고 싶어하신다. 그러므로 단원이 활동하는 것은 바로 성모님과 함께 활동하는 것이다. 어떤 단원이 나태해져 활동을 멈추고 있다면 활동하고자 하시는 성모님의 마음은 얼마나 아프시겠는가? 성모님은 당신께 봉헌하고 협조하고자 하는 단원들을 통해서 임무를 계속 수행하고 계신다는 것을 알아야 한다.

단원들은 성모님을 바라볼 수 있다. 성모님은 우리들을 통해서 나타나고 싶어하시기 때문이다. 주회합과 함께 생활하시는 성모님에게 감사드리고 순종해야 한다.

"너의 눈을 통해서 나는 세상을 바라보고 싶고, 너희의 입술을 통해서 나는 사람들에게 용기를 주고 싶고, 너희의 손을 통해서 나는 사람들을 돕고 싶고, 너희의 발로 내가 걷고 싶고, 너희의 몸으로 내가 고통을 받고 싶고, 너희의 마음으로 내가 사랑하고 싶다."(성모님의 메시지)

"그 어머니는 모든 것을 새롭게 하는 생명 자체를 세상에 낳아 주셨고 하느님에게서 이 위대한 임무에 맞갖은 은혜를 받았다."('교회에 관한 교의헌장' 56항)

제20장
레지오의 조직과 규율은 바꿀 수 없다

레지오 마리애!

"이 얼마나 완전하게 선택된 이름인가!"(비오 11세)

레지오 마리애! 이 은총스럽고 아름다운 대열을 누가 만들었는가? 우리는 어떻게 해서 레지오 단원이 되었는가? 분에 넘친 은총에 감사드려야 한다.

레지오는 하느님의 선물이다. 성모님은 이 귀한 하느님의 선물을 당신의 자녀들에게 전해 준 중재자이시다. 레지오의 조직과 체계는 카나의 잔치에서 성모님이 "무엇이든지 그가 시키는 대로 하여라."(요한 2,5)고 하신 명령의 메아리이다. 성모님이 성령을 통하여 레지오의 탄생과 조직과 규율을 만들도록 도와주셨다. 레지오 조직은 완벽하면서 넉넉하고 안정감을 주는 단원들의 보금자리이다.

레지오 조직과 체계, 그리고 규율을 어떻게 이토록 완벽하게 마련했으며 효과적으로 운영할 수 있도록 창안했는가에 대하여 우리는 감사하지 않을 수 없다.

레지오를 이해하지 못한 초보 단원들은 흔히 여러 가지로 불평을 하는 경우가 있다.

예를 들면 "레지오는 맨 처음 아일랜드에서 창설되었는데, 지금까지 아일랜드에서 만든 교본대로 관리하고 운영할 필요가 없지 않은가? 그리고 우리나라와 지리적으로나 역사적, 혹은 문화적으로 배경이 다른데 프랭크 더프 형제가 오래 전에 만든 규율을 그대로 지킬 필요가 있는가?" 하는 것들이다.

그리하여 과거에 어느 지역에서는 우리나라 실정에 맞게 변경해서 레지오를 하면 된다며 잡음을 일으켰던 사례도 있다.

이러한 사례는 레지오 초창기에 우리나라에서만 있었던 것이 아니라 세계 도처에서 약간씩 있었던 것이다. 이러한 문제를 접했던 프랭크 더프는 얼마나 괴로웠겠는가? 이러한 심정을 그는 회고록에서, "가장 마음이 아팠으나 성모님께서 위로해 주셨다."고 말했다.

성모님은 레지오를 손에 꼭 쥐고 붙들어 주셨다. 어리석은 자녀들 때문에 대열이 흩어지도록 방치해 두지 않으셨다.

이제는 레지오 조직체계나 규율을 변경하고자 발언하는 것은 대단히 부끄러운 행위로써 성모님에게 대한 불충스런 표현으로 간주해도 무리가 아닐 것이다.

레지오를 관리, 운영하면서 아무리 사소한 문제가 생길지라도 원칙에서 이탈해서는 절대로 안 된다. 모든 조직과 규율은 톱니바퀴와 같아서 한 가지 것을 변경하면 내부가 분해되어 결국에는 레지오란 이름만 남고, 내용은 세속의 단체가 되어 버린다. 겉으로는 레지오같이 보일는지 모르지만 결코 성모님의 군대인 레지오는 아니다.

세계의 레지오는 한 교본으로 규율다로 관리, 운영되고 있다. 오직 한 가지의 규율로 각국의 레지오도 관리, 운영된다. 세계의 어느 곳에서나 일치된 모습으로 관리, 운영되기 때문에 활동도 같고, 주회합 모습도 같으며 평의회 회합의 모습도 생소하지 않은 것이다. 그러므로 국가나 지역에 따라서 레지오 규율을 변경하는 것을 절대로 엄금하고 있다.

경험에 따르면 젊은 층의 단원이나 고학력의 단원이 전통적인 레지오 규율을 습득하는 과정에서 나름대로 소극적이며 편리한 대로 하려는 경향이 있었으나, 지금 우리나라의 레지오는 그런 오점을 발견할 수 없을 정도로 수준이 향상되었다.

레지오의 창단은 인자하신 우리의 어머니, 성모님이 계획하신 대로 한 것이다. 그러므로 레지오의 모든 조직체계와 규율을 준수하는 것은 곧 성모님에게 순명하는 것이며 충성을 바치는 성스러운 실천이다. 이는 곧 전능하신 하느님께 봉헌하는 효성어린 표현이며 일치하는 착한 자녀들의 모습이다.

레지오 정신을 체득하고 충실한 단원생활을 하는 것은 곧 하느님의 영광을 위해 자신을 봉헌하는 것이다.

레지오의 기능을 크게 약화시키는 언행을 한 단원은 아무리 훌룡한 활동을 했다 하더라도 전혀 도움이 되지 않는다. 오히려 활동하지 않는 편이 더 나을 것이다.

 이러한 단원은 자신도 모르는 사이에 레지오 반대편의 게릴라에 가담하고 있는 것이다.

 이 얼마나 중오스런 일인가? 레지오 조직체계의 원리는 간단한 내용이지만 익히는 데 많은 시간이 필요하다.

 곁에서 피동적으로 배운다든지 지식으로 연구해서 배울 수는 없다. 숙달된 단원은 대개 수년간의 활동 경력을 가지고 있다. 즉 활동에 직접 참여하고 몸으로 익혀야 한다.

 레지오는 입으로 하는 것이 아니라 체험으로 한다. 그래서 단원생활이 숙달되면 조직체계에 대해서 불만을 가질 수 없다.

 가장 이상적이고 완벽한 조직체계임을 실감하게 된다. 누구나 열심히 기도하고 정성을 다해 활동하다 보면 교본에서 지시한 규율을 이해할 수 있으며 아무런 불편도 느끼지 않게 된다.

 아무리 훌륭한 단체라도 조직체계를 자주 변경하면 흔들리게 된다. 세계에서 선망의 대상인 우리나라의 단원들은 훌륭하고 완벽한 조직체계와 규율을 사랑하고 존중해야 한다. 그리고 교본을 아끼고 가슴에 품으며 소화해야 한다.

 우리는 교본에 담긴 사상으로 일생 동안 살아가겠다고 결단을 했는지 반문해 보아야 한다.

당신의 은총과 사랑,
순결, 아름다움, 믿음 앞에
삶과 죽음의 영광,
부드러움이 어디에나 넘칩니다.
- 헨리 브룩 애덤스 -

제21장
나자렛의 성가정

 그리스도 신비체의 교리는 레지오의 회합, 특히 레지오 조직의 심장을 이루는 쁘레시디움 회합에 적용할 수 있다.
 "두 사람이나 세 사람이라도 내 이름으로 모인 곳에는 나도 함께 있기 때문이다."(마태 18,20)
 우리 주님이 하신 이 말씀은 당신에게 봉사하기 위해 모이는 지체들의 수가 많을수록 그들에게 미치는 당신의 영향력이 커진다는 것을 보장하신 말씀이다. 예수께서는 그 수를 당신의 힘을 완전히 드러내기 위한 조건으로 규정하셨다. 아마도 이는 우리 개개인의 부족함 때문일 것이다. 다시 말해서 우리 개개인의 덕은 너무나 제한적이어서 한 사람의 힘으로는 예수님을 부분적으로밖에 드러낼 수 없다.
 이를 단순한 자연현상과 비교해 보면 쉽게 이해할 수 있다. 가령, 색깔이 있는 유리는 그것과 같은 색깔의 빛만 통과시키고 다른 빛은 모두 차단해 버린다. 그러나 각기 다른 색깔을 지닌 유리가 서로 결합하여 제 색깔을 투사할 경우에는 서로 합해져서 온전한 빛이 된다. 이와 마찬가지로 몇 사람의 그리스도인들이 주님을 위해 함께 모이면 그들의 특성들이 서르 보완되므로 그들을 통해 주님께서는 당신의 완전하심과 능력을 좀더 충만히 드러내시는 것이다.

그러므로 레지오 단원들이 주님의 이름으로 그분의 일을 위해 쁘레시디움 회합에 함께 모일 때 주님은 그만큼 힘찬 모습으로 나타나신다. 그리하여 그리스도의 권능은 그리스도 자신으로부터 나온다는 것이 거기서 명백해진다(마르 5,30 참조).

쁘레시디움의 모든 것은 예외 없이 그 단원을 가꾸는 데 이바지해야 한다. 그러므로 단원들이 예수님과 성고님을 반영해야 하는 것처럼 쁘레시디움도 성가정의 모든 특성을 반영해야 한다.

어떤 프랑스 작가는 「내 방을 둘러보기」라는 제목으로 책을 쓴 일이 있다. 여러분도 쁘레시디움을 돌아보는 사려 깊은 여행을 해보라. 그리하여 눈과 귀에 잡히는 모든 것을 하나하나 분석하고 비판적으로 살펴보라. 이를 테면, 마루와 벽과 창문, 가구, 제단의 비품, 특히 가정의 중심인 성모님을 표상하는 성모상을 낱낱이 살펴보라.

또한 무엇보다도 단원의 태도와 모임을 이끄는 방법을 살펴보라. 만일 쁘레시디움에서 보고 듣는 것이 모두 나자렛 성가정과 조화를 이루지 못하고 나자렛 정신이 없다면 그 쁘레시디움은 죽은 것이나 다름없게 된다.

가끔 보면, 간부들이 잘 보살펴야 할 단원들을 오히려 그르치는 경우가 있다. 거의 모든 경우에 쁘레시디움이 잘못되는 것은 간부에게 원인이 있다. 단원들이 시간을 잘 안 지키고, 출석이 불규칙적이며, 활동이 불충분하고 또 하다가 말다가 하며, 회합에서 잘못된 태도를 보이는 경우가 있다고 하면 그 원인이 무엇이겠는가? 그런 잘못된 행동을 간부들이 용납하고 받아들이기 때문이며, 또한 간부들이 그런 단원들을 좀더 잘 가르치지 못했기 때문이다. 사실 그런 단원들은 간부들에게 훈련을 잘못 받아 도리어 비뚤어지고 있는 것이다.

이런 모든 바람직스럽지 못한 일들을 나자렛 가정과 견주어 보라. 성모님이 잔손질이나 정돈을 그처럼 등한시하거나 성자에게 그런 그릇된 교육을 시키셨겠는지 상상해 보라! 만에 하나라도 성모님이 불결하고 나약하며, 믿을 수 없고 무관심한 분이 되어 나자렛 성가정을 파탄에 빠뜨리고 이웃 사람들의 미움을 샀다고 한 번 생각해 보라! 물론 그런 생각은 터무니없는 망상에 지나지 않는다. 그런데도 적지 않은 간부들이 성모님의 화신처럼 성가정, 곧 쁘레시디움을 하겠노라고 다짐하면서도, 아무렇게나 내맡겨 둔다는 것은 참으로 부끄러운 일이 아닐 수 없다.

그러나 이와는 달리, 모든 것들이 완벽하게 이루어져서 쁘레시디움의 신심이 증가된다면, 우리 주님은 당신의 말씀으로 약속하신 것처럼 기꺼이 거기에 참석하실 것이다. 성가정의 정신은 주님의 성가정에만 한정되지 않는다. 나자렛에만 국한되는 것도 아니요, 유다 지방이나 어느 특정 지방에만 머무는 것이 아니다.

쁘레시디움의 정신도 어느 한계에 머물러 있어서는 안 되며, 나자렛 성가정의 모상으로 볼 수 있다고 했다. 그러므로 쁘레시디움을 성가정의 분위기로 만들어 줄 모든 기물에 대해 기쁜 마음으로 세심한 주의를 기울여야 한다. 단원들은 성모님이 어떻게 당신의 가정을 관리해 오셨는지를 상상해 볼 필요가 있다. 나자렛 가정은 가난하여 좋은 가구는 없었다. 그러나 성모님은 독특하고 고상한 취미를 가지셨고 깔끔한 분이시므로 가정의 모든 기물은 사랑이 깃들고 아주 매력이 있었을 것이다.

쁘레시디움의 모든 분위기나 일들이 나자렛 성가정과 조화를 이루지 못한다면 나자렛 정신이 부족하다는 것이다. 나자렛 정신이 없다면 쁘레시디움은 죽어 있다고 하겠다. 어느 쁘레시디움이나 잘못되어 가는 것은 간부들에게 책임이 있다.

성가정의 정신은 단원의 정신이어야 한다. 성가정의 정신이 온 교회와 사회의 정신이 되고 전 인류의 정신이 될 때 하느님의 구원사업은 완성될 것이다. 단원들은 쁘레시디움에서 나자렛 가정처럼 성가정의 분위기를 조성하여 기도해야 한다.

활동할 때에도 성가정에서 예수님을 모든 생활의 중심으로 모시듯이 단원들도 활동 대상자를 대할 때 예수님을 뵈옵고 섬기는 성가정의 정신으로 활동하고, 또 생활화해야 한다. 성모님의 화신이요 성가정인 쁘레시디움을 온 정성을 다하여 관리하고 운영해야 한다.

예수님의 양부이시며 마리아의 배필이신 나자렛의 요셉

 우리는 가톨릭 교회의 보호자이시며 우리 가정의 모범이신 성가정의 가장, 성 요셉의 신심을 본받아야 한다. 하느님의 말씀이 사람이 되신 것과 성모님의 동정을 입증하는 유일한 증인이시며 하느님 구원사업의 협조자로서 성 요셉과 그분의 덕행과 하느님 신심의 모범을 단원들에게 가르치고 있다.
 성 요셉! 예수 그리스도의 양부이시며 동정녀 마리아의 배필이신 성 요셉은 하느님 구원사업에 성모님과 함께 전적으로 협조하였다.
 가장 사랑하는 약혼녀 마리아에게 어느날 갑자기 예고도 없이 하느님께서 개입하시어 하느님의 사람으로 만드셨을 때 요셉의 감정은 어떠했겠는가? 그러나 성 요셉은 불평 한 마디 없이 오직 묵묵히 더욱 적극적으로 평생을 통하여 성모님의 동정을 보호하고 예수님을 양육하였다. 이 세상에 사람이 되어 오신 예수 그리스도께서 말구유에서 탄생하시는 것을 돌보셨으며, 아기 예수님과 그 어머니와 함께 이국땅 이집트까지 피난하시고 다시 나자렛으로 귀향하실 때까지 모든 고난을 가장으로서 짊어지면서 두 분을 보호하셨다.
 예수께서 공생활을 하시기 전까지 30년간 집에서는 훌륭한 가정교사로, 일터에서는 목수 직업의 전수자로, 이 세상 현실을 예수께 가르쳤다. 이 세상에 계실 때 예수님과 동정녀 마리아로부터 "예"라는 말씀을 듣고 두 분의 순종을 받으신 유일한 분이다. 따라서 요셉은 예수님의 아버지이고 스승이며 보호자임과 동시에 말씀이 사람이 되신 증인이다. 또한 성모님의 배필이며 처녀 마리아의 잉태하심의 증인이며 동정의 보호자이다.

천사 같은 어머니 품에서 보낸 예수님의 소년 시절

오순도순하고 행복이 넘치는 아름다운 가정의 분위기에서, 천사 같은 어머니 품에서 성장한 예수님의 어린 시절은 얼마나 행복했을까? 상상만 해도 마음이 넉넉해진다.

그 가정은 구원사업의 요람이며 세계의 주인을 위한 터전임에 틀림없었다. 쁘레시디움은 성가정의 특성을 반영해야 한다. 아기의 부모는 주님의 율법에 따라 모든 일을 다 마치고 자기 고향 갈릴래아 지방 나자렛으로 돌아갔다.

아기는 하느님의 은총 속에서 날로 튼튼하게 자라면서 지혜가 풍부해져 갔다. 해마다 과월절이 되면 예수님의 부모는 명절을 지내러 예루살렘으로 가곤 했는데, 예수님이 열두 살이 되던 해에도 예년과 마찬가지로 예루살렘으로 갔다. 그런데 명절의 기간이 다 끝나 집으로 돌아올 때에 어린 예수님은 예루살렘에 그대로 남아 있었다.

그런 줄도 모르고 그의 부모는 아들이 일행 중에 끼여 있으려니 하고 하룻길을 갔다. 그제야 생각이 나서 친척들과 친지들 가운데서 찾아보았으나 보이지 않으므로 줄곧 찾아 헤매면서 예루살렘까지 되돌아갔다. 사흘 만에 성전에서 그를 찾아냈는데 거기서 예수님은 학자들과 한자리에 앉아 그들의 말을 듣기도 하고 그들에게 묻기도 하고 있었다. 그런데 듣고 있던 사람들은 모두 그의 지능과 대답하는 품에 경탄하고 있었다.

그의 부모는 그를 보고 깜짝 놀랐다. 어머니는 예수님을 보고 "얘야, 왜 이렇게 우리를 애태우느냐? 너를 찾느라고 아버지와 내가 얼마나 고생했는지 모른다."고 말하였다. 그러자 예수님은 "왜, 나를 찾으셨습니까? 나는 내 아버지의 집에 있어야 할 줄을 모르셨습니까?" 하고 대답하였다. 그러나 부모는 아들이 한 말이 무슨 뜻인지 알아듣지 못하였다.

예수님은 부모를 따라 나자렛으로 돌아와 부모에게 순종하며 살았다. 그 어머니는 이 모든 일을 마음속에 간직하였다. 예수님은 몸과 지혜가 날로 자라면서 하느님과 사람들의 총애를 더욱 많이 받게 되었다(루카 2,39-52 참조).

우리들 가정에 모시고 있는 성모상에 대하여

천주교 가정에서는 흔히 십자가상과 함께 성모상을 모셔 두는데 성모상의 모습별로 그 유래를 알아둠으로써 은총의 중재자이신 성모님을 통해 신앙생활에 많은 도움을 받기를 바란다.

1) 원죄 없이 잉태되신 성모상

1830년 7월 18일, 성 빈체시오 아 바울로의 축일 전날 밤 11시 30분경 프랑스 사랑의 딸회 수녀원의 수련자 가타리나 라부레는 "성당으로 가 보아라. 복되신 동정녀께서 너를 기다리고 계신다." 라는 4, 5세 정도 돼 보이는 어린 소년(수녀는 수호천사라고 생각) 의 말을 듣고 성당으로 갔다. 아름다운 여인이 상아 빛깔의 부인 복 위에 푸른 망토를 걸치고 어깨 위에는 흰 베일을 드리우고 서 계셨는데, 마리아께서는 장차 파리에서 일어날 비극을 말씀하시 고는 "청하는 이에게 특별한 은총을 주리라. 기도하기를 게을리 하지 말아야 한다."라고 하셨다.

며칠 뒤 파리에서 혁명이 일어나고 모든 일이 성모님이 말씀하 신 대로 이루어졌다. 두째 번 발현은 같은 해 11월 27일, 성당 제 대 위에 나타나셨는데 지구의 위에 서서 두 손을 펼쳐 보이시자 찬란한 빛이 지구로 내리비쳤다.

"네가 보는 이 공은 지구의 모형이다. 나는 이것을 위해서 또 이 안에 사는 모든 이를 위하여 기도한다. 이 광선은 나에게 청 하는 사람들에게 내려 주는 은총을 의미한다. 그러나 많은 사람 들이 이 은총을 받지 못하는 것은 청하지 않기 때문이다."라고 말씀하셨다. 이어서 "죄 없이 잉태되신 마리아여! 당신께 의지하 는 우리를 위하여 빌으소서."라는 글씨가 타원형의 형태로 나타 났고, 성모님은 이 형태의 메달을 만들어 착용하는 자는 누구나 풍성한 은총을 얻을 것임을 약속하셨다. 특히 목에 걸고 다니면 좋다고 하셨다.

그 뒤 12월 셋째 번 발현에서도 이 패를 만들도록 말씀하셨는데 당시 교회는 성모님이 "원죄 없이 잉태되신 마리아여!"라고 하신 내용이 믿을 교리가 아니었기 때문에 망설였지만 그로부터 2년 후 파리 교구장의 승인을 얻어 패를 만들게 되었다.

여러 폭동과 반란 등으로 인하여 많은 사람들이 부상을 입었는데도, 이 패를 착용한 사람들은 보호를 받았기 때문에 정식 이름은 '무염시태 패'였지만 '기적의 패'로 불리게 되었다.

가타리나는 1947년 7월 27일 성녀로 시성되었는데 축일은 12월 31일이다.

레지오 마리애 회합에서 모시는 성모상이 '원죄 없이 잉태되신 마리아상'이다.

2) 루르드의 성모상

1854년 12월 8일 비오 9세 교황은 '성모 마리아는 원죄 없이 잉태된 이'라는 교리를 선포하실 당시 많은 이들은 과학만이 모든 것을 해결할 수 있다고 여겨 신앙생활을 게을리 하기 일쑤였으며 지식인들은 교황이 선포한 '성모 마리아는 원죄 없이 잉태된 이'의 믿을 교리에 대한 증거를 요구함으로써 교회를 더욱 어려움에 처하게 했다.

그러나 교회가 무염시태 교리를 선포한 4년 후인 1858년 성모님은 루르드의 마사비엘 동굴에 가난하고 병약하며 14세가 되도록 교리문답도 외우지 못하는 무식한 농촌 처녀 벨라뎃다에게 열여덟 번 발현하셨다. 3월 25일 주님 탄생 예고 대축일 발현 때에 "나는 하자 없는 잉태로다."라고 하시며 비오 9세 교황이 선언한 성모 무염시태 교리를 확인시켜 주셨다. 더불어 발현 장소에 우물을 파서 물을 마심으로써 영육에 많은 은총을 얻게 하시고 성전을 신축하여 봉헌해 주시기를 원하셨다.

당시 성모님과 대화를 나누었던 벨라뎃다는 곧 수녀원에 들어갔으며 루르드의 기적수로 수많은 사람들이 병을 고쳤지만 벨라뎃다는 그러한 은혜도 입지 못한 채 육신을 갉아먹는 폐결핵 등 갖은 고통을 당하면서 1879년 4월 16일 35세로 생을 마쳤다. 벨라뎃다는 1933년 12월 8일 성녀품에 올림을 받았다.

루르드의 성모님은 허리에 푸른 띠를 두르고 계시며 팔목에 묵주를 걸고 계신다. 명동성당 사도회관 옆 동굴에 모신 성모상이 루르드의 성모상이고 기도드리는 소녀는 벨라뎃다 성녀이다.

3) 파티마의 성모상

1917년 5월 13일 포르투갈의 수도 리스본에서 140킬로미터 떨어진 파티마에서 성모님은 양을 치는 루치아(당시 10세), 프란치스코(당시 9세), 히야친타(당시 7세), 세 어린이에게 발현하셨다.

성모님은 세 어린이에게 매달 13일 발현 장소에서 만날 것을 약속하시며, 소련과 죄인들의 회개를 위하여 기도할 것을 말씀하셨다. 소련이 제1차 세계대전 중 아주 보잘것 없는 나라였으므로 성모님의 메시지는 많은 사람에게 신빙성이 없어 보였다. 그러나 성모님의 마지막 발현이 끝나고 바로 레닌이 볼셰비키 혁명을 성공으로 이끌고 세력을 확장시켜 80년대 초까지 그 세력이 놀랍도록 신장되었다.

그러나 성모님은 결국 소련은 회개할 것이며 세상에는 잠시 동안 평화가 올 것임을 예고하셨다.

처음 성모님의 발현을 목격한 프란치스코와 히야친타는 2년 이내 하늘나라로 데려가겠다고 말씀하시고 루치아는 하느님의 말씀을 전파하기 위하여 이 세상에 더 살기를 원하셨다. 말씀대로 프란치스코와 히야친타는 2년 뒤 죽음을 맞이했고 루치아는 수녀가 되어 현재 봉쇄수녀원에서 살고 있다.

1926년 성모님은 루치아에게 세상 사람들이 회개하지 않으면 비오 11세 교황이 재임하는 동안 인류에게 더 큰 재앙이 내릴 것임을 예고하셨다. 1938년 1월 25일 밤하늘에 이상한 빛(천문학자들은 북극광이라 불렀음)이 전 지역을 비추어 루치아 수녀는 무서운 전쟁이 일어날 징조가 나타나고 있음을 알아차리게 되었는데 그로부터 3개월이 지난 뒤 제2차 세계대전이 발발하게 되었다.

또한 성모님은 교황에게 수난이 올 것임을 말씀하셨는데, 성 요한 바오로 2세 교황이 1981년 5월 13일 성모님이 파티마에 첫째 번 발현하신 날 바티칸 성당 앞에서 권총 저격을 당하였다.

성모님은 세계평화를 위하여 묵주기도를 끊임없이 바칠 것을 권고하셨다. 파티마 성모상의 모습은 단정한 긴 망토를 걸치고 손에 묵주를 들고 계신다.

4) 영원한 도움이신 성모상

15세기 말 한 상인이 크레타 섬의 어느 성당에서 성화를 훔쳐 거친 바다 풍랑을 견디며 1년 만에 기적적으로 로마에 도착했으나 병으로 임종을 맞게 되어 친구에게 이 성화를 좋은 성당에 모셔 사람들의 공경을 받게 해달라고 유언했다. 그러나 친구는 상인의 요청을 대수롭지 않게 여겼다.

어느 날 성모님이 발현하시어 로마인에게 상인의 요청을 실행하라고 촉구하시며 그의 죽음을 경고하셨다. 그러나 그의 부인이 그 성화를 좋아하여 그대로 자기 집에 두고 싶어했으므로 로마인은 성모님의 발현에 좀처럼 주의를 기울이지 않았다. 얼마 후 그는 죽었다.

성모님은 또다시 그 가정의 어린 딸에게 발현하시어 "너의 할아버지와 어머니에게 가서 말씀드려라. 영원한 도움이신 성모님께서 너의 집에 있는 그 성화를 밖으로 모시기를 바라신다. 만일 이행하지 않으면 온 가족이 죽으리라."라고 하셨다. 딸에게 그 메시지를 전해 들은 당황한 부인은 복종을 약속했다.

이때 성모님은 소녀에게 다시 성화를 걸어 둘 장소를 말씀하셨다.

"성모 대성전과 라테란의 성요한 대성당 사이의 성당으로 모셔 가거라."

1499년 3월 27일 이 성화는 장엄한 행렬로 성모님이 지적하신 성당, 즉 성 마태오 사도 성당으로 옮겼다. 그날 한 남자의 불구인 팔이 완치되는 기적이 일어났다.

원래 '길의 인도자'이며 이름 없는 '기적의 성화'로만 공경받던 성화가 이 사건을 통해 성모님 자신이 직접 말씀하신 '영원한 도움이신 마리아'라는 명칭을 얻게 되었고 성마태오 성당 주 제단 위에서 무수한 사람들의 사랑을 받으며 기적의 은혜를 내리는 기도의 매체로 그 명성을 더해 갔으나 1798년 6월 로마를 정복한 프랑스의 나폴레옹이 전략상의 이유로 성마태오 성당을 비롯, 로마의 30여 개 성당들을 철거하라는 명령을 내림에 따라 이 성화도 사람들의 공적 공경 대상에서 사라졌다.

1855년 성알퐁소 성당을 건립하게 되었는데 이 성당이 한때 영원한 도움의 성모, 기적의 성화가 모셔졌던 성마태오 성당 폐허 위에 세워졌다는 사실이 알려져서 비오 9세 교황의 중재로 1866년 1월 19일, 성화는 다시 성모님이 원하셨던 곳, 성알퐁소 성당으로 영광을 받으며 옮겨졌고, 복원되어 3개월 후 장엄하게 안치되었으며, 1867년 6월 23일 대관식이 거행되었다.

이 성모님의 성화는 템페라 화법에 따라 단단한 호두나무 판 위에 그려진 이콘으로 로마 성알퐁소 성당 주 제단 위에 안치되어 있다.

제22장
레지오의 기도문

 레지오 단원은 축복받은 성모님의 자녀들이다. 하루 동안 가슴에 고인 기쁨과 평화가 자꾸만 넘쳐 흐른다. 아침에 일터로, 사회로, 학교로, 교회로 출발하기 전에 레지오의 기도문을 바쳐야 한다. 왜 바쳐야 하는가를 반문하지 말고 오늘부터 결단을 내려서 바쳐야 한다. 어머니와 함께 바쳐 보라! 아내와 함께 바쳐보라! 자녀와 함께 바쳐 보라! 동료와 함께 바쳐 보라! 솟아오르는 아름다운 기쁨의 위력을 당신은 체험하리라.

 전국의 동료와 함께 아침마다 일과를 시작하기 전에 바치고 싶다. 아주 먼 곳에 있는 동료와도 기도 중에 서로 만나서 기도문을 바치고 싶다.

 레지오 기도문은 레지오를 살리는 기도문이다. 레지오 단원이 어떻게 살아야 하는가를 훈시하는 살아 있는 기도문이다. 나태한 단원에게나 성실한 단원에게나, 모든 단원에게 영육간에 건강을 주는 영약이다. 시작기도부터 신나게 생활하라는 기도문이다. 짧은 마침기도문에 '믿음'이란 단어가 10번 나오는데 이렇게 강조하는 이유를 알아야 한다. 단원의 믿음이 곧 성모님의 승리와 직결되기 때문이다. 강한 믿음은 레지오의 자랑이다. 믿음은 단원의 생명이다. 바위와 같은 굳센 믿음을 가슴에 간직해야 한다.

기도문은 순서에 따라 시작기도, 까떼나, 마침기도로 되어 있다. 각급 회합에서는 세 부문으로 나누어 바쳐야 하며, 각종 행사나 피정, 교육을 진행할 경우에도 가급적이면 세 부분으로 나누어 적절한 시간에 바치는 것이 좋다.

단원이 개별적으로 바칠 때는 순서에 따를 필요가 없다. 협조단원은 이 기도문 모두를 매일 바쳐야 한다. 시작기도와 마침기도의 처음과 끝에 성호경을 바친다. 기도문을 나누지 않고 모두 바칠 때에는 맨 처음과 끝에만 성호를 긋는다.

회합을 시작하면서 바치는 기도

성호경으로 시작한다. 이어서 "오소서 성령님," 하고 성령께 의탁하며 간절히 매달린다. 성령께서 우리들에게 베풀어 주신 은혜에 감사하면서 항상 당신의 품안에서 기쁨을 누리며 감사한 생활을 할 수 있도록 보호해 주시기를 기도드린다.

이어서 묵주기도 5단을 바친다. 환희의 신비는 월·토요일에 바치고, 빛의 신비는 목요일에, 고통의 신비는 화·금요일에, 영광의 신비는 수·주일에 바친다.

묵주기도

묵주기도는 그리스도께 대한 기도이며 성경적인 기도이다. 또한 묵상기도이며, 성모 마리아께 드리는 기도이다. 주님의 기도와 성모송을 반복하여 바치면서 20가지의 구원의 신비를 묵상하는 기도로써 그리스도와 성모 마리아의 생애를 묵상하며 그분들이 실천하신 20가지의 덕행을 본받고자 하는 기도이다.

현재 형태의 묵주기도 방식은 1214년에 성 도미니코가 받아들였다. 성모님은 1858년 루르드에서 묵주를 팔에 걸고 발현하셨고, 1884년에는 나폴리에서, 그리고 1917년에는 파티마에서 발현하여 묵주기도를 많이 바치라고 권고하셨다. 역대 교황들도 여러 회칙을 통하여 세계평화와 죄인들의 회개를 위하여 묵주기도를 바치라고 호소하였다.

주님의 기도

주님의 기도는 하느님께서 가르쳐 주신 지극히 합당한 기도이다. 아름다운 순서, 부드러우면서도 강렬함, 무엇보다 이 하느님 기도의 명쾌함은 하느님의 지혜를 더욱 드높인다는 데에 있다. 짧기는 하지만 많은 가르침을 주며, 아주 이해하기 쉽고, 은총이 넘치는 이 기도는 모든 시편과 찬미가에 나타난 아름다운 찬송의 집약이다.

주님의 기도를 바침으로써 우리는 필요한 모든 것을 하느님께 간청하며 하느님을 최상의 방법으로 찬미할 수 있다. 그러므로 우리는 주님의 기도가 영원하신 성부께서 항상 들으시는 성자의 기도인 것을 굳게 믿으면서 성자의 형제들인 우리의 기도를 성부께서 들으신다는 확신을 가지고 정성되이 기도해야 한다.

성 요한 크리소스토모는 "우리가 우리 주님이 기도하신 바와 같이, 우리에게 보여 주신 방법대로 기도하지 않는다면 주님의 제자가 될 수 없다."고 했다. 성 아우구스티노도 "우리가 정성껏 주님의 기도를 드릴 때마다 소죄는 용서를 받는다."고 했다.

하느님께서는 우리가 얼마나 약하고 도움이 필요한 존재인가를 익히 아시고, 또한 우리가 어떠한 어려움에 처해 있는지 너무도 잘 알고 계시기 때문에 정성을 다하여 주님의 기도를 바치도록 하셨다. 우리는 언제 어디서나 주님의 기도를 바쳐야 한다. 주님의 기도에서 발견되는 것보다 더 아름답고 하느님과 일치하는 기도는 없다.

'하늘에 계신 우리 아버지'라고 기도함으로써 우리들은 믿음과 경배와 겸손의 덕을 실천하는 것이다. 당신의 이름이 거룩히 빛나고 영광되기를 청할 때는 당신의 영광에 대한 우리들의 불타는 열정을 드러내 보이는 것이며, 하느님의 뜻이 하늘에서와 같이 땅에서도 이루어지도록 기도함으로써 우리들의 완전한 순명의 정신을 서약하는 것이다.

우리의 일용할 양식을 청함으로써 세상 재물에 초연하며 청빈의 정신을 실천하는 것이고, 우리의 죄를 용서해 주시도록 청할 때는 죄를 뉘우치고 통회하는 것이며, 우리에게 잘못한 이를 우리가 용서함으로써 우리는 가장 높은 차원에서 자비의 덕을 증거하는 것이다. 우리의 모든 유혹에서 하느님의 도우심을 청함으로써 겸덕과 지덕, 용덕을 실천하는 것이다. 하느님께 우리를 악에서 구해 주시도록 기도함으로써 인내의 덕을 실천하는 것이다.

이러한 모든 것을 청하는 것은 자신만을 위해서가 아니라 이웃을 위한 것이다. 하느님의 착한 자녀로서 의무를 수행하는 것이며, 모든 사람을 감싸 주시는 하느님의 사랑 안에서 당신을 본받아 이웃들에 대한 사랑의 계명을 지키는 것이다.

성모송

첫째, 무엇보다 먼저 단 한번의 성모송이라도 정성스레 바치는 것이 성의 없이 150번을 바치는 것보다 더 가치가 있다. 영성의 유익함을 위해 기도를 바치고자 한다면 나 자신이 은총의 상태에 머물러 있어야 하며 대죄를 끊어 버릴 굳은 결단이 서야 한다. 대죄 상태의 선행이나 기도는 죽은 행위이기 때문이다. "이 백성이 입술로는 나를 공경하지만 그 마음은 내게서 멀리 떠나 있다."(마르 7,6) 하신 말씀을 음미해 보아야 한다.

후게스 추기경은 "누구든지 진실로 복되신 동정녀를 가까이 하고 성모송을 바치고자 한다면 천사와 같이 깨끗해져야 한다."고 했다.

매일 묵주기도를 바치는 어떤 부정한 사람에게 성모님은 "오물 투성이의 그릇에다 아름다운 장미꽃을 넣어 나에게 주는데 내가 이런 선물을 받으리라고 생각하느냐?"고 하셨다.

둘째, 온 정신을 모아서 바쳐야 한다. 성모님은 입으로 내는 소리보다 마음의 소리에 더욱 관심을 갖고 계시기 때문에 온 정신을 모아 기도해야 한다.

기도 중에 분심이 드는 것은 성모님에게 대한 공경심이 부족함을 나타내는 것이다. 이렇게 되면 열매는커녕 죄를 짓는 불충의 행위가 되고 만다. 정신과 마음이 흩어진 상태에서 기도를 하는데 성모님이 어떻게 들어 주시겠는가? 물론 고의적이 아니지만, 우리의 정신이 안정되지 않았기 때문에 기도 중에 분심이 생기는 때가 많다.

그러나 분심 없이 기도할 수 있도록 정성을 다하면 전능하신 하느님과 복되신 마리아께서 보살펴 주실 것이다.

셋째, 각 단마다 공경하고자 하는 신비를 묵상하며, 복되신 어머니의 전달을 통하여 하느님의 도우심을 청해야 한다.

묵주기도를 너무 조급하고 빠르게 바치거나 우물우물 중얼거리는 것은 좋지 않다. 성스러운 기도문을 바칠 때는 각 구절마다 또박또박 떼어서 경건하게 바쳐야 한다. 정성을 다해 바치는 한 단은 경솔하게 수천 단을 바치는 것보다 훨씬 가치가 있다.

묵주기도가 끝나면 독생 성자의 부활로써 영원한 구원이 말씀하신 그대로 이루어지도록 하느님께 간절히 기도한다. 그리고 예수님의 성심과 성모님의 성심, 레지오의 주보 성인들에게 기도드린다.

레지오의 까떼나

까떼나(Catena)는 '고리, 연속'이란 뜻이다. 마리아가 예수님을 잉태하고 엘리사벳을 방문했을 때 읊은 찬미가이다.

"먼 동이 트이듯 나타나고, 달과 같이 아름답고 해와 같이 빛나며, 진을 친 군대처럼 두려운 저 여인은 누구실까?"

그분은 바로 성모님 군대의 총사령관이신 성모 마리아이시다.

주 예수 그리스도께 어머니이신 성모 마리아를 통하여 모든 은혜를 주시도록 간절히 기도하자.

마침기도

천주의 성모님에게 온전히 의탁하오니 항상 보살펴 달라고 간절히 기도한다. 성모님의 천상군단, 모든 천사들, 레지오 성인들에게 우리를 위한 기도를 부탁드린다. 세상에서 열심히 싸운 성모님의 군대는 한 사람도 빠짐없이 영광의 나라에서 다시 만날 수 있다는 큰 희망을 확고히 하는 믿음을 달라고 간구한다.

세상을 떠난 레지오 단원들과 죽은 모든 신자의 영혼이 평화의 안식을 누릴 수 있도록 기도한 후 사제의 강복으로 끝마친다. 사제가 불참일 때는 성호만 긋는다.

"성모님의 믿음은 모든 사람과 모든 천사의 믿음보다 뛰어나셨다. 성모님은 베들레헴의 마굿간에서 아드님을 보시고도 그분께서 이 세상의 창조주이심을 믿었다.

아드님께서 헤로데의 박해로부터 몸을 피하시는 것을 직접 목격하시면서도 그분께서 왕중의 왕이라는 믿음에는 조금도 흔들림이 없으셨다. 그 아드님께서 자신의 몸을 통해서 태어난 것을 아시면서도 그분께서 영원한 존재임을 믿으셨다. 아드님께서 짚더미 위에 누워 있는 모습을 보시고도 그분께서 바로 모든 권능을 지닌 분임을 믿으셨다. 한 마디 말씀조차 없으셨음에도 성모님은 그분께서 영원한 지혜 그 자체임을 믿으셨으며, 아드님의 울음소리를 들으시며 그분께서 바로 낙원의 기쁨임을 의심치 않으셨다. 그리고 마침내 십자가에 매달리시어 온갖 모욕을 당하며 돌아가실 때, 다른 모든 사람들은 믿음이 흔들렸지만 성모님은 아드님께서 하느님이라는 믿음을 조금도 주저하지 않으시고 굳건히 지키셨다."(성 알퐁소 리구오리 / St. Alphonsus Liguori)

* 구원의 기도에 관한 견해

"구원의 기도는 교황의 승인이 없는 기도이므로 교황청에서도 바치지 않고 있으며, 우리나라 천주교에서는 전에는 바쳤으나 가톨릭 기도서 개정 이후로는 공식적으로 바치지 않게 되어 새로운 가톨릭 기도서에도 구원의 기도가 들어 있지 않습니다. 레지오 마리애가 독립적으로 기도문을 편성할 수 없다는 기본 원칙에 따라서 레지오의 모든 공식 회합의 기도문에는 구원의 기도가 포함되지 않습니다."라고 적혀 있습니다.

이러한 표현들은 레지오 마리애 단원이 아닌 신자들에게 오해를 불러일으킬 수 있다고 봅니다. 따라서 가톨릭 기도서에 구원의 기도를 뺀 이유를 알려 드립니다.

'구원의 기도'는 특정한 신심단체에서 만들어 바치는 기도문이므로 공식 기도서에는 수록하지 않기로 했습니다. 그러나 이러한 결정은 '구원의 기도'를 하지 말라는 것이 아니라 신자들이 자유로이 할 수도 있고 하지 않을 수도 있다는 것입니다.

1998. 2. 11
한국 천주교 중앙 협의회
사무총장 김종수 신부

❖

　오 거룩하신 마리아, 당신은 힘없는 이를 도와주시는 분, 두려워하는 이에게 힘을 주시는 분, 슬퍼하는 이에게 위안을 주시는 분이십니다. 저희를 위해 기도해 주시고 저희 사제를 위해 간청해 주시고, 하느님께 서원한 여인들을 위해 중재해 주시옵소서. 이것을 지키는 모든 사람은 당신의 축일에 당신의 도움을 느끼게 될 것입니다.

제23장
레지오 기도문은 변경하지 못한다

 레지오 규율을 지켜야 한다고 강조하는 것은 희생을 요구하는 것이다. 레지오 기도문은 변경할 수 없다. 세계의 어느 한 지역일지라도 변경할 수 없고 교체나 추가할 수 없다.
 세계적으로 알려진 '묵주기도' 운동을 한 페이튼 신부는 "함께 기도하는 가정은 결코 흩어지지 않는다."고 하였다.
 온 세계에 거미줄같이 퍼져 있는 강력한 성모님의 군대가 하나의 기도문으로 일치될 때, 더욱 강해지고 위력은 발산된다. 일치는 성모님의 갈망이며 순명의 표지이다. 온 세계에서 하루 24시간, 수많은 단원들이 기도하고 있다.
 레지오의 정신은 레지오 기도문에 잘 나타나 있다. 조직은 5대양 6대주의 온 지구촌에 확산되어 있다.
 레지오는 그 고유의 지향에 따라 고유의 방법으로 기도하며 활동하고 있는데, 레지오는 특수 사도직 신심단체로서 레지오 공동체에 알맞은 기도문을 공용하고 있다. 레지오에서 가장 관심을 가지는 부분은 성모님과 일치이다. 관리와 운영에서도 규율을 떠나서는 안 된다.

기도문 역시 어느 나라 말로 바치든지 일치된 모습으로 같은 내용을 바쳐야 하며 레지오 깃발 아래 모여 봉사하는 모든 단원은 흐트러짐이 없이 일치된 모습으로 굳세게 주님의 나라 건설에 헌신하고 전진해야 한다.

여러 나라의 단원들이 기도문을 함께 바칠 때 기쁨이 한층 더해짐을 발견할 수 있다. 언어는 통하지 않지만 기도문의 내용을 충분히 음미할 수 있기에 그러한 기쁨을 느끼는 것이다.

모든 단원은 레지오 정신에 온전히 순명하기 위하여 레지오 대열에 합류했으며 그 정신에 합당한 활동을 열렬히 실천하고 있다.

레지오의 기도문은 절대 변경할 수 없는 것으로 여겨야 한다. 각 나라나 지방의 성인 또는 특별한 성인에 관련된 호칭기도일지라도 교체나 추가가 있어서는 안 된다. 그러한 교체나 추가가 거론될 여지가 있을 경우일지라도 마찬가지이다.

"사랑하는 주님, 제가 기도하는 바를 얻기 위해서 노력하는 은총을 주소서."(성 토마스 모어)

"여러분은 그리스도의 자녀들임과 동시에 로마의 자녀이다."(성 파트리치오)

❖

"마리아님, 저를 위해 기도해 주십시오.
당신은 저를 위해 저보다도 더 열심히 기도하며 구하여,
희망한 것보다도 훨씬 더 많은 은총을 받을 수가 있기 때문입니다."

제24장
레지오의 수호성인들

성모님의 군대는 성모님을 총사령관으로 모시고 있다. 레지오는 성모님의 군대로 조직된 군대이기에 성모님은 레지오의 수호성녀이다.

레지오는 여러분의 수호성인을 모시고 지상의 평화를 위해 기도하며 활동하고 있다. 레지오 기도문에 나오는 순서대로 한 분씩 간단히 소개한다.

성 요셉

성경에 "저 사람은 목수의 아들이 아닌가?"(마태 13,55)라는 말씀이 있다. 이것으로 보아 당시 유다인들은 예수님을 목수인 요셉의 아들로 생각한 것이 분명하다.

성가정의 보호자로 선택된 요셉은 자신의 본 직업인 목수로서 일생을 보내며 성자를 무난히 양육하였다. 따라서 예수께서도 30

년간의 나자렛의 사생활에서 목수일을 하시며 양아버지인 성 요셉을 도와드렸으리라는 것이 수긍이 간다. 레지오의 기도문에서 성 요셉의 이름이 예수 성심과 성모 성심에 더한 기도 다음에 나오는 것은 성 요셉이 하늘나라에서 성모님과 예수님 다음 자리에 있기 때문이다.

모든 성인 중에 가장 위대한 성인 성 요셉은 그리스도의 신비체와 이 신비체의 모친 마리아를 돕는 임무를 지금도 계속 수행하고 있다. 성 요셉은 교회의 존재와 활동, 곧 레지오의 존재와 활동을 떠받쳐 준다. 성 요셉의 돌보심은 어버이의 친애감 넘치는 표시이다. 성모님의 모성적 돌보심에 다음가는 영향력을 지닌다. 그래서 레지오는 이 점을 충실히 알고 감사해야 한다. 예수님과 성모님은 성 요셉을 항상 마음에 두고 계셨다. 마찬가지로 단원들도 성 요셉을 늘 정성을 다하여 모셔야 한다.

성 요셉의 축일은 3월 19일이다.

'복되신 동정 마리아의 배필', '근로자의 수호자'이신 성 요셉의 공식 축일은 5월 1일이다.

성 요한 사도

복음서에서 성 요한 사도를 '예수님께서 사랑하셨던 제자'라고 말씀한 것은 성심께 대한 신심의 모범으로 등장하기 때문이다.

성 요한의 상징은 독수리이다. 복음을 기록하면서 가장 중요한 사실이자 진리인 예수님의 신성(神聖)을 세 분의 복음사가(마태오, 마르코, 루카)보다 부각시켜서 기록했기 때문이다. 진리를 꿰뚫어 볼 줄 아는 성 요한의 예리한 시각을 다른 새보다 더 높이 나는 독수리에 비유한 것이다. 성 요한은 티 없이 깨끗하신 성모 성심께 대한 신심의 모범으로 등장했다. 그는 천사처럼 순결했기에 예수께서 하셨던 일을 대신 맡았으며, 성모님이 돌아가실 때까지 아들로서 사랑을 계속 바쳤다. 성 요한은 인류의 대표자였으며 하늘나라의 첫째 번 상속자였고 뒤에 올 모든 이의 모범이니, 레지오가 가장 친근한 신심을 드려야 하는 성인이다.

성 요한의 일생은 전부 '사랑'이라는 두 글자로 요약된다. 또한 사도요, 복음사가였으며 치명자의 영광을 누렸다.

성 요한의 축일은 12월 27일이다.

몽포르의 성 루도비코 마리아

성 루도비코는 1673년 1월 31일 몽포르의 '법률가들의 거리'에 있는 커다란 이층집에서 태어났으며 태어난 지 이틀 만에 성 요한 성당에서 세례를 받았다. 루도비코가 두서너 살 되었을 때 그의 아버지는 몽포르에서 1리그(league, 약 4.8킬로미터) 정도 떨어진 르브와 마르께에 농장 하나를 샀는데 이곳이 성엘로이 본당 구역이었으므로 성인은 자라면서 매일 미사에 참례할 수 있었다. 미사 시간에 늦지 않으려면 새벽에 일어나야만 했으나 그는 늦게 일어나거나 게으름을 피운 적이 없었다.

 루도비코는 어려서부터 성모님에 대해 특별한 신심을 가지고 있었다. 그는 성모님의 성화나 성상만 보아도 기뻐서 어쩔 줄을 몰랐다. 성모님의 성화 앞에서 무릎을 꿇은 채 한두 시간 기도하는 모습이 여러 사람에게 목격되었다. 그에게는 자신을 낳아 주고 키워 준 어머니보다도 성모님이 더욱더 가까웠던 것 같다.

 성모님은 늘 소년과 이야기를 나누고 위로하며 영감을 주셨고, 또 그는 언제나 성모님을 만날 수 있었다. 그래서 그는 견진성사 때 성모님의 이름을 세례명에 덧붙이기로 했다. '루도비코 마리아' 이것이 그의 이름이었다.

 루도비코가 존경했던 삼촌의 말에 따르면 항상 마리아께 의지하는 루도비코 마리아는 아담의 죄에 물들지 않았다고 생각될 정도로 악을 두려워하고 덕을 지향하려는 청년으로 성장했다고 한다. 그는 어린아이들이 즐거워하고 호기심을 일으키는 것들에 전혀 관심이 없는 것 같았다. 루도비코의 마음에는 오직 '하느님만이'라는 말 마디가 새겨져 있을 뿐이었다.

 천재라고 생각될 정도로 머리가 좋은 학생이었던 그는 열두 살 때 렌느에 있는 '성토마스 아 베케' 대학에 들어갔다. 예수회에서 운영하는 이 대학에 수사학 교수인 질베르 신부는 루도비코에게 선교사가 되겠다는 소망을 심어 주었다.

 그는 성소베르 성당의 성상 가까이에서 기도하면서 자신이 사제가 되기를 성모님이 원하신다고 확신하게 되었다. '성슐피스'

대신학교의 완벽한 지망생으로 입학한 루도비코는 모든 면에서 동료 신학생들과 달랐다. 그들은 루도비코가 성자인지 아니면 성자인 척 하는지 알 수가 없었다. 어쨌든 그는 분명 그들과는 달랐다. 그는 훗날 빛나는 백조로 변신할 한 마리의 미운 오리새끼였다.

마리아를 사랑하는 루도비코의 마음은 남달랐다. 그 당시 어느 누구라도 이토록 공개적으로, 이토록 완전하게, 이토록 열렬하게 마리아의 종이 될 수는 없었다. 어느 누구도 마리아를 그토록 어린아이답게 신뢰하지는 못했다.

그렇지만 루도비코와 가장 가까웠던 이들까지도 그가 동정녀를 사랑한 것 이상으로 하느님을 사랑했다는 사실을 알지 못했거나 의심했다.

그들은 마리아를 사랑한 근본 이유가 마리아 자신이 그를 영원한 지혜에 좀더 가까이 다가가게 했기 때문이라는 생각을 하지 못했다. 그는 마리아에 관한 것을 쓸 때 하느님 아버지와 아들, 그리고 성령을 빼놓지 않았다.

1700년 6월 5일 성령강림 후 사제의 재일에 그는 사제가 되었다. 서품 주교는 루도비코가 사랑하고 존경했던 사람으로 페르피그낭의 주교인 '바장 드 플라망비'였다. 그는 이날도 하루 종일 성체 앞에서 무릎을 꿇고 있었다. 첫 미사를 위해서 그는 며칠 동안이나 자신을 준비했다. 이 기념할 만한 미사 봉헌을 위해서는 성슐피스 신학교 성당의 성모 소성당에 있는 제단만큼 좋은 곳이 없었을 것이다. 참사원 블렝은 이 미사에 참례한 몇 사람 중의 하나였다. 그는 이렇게 적고 있다.

"나는 루도비코 옆에 서 있었는데, 그에게서 천사를 보았다… 그의 천사 같은 모습에 놀란 사람은 나만이 아니었다."

루도비코는 선교와 기도와 학업에 열중하면서 선교사가 될 준비를 했다. 유명한 선교사들의 전기를 읽고 강론 내용을 기록하며 시를 지었으나 그는 선교사의 꿈을 처음부터 실현시킬 수는 없었다.

신학교의 장상들은 그가 신학교에 남아 있을 것을 권유했으며 루도비코는 불평 없이 그 지시에 따랐다. 그는 장상들이 사명을 내려 주기를 기다리며, 성당을 관리하고, 어린 불량배들에게 진리와 생명을 가르쳤다. 또 공부하고, 글을 쓰고, 고행하면서 지혜와 은총 안에서 매일같이 자질구레한 일을 처리해 갔다. 그에게 선교사가 되고자 하는 성스러운 꿈이 실현될 결정이 내려지기까지는 3개월이 걸렸다.

그는 낭트에서 레베끄 신부가 조직한 성클레멘스의 공동체에서 선교활동을 시작했다. 그러면서 그는 항상 두 가지 열망 속에서 괴로워했다. 그는 홀로 사색하기를 원했고, 죄인들을 위해 일하면서 마리아께 대한 신심을 전파하고 싶었다.

루도비코는 폰뜨브로 대수도원에서 기적을 행했다고 전해진다. 대수도원의 성당에서 미사를 마치고 성당을 더나려 했을 때 맹인과 마주치게 되었는데 순간 루도비코는 맹인에게 세상의 모든 만물을 보고 싶으냐고 물었다. 놀랍기도 하고 어리둥절하기도 한 그 사람은 물론 볼 수 있으면 좋겠다고 대답했다.

루도비코는 즉시 맹인의 눈에 성수로 적신 자기의 손가락을 갖다 댔다. 순간 그 맹인은 보게 되었다.

루도비코는 쁘와띠에르에 있는 종합병원에서 원목사제로 일하면서 그 도시에서 가장 비참한 사람들, 즉 환자, 불구자, 맹인, 고령자, 자포자기한 사람들, 그리고 타락한 가난한 사람들과 함께 생활했다.

수없이 많은 곳에서 선교활동을 벌이면서 루도비코는 때때로 병원에서, 마을에서, 또 교구에서 쫓겨나기도 했으며 어떤 교구에서는 사제의 권한을 박탈하기도 했다. 그러나 우리는 이 성인을 결코 과소평가해서는 안 된다.

성 루도비코는 저서 「복되신 동정 마리아께 대한 참된 신심」에서 다음과 같이 미리 예견하기도 했다.

"나는 성령의 도움으로 이 책을 쓰고 있지만 머지않아 분노에 찬 악마들이 이 작은 책을 이로 물어뜯고 으르렁거리면서 미쳐 날뛸 것을 잘 알고 있다. 적어도 그 악마들은 이 작은 책을 세상의 빛을 못 보도록 어두운 구석이나 궤짝 깊은 곳에 처박아 두게 하고 더욱이 이것을 읽고 행동으로 실천하는 사람들을 붙잡아 박해할 것이다."(「복되신 동정 마리아께 대한 참된 신심」 1권 114항)

그는 고아와도 같은 두 개의 아주 작은 수도회를 남겨 놓았다. '지혜의 딸들'과 '마리아의 단체'가 그것이다. 이 두 수도회는 그 후 크게 번창하여 프랑스 혁명 같은 위기에 직면했을 때는 사제 아홉 명과 평신도 수사 두 명의 순교자를 배출해 냈다. '지혜의 딸들'은 수적으로 많이 증가했고, 또 오늘날 '마리아의 단체'라고 불리는 루도비코 선교사들도 전세계에서 일하는 선교사들이 되었다. 그리고 '성가브리엘의 형제회'라고 알려져 있는 세계적인 교육 수사회는 몽포르의 성 루도비코를 영성적인 아버지로 받들고 있다.

그는 1838년에 그레고리오 16세 교황이 '가경자(可敬者)'로 선언했으며, 1888년 1월 22일 레오 13세 교황이 시복했고, 1947년 7월 20일 비오 12세 교황이 시성했다. 축일은 4월 28일이다.

성 미카엘 대천사

성 미카엘은 성 라파엘과 성 가브리엘처럼 성경에 나타난 3대 천사 중의 한 분이다. 이 3대 천사는 각각 그 임무가 다르다. 라파엘 대천사는 구약시대의 의인 도비아의 아들 소 도비아를 긴 여행에서 보호하기 위하여 파견되었으며, 가브리엘 대천사는 성 요한 세례자의 탄생을 그 아버지 즈가리야에게, 또 동정 마리아에게 구세주의 어머니가 될 것을 알리기 위해 파견되었으며, 미카엘 대천사는 주로 악마를 축출하는 임무를 가진 것으로 구약과 신약의 도처에서 나타난다. 예컨데 사탄 루치펠이 하느님께 대반역을 일으켰을 때에 '미·카·엘' 즉 "하느님같이 구는 자가 누구냐?"라고 소리치며 그 악마의 무리들을 모조리 지옥으로 쫓아내고 악마에게 시달리는 사람들을 구해 주었던 것이다.

요한 묵시록에는 이렇게 기록되어 있다.

"그때에 하늘에서 전쟁이 벌어졌습니다. 미카엘과 그의 천사들이 용과 싸운 것입니다. 용과 그의 부하들도 맞서 싸웠지만 당해내지 못하여, 하늘에는 더 이상 그들을 위한 자리가 없었습니다. 그리하여 그 큰 용, 그 옛날의 뱀, 악마라고도 하고 사탄이라고도 하는 자, 온 세계를 속이던 그자가 떨어졌습니다. 그가 땅으로 떨어졌습니다. 그의 부하들도 그와 함께 떨어졌습니다."(묵시 12,7-9)

이와 같이 미카엘은 어둠의 위력에 대하여 위대한 권능을 가졌으므로 교회에서는 마귀를 물리치기 위한 기도 중에 반드시 그의 도움을 구하는 것이다. 미사 끝에 외우는 세 가지 기도문 중에 "당신은 천국 모든 신을 총령하시는 자이니 세상을 두루 다니며 영혼을 삼키려는 사탄과 다른 악신의 무리를 천주의 힘으로 인하여 지옥으로 쫓아 몰으소서."라는 미카엘에게 바치는 기도가 있다. 미술가들이 미카엘 대천사를 그리거나 조각할 때 발에 밟힌 악마를 칼로 찌르는 형상으로 하는 것은 이러한 의미에서이다.

미카엘 대천사의 사명은 그것만이 아니다. 그는 하느님의 뜻에 따라 유다뿐 아니라 여러 나라의 수호천사로 선택되었다.

"보라, 내가 너희 앞에 천사를 보내어, 길에서 너희를 지키고 내가 마련한 곳으로 너희를 데려가게 하겠다. 너희는 그 앞에서 조심하고 그의 말을 들어라. 그가 너희 죄를 용서하지 않으리니, 그를 거역하지 마라… 너희가 그의 말을 잘 들어 내가 일러 준 것을 모두 실행하면, 나는 너희 원수들을 나의 원수로 삼고, 너희의 적들을 나의 적으로 삼겠다."(탈출 23,20-22)

이는 선택된 유다 민족에 대한 하느님의 말씀으로 여기에서 '천사'는 곧 미카엘 대천사를 가르키는 것이다. 그 증거로 다니엘 예언자가 다른 많은 유다인들과 같이 포로가 되어 페르시아에 잡혀갔을 때, 빨리 고국에 돌아가게 해달라고 하느님께 간구하니, 어느 날 제2위 천사가 나타나 그의 기도가 허락되었음을 고하며 말했다.

"나는 이제 돌아가서 페르시아의 제후 천사와 싸워야 한다. 내가 그 일을 마치면 그리스의 제후 천사가 올 것이다. 이제 나는 진리의 책에 적힌 것을 너에게 일러 주려고 한다. 너희의 제후 천사 미카엘 말고는 나를 도와 그들을 대적할 이가 없다."(다니 10,20-21)

구약시대의 간택된 백성인 유다 민족은 신약시대에 유일한 가톨릭의 전표(前表)요 상징이었다. 그러므로 교회가 성립되자 옛 유다 민족의 수호자였던 미카엘은 이제 초자연적 간택민인 모든 교회 신자의 수호자가 된 것이다.

전설에 따르면 5세기 말경 젤라시오 1세 교황 때에 남부 이탈리아의 아쁘리아주의 갈가노라는 작은 산에 미카엘 대천사가 발현하여 이 자리에 성당을 세우도록 권하였다고 한다. 그 후 이 말씀에 따라 건립되어 미카엘 대천사에게 봉헌된 성당에는 참배하러 오는 순례자가 사방에서 모여들어 그의 전구를 기도했으며, 특히 중세기에는 그 순례자들이 가장 많았다고 한다.

그런데 성 미카엘 대천사의 발현은 그때, 그 지방에 국한된 일이 아니다. 구약성경을 보더라도 하느님의 선택된 백성을 보호하기 위하여 그가 발현한 사실이 기재되어 있고, 신약에 와서도 그의 중요한 발현이 세 번 있었다.

첫번째는 위에서 말한 갈가노 산의 발현, 두 번째는 비잔틴에서 콘스탄틴 대왕의 발현, 세 번째는 로마에 있는 천사성의 발현이다.

이와 같이 하느님께서 천사를 이 세상에 보내시는 이유는 여러 가지가 있겠으나 우선 첫째 이유는 당신의 뜻을 사람들에게 전하시려는 것인데, 예컨대 가브리엘 대천사가 성모 마리아와 즈가리야에게 나타난 것과 같은 발현이다.

성 미카엘의 발현은 이와는 다소 다르겠지만, 보통은 그 초월한 영적 힘으로써 사람들을 악마의 손아귀에서 보호하며 그에 대한 우리의 신뢰를 두텁게 하는 것을 목적으로 하고 있다.

성 가브리엘 대천사

어떤 기도서에는 성 미카엘과 성 가브리엘을 천상 군대의 용사, 우두머리, 통솔자, 천사들의 대장, 하느님의 영광을 위한 시종, 인간의 수호자, 인도자로 칭송하고 있다.

성 가브리엘은 성모님에게 예수님의 잉태를 알린 천사이며 성삼위께서 축복하는 말씀을 마리아께 전달하였고, 삼위일체의 신비를 처음으로 인간에게 가르쳐 주었다. 또한 성 가브리엘은 성자의 강림을 선언했고, 성모의 원죄에 물듦이 없는 잉태를 선포했다.

말하자면, 성 가브리엘은 로사리오의 첫번째 신비를 읊었던 분이다. 성 가브리엘은 성모님을 수호하는 천사로 알고 있다. 아담의 후손 가운데 유일하게 원죄 없이 태어난 분에게 그런 지정된 도움이 필요했다는 것은 기묘한 일이다.

신약의 가브리엘은 하느님의 전사로서 세례자 요한의 출생을 알리기 위해 즈카리야에게 파견된다. "나는 하느님을 모시는 가브리엘인데, 너에게 이야기하여 이 기쁜 소식을 전하라고 파견되었다."(루카 1,19)라고 말하면서 자신을 소개했다.

일상생활에서 거룩한 대천사 가브리엘은 우리와 가장 가까이 있다. 그의 입에서 나온 성모송으로 우리는 아침, 점심, 저녁때마다 기도하고 있기 때문이다. 또 그는 주님의 탄생을 예고한 천사이다. 그는 우리에게 하느님의 신비스러운 의향을 전해 주는데 그런 까닭에 전령과 우편과 방송의 수호성인이다. 그러나 우리는 그를 오히려 그리스도인의 포교와 그의 사도들의 수호성인으로서 더 존경할 수 있다.

성 가브리엘의 축일은 9월 29일이다.

성모님의 천상 군대인 모든 천사들

"레지나 안젤로룸(Regina Angelorum)! 곧 천사들의 모후! 우리의 어머니이신 성모님이 천사들의 군대에 둘러싸여 늘 호휘를 받고 있다고 생각하면 얼마나 황홀한 일이며 얼마나 기쁨에 찬 하늘나라의 광경인가!"(성 요한 23세)

맨 처음부터, 레지오 기도문에는 천사들의 도움을 바라는 다음과 같은 호소가 있었다.

"대천사 성 미카엘, 우리를 위하여 빌어 주소서.
우리의 거룩한 수호천사들이여, 우리를 위하여 빌어 주소서."

이 기도문을 통하여 레지오는 바른길로 인도를 받았다고 생각하지 않으면 안 된다. 왜냐하면 당시로서는 천사들이 레지오에 대하여 가지는 밀접한 관계가 지금처럼 뚜렷이 밝혀지지 않았으나 시간이 지나감에 따라 천사들에게 의지하는 것이 얼마만큼 필요한가를 명백하게 깨달을 수 있게 되었기 때문이다. 천사들이 바로 하늘나라에 있는 레지오의 동맹군이고 이들 동맹군은 각기 다른 면을 지니고 있다. 레지오 단원, 곧 각 단원이나 협조단원에게는 바로 곁에서 싸움을 거들어 주고 있는 수호천사가 있는 것이다. 레지오가 활동 대상으로 삼는 사람들까지도 수호천사가 도와주고 있다.

이 천상 군단의 축일은 10월 2일이다.

'필란젤리'(Philangeli)라고 부르는 단체가 있다. 이 단체는 천사에 관한 지식과 천사들에 대한 신심을 보급하는 사업을 하는데, 본부는 영국의 미들섹스군 하로우 웰드시(129 Spencer Road, Harrow, Weald, Middlesex, HA3 7BJ, England)에 소재하고 있다.

성 요한 세자

"이 아기가 대체 무엇이 될 것인가? 하고 말하였다."(루카 1,66)

성 요한 세자는 모든 레지오 단원의 모범이다. 곧 성인은 자신의 사명을 다하기 위하여 꺾이지 않는 굳센 힘과 신심을 지니고 나아갔던 이들의 모범이었다. 그분은 그 사경을 위하여 목숨을 바칠 각오가 되어 있었으며 끝내 목숨을 바쳤다.

더구나 성 요한 세자는 그 맡은 바 사명을 다하도록 성모님이 친히 보살피셨던 분이다. 이는 레지오 단원의 경우와도 마찬가지이다.

성 암브로시오는, 성모님이 상당한 기간 엘리사벳과 함께 머무르셨던 목적은 그 어린 대예언자를 가꾸고 사명을 정해 주시기 위한 것이었다고 선언하였다. 성모님이 성 요한 세자를 가꾸셨던 순간은, 우리의 중심이 되는 기도요 매일 의무적으로 바치게 되어 있는 까떼나에서 축복하고 있다.

성모님이 엘리사벳을 방문하셨던 이야기는 우리의 중개자로서 성모님의 권능을 처음으로 보여 주신 것이며, 성 요한 세자는 그 첫번째 수혜자이다. 그러므로 이는 성 요한 세자가 태중에서부터 레지오 단원들의 특별한 수호자요, 모든 레지오의 접촉 활동, 모든 형태의 방문 활동, 그리고 사실상 모든 레지오의 활동에 대한 특별한 수호자였음을 드러낸 것이다.

예수님과 성모님을 모신 성 요한 세자의 특별한 정성을 단원들은 깨달아야 한다.

그의 탄생 축일은 6월 24일이고 참수 축일은 8월 29일이다.

성 베드로

사도들의 으뜸인 성 베드로는 사도직 단체의 탁월한 수호자이다. 그분은 초대 교황이었고, 아울러 역대 교황으로부터 현 교황에 이르기까지의 빛나는 계보를 대표한다.

우리는 성 베드로에 대한 호칭기도를 바침으로써 믿음의 중심지요, 권위와 규율 및 통일성의 원천인 로마 교황에 대한 레지오의 충성심을 다시금 드러낸다.

성 베드로의 축일은 6월 29일이다.

"나 또한 너에게 말한다. 너는 베드로이다. 내가 이 반석 위에 내 교회를 세울 터인즉, 저승의 세력도 그것을 이기지 못할 것이다. 또 나는 너에게 하늘 나라의 열쇠를 주겠다. 그러니 네가 무엇이든지 땅에서 매면 하늘에서도 매일 것이고, 네가 무엇이든지 땅에서 풀면 하늘에서도 풀릴 것이다."(마태 16,18-19)

성 바오로

다른 사람들을 설복하고자 하는 이는 바다처럼 크고 넓어야 한다. 세상을 회개시키려는 이는 세상보다 위대해야 한다. 하늘에서 내려온 빛이 갑자기 그를 에워쌌던 그날부터 바오로는 바로 그런 분이 되었다. 그때 그 빛이 영혼 속으로 꿰뚫고 들어가 그리스도의 이름과 믿음으로 세상을 가득 채우려는 열망이 그 마음 속에서 불타도록 만들었다.

'이방인의 사도'라는 이름은 그의 업적을 그대로 드러낸다. 그는 사형 집행자의 칼이 그의 굽힐 줄 모르는 영혼을 하느님께로 보냈던 순간까지 지칠 줄 모르는 활동을 했다. 그가 떠난 뒤에도 그가 썼던 서간은 그의 사명을 지속시키기 우하여 살아 남았으며 또한 영원히 살아 남을 것이다.

교회는 기도문에서 성 바오로를 성 베드로와 결부시키는 것을 관례로 하고 있는데, 이는 참으로 칭찬할 만한 일이며, 또한 마땅한 일이기도 하다. 왜냐하면 이 위대한 두 사도가 다같이 순교를 함으로써 로마를 축성했기 때문이다.

교회는 이 두 분에 대한 축일을 같은 날인 6월 29일에 지낸다.
"여러분도 상을 받을 수 있도록 달리십시오."(1코린 9,24)

바오로 사도는 썩어 없어질 일시적인 상이 아니라 영원한 상을 받기 위해 달렸다.

제25장
레지오의 그림

교본의 표지에는 레지오의 그림 사본이 나타나 있다. 아일랜드 더블린의 한 젊은 화가가 레지오를 위하여 아름답고 영감이 넘친 그림을 그렸다.

성모님이 예수님의 탄생에 동의함으로써 '하느님의 어머니', '은총의 모친'이 되었던 순간을 찬미하는 그림이다. 단원들이 성모님과 일치하여 묵주기도를 바치는 내용이다. 바로 "묵주기도를 바치는 한 군단만 있으면 나는 세계를 정복할 수 있을 것이다."라고 말씀하신 비오 9세 교황의 뜻을 마음에 새긴 것이다.

이 그림에는 성령강림이 암시되어 있다. 성령께서는 땅의 얼굴을 새롭게 하려는 사도적 정열로 교회를 가득 채움으로써 볼 수 있는 교회가 되게 하여 온 세계에 선포하셨다. 성모님이 없이는 저 정열의 불길이 사람들의 마음속에 일어나지 않았을 것이다.

그림에 나타난 성모님의 초상은 까떼나의 첫머리 송가와 잘 어울린다. 성모님의 이마에 그려진 빛나는 별은 당신이 참된 샛별,

곧 구원의 은총이라는 첫 햇살로 온몸을 씻으시고 구원의 새벽을 알리는 별을 의미한다.

마니피캇(마리아의 노래)의 첫 구절 "내 영혼이 주님을 찬송하며"는 당신의 마음속에 간직하고 있는 생각이다. 이 마니피캇은 성모님의 겸손이 거둔 승리를 노래한 것이다. 나자렛의 겸손한 동정녀에게 의지하여 세상을 정복하려는 하느님의 뜻은 지금도 그때와 같다. 성모님이 뱀의 머리를 부수는 모습도 있는데 그것은 악마의 세력과 교만을 밟고 있다는 뜻이다.

까떼나의 기도는 성모님의 기도이다. 레지오의 마침기도는 그림의 각 선으로 표상되어 있다. 무수한 사람들이 전투대열을 갖추고 있는 그림이다. 그들의 오른손에는 십자가, 왼손에는 묵주, 마음속에는 예수님과 성모님의 거룩한 이름, 그리고 그 행동에는 그리스도의 양순함과 고행, 극기가 나타나 있다.

그림을 보면서 성모님을 따라가야 한다. 단가의 행진곡에 발을 맞추어 힘차게 걸어나가야 한다. 성모님의 보호 아래 단원들은 승리할 수 있다. 오직 승리만이 레지오의 싸움이다. 레지오의 깃발은 승리의 깃발이다.

레지오 그림을 묵상하노라면 심장 가운데서 신심의 불꽃이 솟아남을 체험할 수 있다. 마음이 평안함을 느낀다. 레지오 대열에 나 자신이 서게 됨을 감사하게 된다. 성모님의 얼굴이 떠오른다. 레지오 동료들이 생각난다. 성모님의 승리가 다가왔음을 느낄 수 있다.

레지오의 그림은 눈으로 볼 수 있는 레지오의 기도문이다. 표지 그림 둘레의 사슬 속에 들어 있는 문장은 네 가지이다.

① Inimicitias ponam inter te et Mulierem et semen tuum et semen illius Ipsa conteret caput tuum: "나는 너를 여자와 원수가 되게 하리라. 네 후손을 여자의 후손과 원수가 되게 하리라. 너는 그 발꿈치를 물려고 하다가 도리어 여자의 후손에게 머리를 밟히리라."(창세 3,15)

② Beata Quae Credidisti: "믿으셨으니 정녕 복되십니다."(루카 1, 45).

③ Mulier Ecce Filius Tuus: "여인이시여, 이 사람이 어머니의 아들입니다."(요한 19,26)

④ Ecce Mater Tua: "이분이 네 어머니시다."(요한 19,27)

레지오 그림은 1928년 11월 4일 당시 더블린에 사는 종교 건축가이면서 색유리 전문가인 허버트 멕골드릭이 기증한 작품이다.

영적인 작품인 이 그림은 수많은 단원들이 레지오 깃대를 들고 악의 세력을 짓밟으면서 용맹무쌍하게 영가를 부르며 행군하는 모습이 참으로 성스럽고 인상적이다. 동료이며 하늘나라의 군인인 많은 천사들의 보호와 성령의 감미로운 은총 속에 총사령관이신 성모님을 모시고 만세를 부르며 행군한다.

레지오 군단의 발 아래 무참히 넘어지고 전멸되는 것은 사악, 마귀, 세속, 타락한 본성, 교만, 나태, 불충성의 마음들이다. 오른손에 십자가, 왼손에 묵주를 들고 그분을 바라보며 행군한다.

이 그림은 영혼이 깨끗한 사람들이 춤추며 찬미하면서 활보하는 아름다운 작품이다. 단원임을 새롭게 깨우쳐 주고 긍지를 갖도록 하는 위력을 품고 있다. 성모님의 은총을 마음으로 느낄 수 있다. 그래서 단원들은 레지오 그림을 하루에도 몇 번씩 감상하고 묵상하면서 살아야 한다.

"나는 누구인가?"를 반문하면서 결코 혼자가 아님을 알아야 한다. 단원들은 성모님의 손을 잡고 성모님과 함께 온 세상을 정복해야 한다. 그림을 보면서 믿음의 정신으로 성모님을 따라 승리의 길로 나아가야 한다.

"구약성경에는 주님께서 당신 백성을 이집트에서 구출하여 약속의 땅으로 인도하시는데 '낮낮에는 구름 기둥이, 밤에는 불기둥이'(탈출 13,22) 인도하셨다는 말씀이 있다.

때로는 구름으로 때로는 불로 변하는 신비로운 기둥은 성모님의 모습이었으며, 성모님께서 우리를 위하여 수행하시는 여러 가지 임무를 말해 주는 것이었다."(성 알퐁소 마리아 데 리구오리/St. Alphonsus Liguori)

제26장
뗏세라

레지오의 모든 행동단원과 협조단원은 뗏세라(Tessera)를 항상 몸에 소지하고 있어야 한다.

뗏세라는 라틴어로 친구들끼리 나누어 가졌던 증표 또는 비표를 가리키는 말이다. 군사적으로는 암호를 적어서 돌렸던 네모난 표찰을 가리켰다.

뗏세라는 다음과 같은 뜻이 들어 있다.

첫째, 뗏세라는 세계 레지오 단원들 모두에게 통용되며 단원들의 신분증과도 같은 것이다. 세계 어느 나라에 가서도 비록 말은 통하지 않더라도 뗏세라를 들고 교회에 가면 단원들이 환영하게 된다. 그것은 세계의 단원들이 공용하고 있기 때문이다. 뗏세라의 모양도 같고 그림도 같으며 모든 것이 같다. 다만 기도문만 그 나라 문자로 표현되어 있다.

둘째, 레지오의 참된 암호인 기도문을 표시했다는 점이다. 기도문은 변경할 수 없다. 그래서 세계 여러 나라에 가서 보면 기도문의 내용은 그대로 하고 문자만 그들이 늘 사용하는 문자로 해석해서 사용하고 있다.

셋째, 모든 단원들 사이의 일치와 친밀감을 나타내는 표찰이라는 뜻을 드러내고 있다. 외국에 가면 실감하게 된다. 즉 그곳 교회에 가서 주회합을 참관해 보면 모든 단원은 일치되고 성모님의 군대는 하나란 것을 피부로 느낄 수 있다. 뗏세라를 들고 다녀도 찾아와서 반갑게 인사하는 것을 보면 단원들의 일치와 친밀감이 놀라울 정도로 드러나고 있다. 이것이 바로 레지오로 하여금 긍지를 갖게 하고 기도하며 활동하는 데에 활력소가 된다.

레지오에서는 라틴 말 용어를 십여 개 정도 사용하고 있는데 세계 어디서나 그대로 사용하고, 레지오 용어답게 뿌리를 내리고 있다. 이것은 레지오 대열을 튼튼히 하는 데 기여하고 있다. 처음에는 약간 어색하지만 시간이 갈수록 특색 있는 표현으로 익숙해진다. 그래서 레지오는 단결하고 일치하며 위력을 발산하고 있다.

단원들은 서로 격려하며 우리의 기도와 정성, 우리의 갈망을 한데 결합시키도록 해야 한다. 분열되고 흩어지면 미약해진다.

하루에 몇 번이라도 뗏세라 기도문을 바쳐야 한다. 그리고 일어서야 한다. 세계의 모든 단원이 줄지어 기도를 바친다는 성스러운 사실을 되새기며 힘차게 바쳐야 한다.

뗏세라는 레지오를 살리는 생명수이다. 심장의 피와 같은 것이다.

세계의 모든 행동단원들이나 협조단원들이 매일 같은 목적을 위해 같은 모습으로, 같은 사령관을 모시고, 같은 군대에 소속되어 생기가 넘치는 용맹스런 자세로 기도하고 있다. 참으로 기쁘고 희망찬 영원한 군대임에 틀림없다. 이 아름다운 뗏세라는 하느님의 평화 속에 살려고 하는 당신의 군인들이 몸에 소지하고 다닌다. 이것은 바로 한 군대에 소속되어 있다는 증표이다. 또한 군대끼리 서로 식별하고 격려하는 표시가 된다.

단원들에게 뗏세라는 긍지와 보람을 갖게 한다. 기도문을 봉독할 수 없는 경우라도 그림을 보면, 내 자신이 누구인가를 확인시켜 준다. 지금 나의 자세를 새롭게 정리하는 훈시를 준다.

세계 성지순례 때 뗏세라를 들고 다니면 수많은 단원들이 비록 대화는 통하지 않지만 아주 반가워하고, 형제적 사랑의 표시를 해준다.

5대양 6대주의 피부 색깔이 다른 단원들이지만 뗏세라는 한 형제로 금방 변화시키고 만다. 성모님이 서로의 손을 연결시켜 주시기 때문이다. 온 세계의 레지오는 오직 성모님의 군대이기 때문이다. 바로 이러한 체험을 통해 성모님에게 감사하는 마음은 끝이 없게 된다.

레지오는 세계를 정복할 수 있다. 뗏세라를 항상 몸에 소지하게 하는 것은 대단히 고무적인 지시이다.

단원들은 누구나 체험할 수 있듯이 뗏세라를 몸에 소지할 때와, 소지하지 않을 때 엄청나게 차이가 있다.

뗏세라를 소지하지 않은 경우에는 무언가 맥이 빠지고 영성적인 태도가 매말라 버리는 것 같다. 분명한 단원의 신분임이 의식되지 않는 듯 하다.

뗏세라를 몸에 소지하면 기쁨, 희망의 자세가 된다. 성모님의 생각에 하루를 보내고 싶은 감미로운 분위기에 젖는다.

이것이 바로 뗏세라의 위력이다. 훌륭한 군대는 일치하고 충성심이 강하다. 성모님의 군대는 승리할 수 있는 모든 것을 갖추고 있다. 아름다운 하늘나라의 동맹군인 레지오 단원들은 항상 뗏세라를 손에서 놓아서는 안 된다.

뗏세라와 함께 살아가는 단원의 모습이 얼마나 아름다운가!

"이 험한 세상을 함께 살아가는 나그네인 우리 모두는 너무 나약하기 때문에 도중에 쓰러지지 않도록 서로서로 형제들의 팔을 붙들어 주어야 한다. 하느님께서는 우리가 구원과 은총을 얻기 위하여 모두 하나로 뭉칠 것을 특별히 요구하신다. 기도는 우리 모두의 마음과 목소리를 하나 되게 해준다. 우리가 한 덩어리가 되어 바치는 기도 속에 우리의 힘이 들어 있고, 그 힘은 막강하여 아무도 우리를 당해 낼 수 없게 된다. 그러므로 어서 우리의 기도와 노력과 소망을 한데 뭉치도록 서두르자. 이 모두는 각기 스스로의 힘을 지니고 있긴 하지만, 서로 뭉쳐 하나가 될 때 누구도 당해 낼 수 없는 더욱 강력한 힘이 될 것이다."(라미에르/Ramiere)

제27장
레지오의 벡실리움

 레지오의 벡실리움(Vexillum Legionis)은 레지오의 단기이다. 로마 군대의 군기를 본따서 만든 것이다. 레지오 단기는 단원들에게 단원의 정신으로 살 수 있도록 힘을 준다. 또 단기는 단원을 일치와 용맹스런 자세로 결집하고 마귀와 세속의 불순 세력과 싸워 승리할 위력을 솟구치게 한다.

 레지오에서는 각종 행사에 단기를 들고 모인다. 성모님에게 봉헌을 다짐하면서 충성스런 군대의 기상을 단기를 바라볼 때마다 되새기고 있다. 온 세상을 정복하는 군대로 조직되고 활동하기 위해서는 큰 힘이 필요한데 단기가 단원들에게 위안과 용기를 북돋워 준다.

 벡실리움! 레지오의 찬란한 기상이다. 벡실리움 앞에서는 오직 레지오의 승리가 약속될 뿐이다. 성모님의 깃발! 벡실리움이 온 세상의 산과 들, 가가호호, 모든 공공기관에 펄럭일 때 성모님은 얼마나 기쁘시겠는가? 이 성업에 착수한 지 오래이다. 벡실리움의 깃대를 들고 만세를 부르자! 성모님의 만세를 부르자!

벡실리움

군기의 위쪽에 놓여 있는 독수리는 성령의 상징인 비둘기로 바뀌었다. 비둘기 밑에는 "Legio Mariae"(레지오 마리애)라고 쓴 표찰이 있다. 이 표찰과 깃대 사이에는 성모님의 원죄 없으신 잉태를 표상하는 성상(기적의 패)이 들어 있는 타원형 패가 있다(그 위쪽은 장미와 백합으로 표찰에 이어져 있음). 깃대는 지구공 위에 꽂혀 있으며, 이 지구공의 아래에는 탁자 위에 세울 수 있도록 네모진 받침대가 붙어 있다. 단기의 전체 구도는 성령께서 마리아와 그 자녀들을 통하여 활동하심으로써 전세계를 차지하고자 하심을 나타내고 있다.

1) 레지오의 공식 용지에는 벡실리움의 표상이 나타나야 한다.
2) 레지오 모임 때는 탁자 위에 벡실리움의 표상이 나타나야 한다. 그 위치는 성모상의 앞쪽으로 약 6인치(15cm), 오른쪽으로 약 6인치(15cm)가 된다. 탁자 위에 놓은 벡실리움 모형은 그 높이가 받침대를 포함하여 12¾인치(32cm)로 하는 것이 관례이다. 금속과 마노석(onyx)으로 만든 벡실리움 모형은 꼰칠리움에서 구할 수가 있다(참고: 한국 세나뚜스에서도 구할 수 있음). 탁자 벡실리움 제작권은 꼰칠리움의 허가를 받아야만 만들 수 있다.
3) 벡실리움의 큰 모형은 행렬이나 아치에스 때 사용한다. 이

단기는 높이가 약 6피트 반(2미터)이어야 하며, 그 중에서 지구공 아래로 약 2피트(60센티)가 나오도록 한다. 이 단기는 아치에스 때 세워 놓고 가지고 다니지 않을 때는 받침대(단기의 일부가 아님)에 고정시킨다.

The Vexillum of the Legion of Mary incorporates the Miraculous Medal.

쁘레시디움 단기와 평의회 단기

1) 각 쁘레시디움 단기와 각급 평의회 단기는 레지오 행사 때에 이용하는 것이 상례이다.
2) 쁘레시디움의 단기 규격과 각급 평의회 단기의 규격은 아래와 같다.

㉮ 쁘레시디움 단기 규격

바 탕 : 파란색, 빨강색, 노란색
글 씨 : 은색
테두리 : 노란색

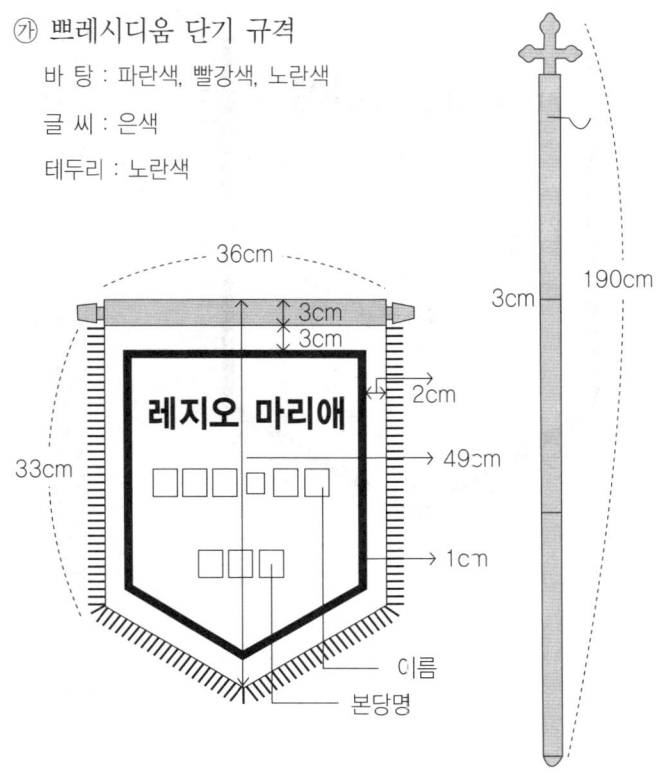

㈏ 평의회 단기 규격
  바 탕 : 자주색
  글 씨 : 노란색
  테두리 : 노란색

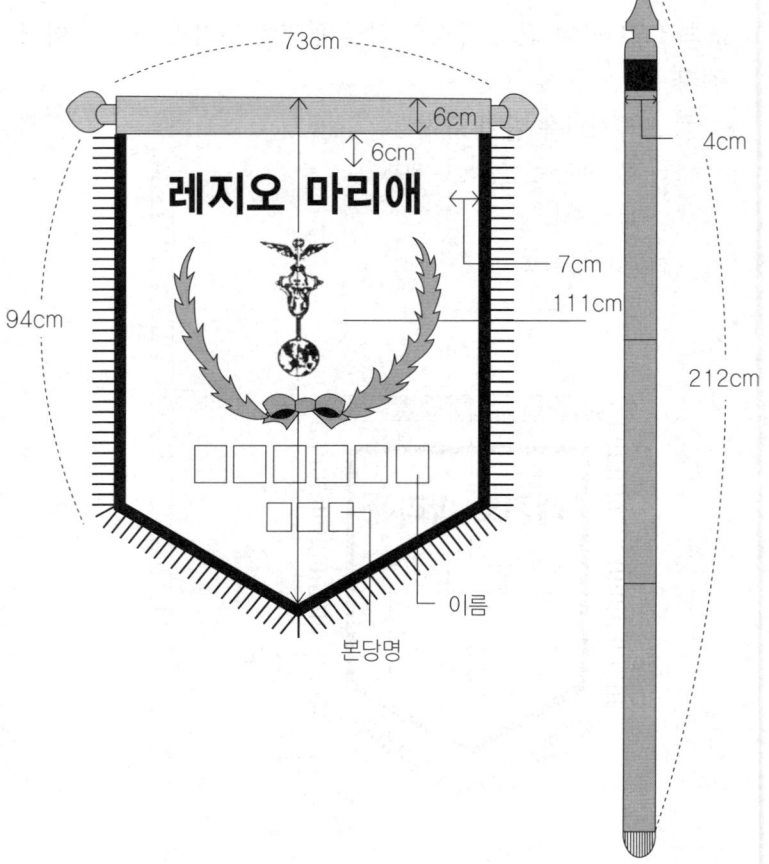

3) 벡실리나 착용에 대한 꼰칠리움의 입장은 구교본의 내용과 다르다.

구교본에서는 성지순례나 가톨릭 모임, 그리고 단원을 보호해야 할 특별한 활동에서는 벡실리나를 착용해도 좋으나, 신교본에서는 벡실리나를 착용하지 말라고 하였다.

이유는 다른 사람과 특별히 구별되지 않도록 하기 위한 것이다. 단원은 목에 성모님 패만 달고 다니면 된다고 강조하고 있다.

성모님 패를 비신자에게 선물로 주는 경우를 문의하는 단원이 있는데, 성모님 패를 누구에게나 선물하면서 선교하는 것은 좋은 활동이라고 꼰칠리움 특사의 대답이 있었다.

제28장
레지오의 관리

모든 관리 기관에 적용되는 사항

 모든 기관에 적용되는 레지오의 관리는 각 지역이나 중앙을 막론하고 그 평의회가 담당한다. 레지오의 확장과 발전은 해당 평의회가 얼마만큼 정성을 다하느냐에 달려 있다.

 1) 레지오의 기관은 쁘레시디움, 꾸리아, 꼬미씨움, 레지아, 세나뚜스, 꼰칠리움이 있는데 각 기관들은 레지오 관리를 레지오 정신에 따라서 철저히 해야 한다.
 2) 레지오 평의회란 꾸리아, 꼬미씨움, 레지아, 세나뚜스, 꼰칠리움을 말하며 이 평의회는 레지오의 조직을 관리, 운영하고 있다.
 3) 각 평의회는 레지오 기관의 심장부로써 상급 평의회에 충성을 바치며 모든 모습이 레지오의 모범이 되어야 한다. 각 평의회

는 산하 레지오의 관리와 운영을 책임지고 담당할 뿐 아니라 교육을 담당하는 최고의 교육장 역할을 수행해야 한다.

4) 평의회의 회의는 매월 정기적으로 개최하며 회의록을 일 주일 이내로 상급 평의회에 송부해야 한다.

5) 각 평의회 회의 시간은 제한이 없으나 끄리아와 꼬미씨움은 2시간 정도, 그리고 레지아, 세나뚜스, 꼰칠리움은 2시간 30분 정도의 회의 시간을 갖는 것이 상례이다.

6) 쁘레시디움이나 각 평의회는 그 상급 평의회의 인준과 관할 교구장의 인가가 있어야 설립된다. 위의 각 기관을 설립하고자 할 때에는 직속 상급 평의회와 협의해서 추진하는 모습이어야 한다. 상급 평의회와 무관한 상태, 즉 자체 내에서 어떤 기관의 설립과 추진을 임의대로 결정한다거나 혹은 이렇게 하겠노라고 보고만 하는 것은 레지오 정신이 결핍된 불충스런 모습이다. 관할 지역 교구장 및 꼰칠리움 레지오니스는 상황에 따라 쁘레시디움이나 꾸리아를 해체할 권한이 있으며, 해체되면 즉시 레지오 조직에서 제외되고 레지오라고 부를 수 없다.

7) 레지오는 온 세계 어느 지역에 설립되어 있든지간에 하나의 모습으로 통일성을 확보해야 하며 마리아 군단의 독특한 이상을 보전해야 한다. 레지오 정신으로 생활하고 공인 교본에서 제시한 규칙으로 생활할 때 세계 레지오는 하나가 될 것이며 성모님과 일치하는 모습이 될 것이다.

8) 각 평의회는 아래와 같은 간부가 있어야 한다.

㉮ 영적 지도자 – 관할 교구장이 임명하며, 그 임기는 임명권자의 재량에 따른다.
㉯ 단장, 부단장, 서기, 회계를 두며 바로 위의 평의회가 그 필요성을 인정하면 다른 보조 간부를 둘 수 있으며 간부의 선출은 평의회에서 한다.
㉰ 간부의 임기와 직책은 쁘레시디움의 간부와 같다.
㉱ 평의회의 승격은 기존 간부의 임기에는 영향을 미치지 않는다. 예를 들면 꾸리아 단장을 2년 했을 경우 그 꾸리아가 꼬미씨움으로 승격되면 그 단장은 꼬미씨움 단장을 1년밖에 재임할 수 없다. 또한 꼬미씨움 단장을 1년하다가 그 꼬미씨움이 레지아로 승격될 경우 그 단장은 레지아에서 2년밖에 재임할 수 없다.

9) 상급 평의회의 직책과 하급 평의회의 직책을 동시에 맡을 수 있다.

10) 평의회에 참석하는 의원들은 적어도 1년에 한 번 정도의 발언을 함으로써 평의회와 레지오의 발전에 공헌해야 한다. 부정적인 태도나 도전적인 모습의 발언은 삼가야 한다. 어디까지나 건설적이요, 나의 질문과 충고가 좋은 분위기에서 받아들여지도록 절대적으로 노력해야 한다. 그래서 평의회는 공식적으로 회의 안건만 처리하는 기계적인 회의가 아니라 항상 온화하고 평화스런 분위기에서 공부하는 모습이어야 한다.

이렇게 되기 위해서는 교본 공부를 해야 하고 레지오 정신이 무엇인지를 알아야 한다. 레지오 정신을 이해하지 못한 신자가 평의회에 참석했다면 그는 실망할 것이다. 왜냐하면 질의하고 답변하는 내용들이 수준이 낮게 보이기 때문이다. 그러나 우리들에게는 아주 소중한 것들이다.

레지오를 오랫동안 하다 보면 놀랍고도 감사한 생각에 잠기곤 한다. 그것은 스스로 일치하지 못한 모습들이 해가 갈수록 다듬어져 모든 모습에 있어서 큰 변화가 생기기 때문이다. 레지오는 성모님이 특별히 주신 은총이라 생각할 때 가슴이 벅차 오르곤 한다.

꾸리아와 꼬미씨움

1. 꾸리아(Curia)

1) 어떤 도시나 마을 또는 지역에 둘 이상의 쁘레시디움이 설립되었을 때 꾸리아(Curia)라는 관리기관을 둔다. 꾸리아 이상의 관리기관은 모두 평의회라고 부른다.

2) 영적 지도자는 꾸리아가 있는 교구의 주교가 임명한다.

3) 꾸리아의 의원 구성은 소속 쁘레시디움 네 간부 전원으로 하며 꾸리아가 설립된 본당에서 회합한다. 아주 먼 거리에 있는 지방 쁘레시디움에서는 간부 1, 2명만 출석하여도 100퍼센트 출석으로 간주한다.

4) 꾸리아는 레지오의 운명을 좌우하는 심장이며 가장 중요한 본부이다. 사실 레지오의 성패는 꾸리아에 달려 있기에 꾸리아 단장의 직무는 너무나도 중요하고 막강하다. 꾸리아 간부들은 어느 기관의 간부보다 열성적으로 성모님에게 충성을 바쳐야 하고 하루 온종일 성모님에 대한 신심으로 불타야 한다. 꾸리아 간부가 되면 성모님 군대의 고급 간부로서 쉬는 상태가 아닌 항상 계획하고 확인하고 추진하는 열성적인 실천자여야 한다.

5) 꾸리아의 역할은 레지오의 모든 것을 지도하고 감독하는 것이며 레지오의 모든 사업을 추진하고 확인해야 한다.

㉠ 산하 쁘레시디움의 간부를 임명하고 그들의 임기를 산정하며 지도한다.

㉡ 쁘레시디움 간부들과 단원들이 규칙을 지키며 정성된 복무생활을 하도록 교육하고 감독한다.

㉢ 간부교육 – 1년에 2회 이상 실시하여 간부의 직무를 성실히 수행토록 한다.

㉣ 단원교육 – 1년에 2회 이상 실시한다.

6) 레지오에서 교육만큼 중요한 일이 없다고 하겠다. 교육에 많은 관심을 가져야 한다. 교육을 통해서 성모님 군대를 정예부대로 변화시켜야 한다. 교육을 소홀히 하는 간부는 의무를 이행하지 않는 무능하고 태만한 간부이다.

7) 꾸리아는 항상 간부들이 도덕적, 신앙적, 정신적 용기를 가지고 몸으로 모범을 보이며 성모님 군대의 장교로서 모든 면에

솔선수범하도록 지도해야 한다. 특히 도제제도에 따른 후계 간부 양성에도 관심을 갖도록 주지시킨다. 단원들에게는 위로와 격려를 하면서 성모님과 일치하는 단원, 영적 지도자와 일치하는 단원이 되자고 강조해야 한다. 교회에 충성하고 조직에 순명하며 간부들과 일치하도록 교육해야 한다.

8) 꾸리아가 설립된 본당에서 꾸리아 사무실을 마련하고 행정 사무를 처리하며 서류와 성물을 보관하는 것이 이상적이라 하겠다. 예를 들면 월보가 도착하면 꾸리아 회의 때까지 기다리지 말고 꾸리아 사무실에 도착한 즉시 주회합을 통하여 배부해야 한다. 또한 꾸리아 사무실을 활용하면 레지오 활성화에 크게 도움이 될 것이다.

9) 꾸리아는 1년에 1회 이상 산하 쁘레시디움을 순방하여 지도하고 단원 명부, 서기의 회의록, 회계의 장부, 사업 및 쁘레시디움 관계 사항을 점검한다.

다음은 우리나라에 레지오를 도입하신 현 하롤드 대주교님이 감준한 순방자의 유의사항이다.

● **쁘레시디움 방문에 관한 주의**
○ 꾸리아는 각 쁘레시디움으로 하여금 정기적으로 1년에 1~2차례 순방을 받도록 해야 한다.
○ 꾸리아에서는 단원 2명을 파견하여 각 쁘레시디움의 정기 회

합에 참석해야 한다.
ㅇ 처음 수개월은 순방단 2명 중 한 사람은 신부로 구성되어 순방하는 것이 가장 좋은 방법이다.
1) 순방 보고서에 대한 꾸리아의 조치

보고서에 대해서 꾸리아는 공개적으로 논평하지 않는다. 몇 개월 동안 다른 보고서를 접수하여 논평할 문제를 가려서 종합적으로 어떤 쁘레시디움을 지적함이 없이 해야 한다.

㉮ 보고가 너무 간단한 것.
㉯ 보고서가 배당된 사항에 따라서 작성되지 않은 것.
㉰ 많은 단원들이 높은 소리로 명랑하게 보고를 못 하는 것.
㉱ 많은 단원들이 매주 의무적 봉사를 충분히 이행하지 못한 것.
㉲ 흔히 계획표가 잘 준비되어 있지 않은 것 등이다.

그러므로 우리는 이 공통된 결함을 없애기 위하여 모든 쁘레시디움의 협력을 바라는 것이다.

2) 쁘레시디움의 결함을 시정하는 태도

어떤 쁘레시디움이 잘못을 시정하려는 노력을 등한히 하는 경우에는 꾸리아 지도신부와 쁘레시디움 지도신부는 이 문제를 상의해야 하며 적당한 기간을(3-5개월) 주고 반성하기를 기다려야 한다. 그러나 만일 자기 잘못을 못 깨달아 반성의 태도를 보이지 않고 고집을 계속한다면 이때 꾸리아에서는 즉시 용단(勇斷)을 내려 이 쁘레시디움을 해산시켜야 할 것이다.

이러한 사건이 있을 때에 꾸리아는 모든 단원에게 그 내용을 잘 인식시킬 것이며, 또 그 잘못을 시정하기 위하여 꾸리아에서 취한 조치를 잘 알려야 할 것이다.

그러므로 쁘레시디움의 정당한 순방이라도 처음에는 많은 시간이 소요될 것이며 또 많은 노력이 있어야 할 것이다.

● 순방하는 단원들이 참고할 점

1) 순방자가 회합에 임하는 태도

순방자들은 회합에 임석하여 모든 절차를 그대로 따르되 옆에 앉아서 해야 할 것이다. 모든 점에서 정중한 태도로 회의 내용을 빠짐없이 자세히 주의해서 들어야 하며 회의 중에는 절대로 무엇이든 기록해서는 안 된다. 설령 회합이 뒤죽박죽이 되어 혼잡을 이루고 있다손 치더라도 회합을 중단시켜서는 안 된다. 어디까지나 순방자들은 신사적이고 또한 엄숙한 태도를 유지하면서 질문에 대해서만 대답해야 한다.

2) 회합 후에 할 일

회합이 끝나면 모든 단원을 보낸 후 간부들만 남아서 지도신부와 더불어 순방자들이 발견한 사항에 대하여 논의를 한다.

그리고 순방 보고서에 지시된 대로 각 사항을 기입하며 혹 무엇을 시정할 필요가 있을 때는 논의한다.

간부들 자체에 관해서나 개인에 관해서 무슨 결점이 있을 때 이것을 간부들 앞에서 공개할 것이 아니라 조용히 지도신부 및 단장과 더불어 논의해야 한다(만일 단장도 결점이 있으면 다만 지도

신부와 더불어 논의한다).

순방자들은 완고한 태도와 불친절한 비평을 엄격히 피해야 하며 너무나 흥분된 어조로 논평하기를 절대로 피해야 한다.

그러나 반면에 순방의 본 의도를 망각해서는 안 되고 쁘레시디움과 순방단 사이에 원만한 이해를 성립시켜야 한다.

순방 보고서에 지시된 대로 기입을 자세히 하되 쁘레시디움 장부를 대조한 후 기입해야 하며 쁘레시디움의 현재 입장이 어떻든 간에 동정적 관심을 버리고 순방의 본정신에 따라서 기입해야 한다. 그리고 쁘레시디움에게 이러저러한 원한의 기회를 주어서는 안 된다.

기입이 완료되면 순방 보고서는 꾸리아 단장에게 제출한다.

2. 꼬미씨움(Comitium)

1) 한 꾸리아에 그 고유한 직능 이외에 하나 또는 몇 개의 다른 꾸리아를 관장하는 권한을 맡길 필요가 있을 때 그러한 상급 꾸리아를 특별히 꼬미씨움(Comitium)이라 한다.

2) 꼬미씨움은 새로운 평의회가 아니라 꾸리아로서 기능을 계속하며 그 소속 쁘레시디움을 직접 관리하며 거기에 덧붙여서 하나 또는 그 이상의 다른 꾸리아를 관리하고 감독한다.

3) 영적 지도자는 꼬미씨움이 있는 교구의 주교가 임명한다.

4) 꼬미씨움은 한 교구에 조직된 평의회이다. 2개 교구를 관리

할 수 없다.

5) 꼬미씨움의 평의회 의원은 직속 쁘레시디움 간부 전원과 관할 지역의 꾸리아 간부 전원으로 구성되며 출석에 관한 것은 꾸리아와 같다.

6) 꾸리아가 레지오의 심장이듯 꼬미씨움도 레지오의 심장이며 성패를 좌우하는 중요한 기관이다.

7) 산하 쁘레시디움이나 꾸리아의 회계 감사를 실시해야 한다. 왜냐하면 레지오가 물질적 원조를 행하는 기관으로 변질되지 않도록 예방하기 위한 것이다.

레지아(Regia)

1) 레지아는 넓은 지역의 레지오를 관장하도록 꼰칠리움으로부터 지정된 평의회이다.

2) 레지아(Regia)는 꼬미씨움으로서는 너무 크고 세나뚜스로서는 좀 작은 지역을 관장하기 위해서 창설된 교구 평의회이다.

3) 레지아 의원은 직속 쁘레시디움 간부 전원과 관할 지역 내의 직속 꾸리아 간부 전원과 관할 지역 내의 꼬미씨움 간부 전원으로 구성하며 출석 산출은 꼬미씨움과 같다

4) 레지아의 기능, 영적 지도자의 임명에 관한 규정은 세나뚜스와 동일하다.

5) 레지아는 직속되어 있는 세나뚜스나 꼰칠리움과 연결된 문

서 연락 담당자 제도를 도입하도록 하였다.

6) 레지아는 로마 시대에 로마 황제의 궁정과 집무실이었으나 그 이후에는 왕의 도읍이나 왕궁을 가리키는 말이 되었다.

세나뚜스(Senatus)

1) 한 나라의 레지오 마리애를 관장하도록 꼰칠리움으로부터 지명받은 평의회를 세나뚜스라고 부른다.

국토 면적의 크기 또는 다른 이유로 인하여 하나의 세나뚜스로서는 불충분한 경우에 둘 또는 그 이상의 세나뚜스 설립을 승인할 수 있다. 세나뚜스는 꼰칠리움에 직속되며 꼰칠리움이 배정한 지역의 레지오를 관리한다.

2) 세나뚜스는 소속된 하급 평의회와 직속 쁘레시디움에 대하여 꼰칠리움이 위임한 모든 직무를 수행한다.

관할 지역의 크기 또는 그 밖의 이유로 한 세나뚜스가 직무를 잘 수행할 수 없는 나라에서는 둘 또는 그 이상의 세나뚜스를 세울 수가 있다.

3) 세나뚜스의 의원은 해당 평의회의 의원과 그 세나뚜스에 직속되는 다른 모든 레지오 기관의 의원으로 다음과 같이 구성된다.

4) 세나뚜스의 영적 지도자는 그 세나뚜스가 관할하는 교구의 주교가 임명한다.

5) 세나뚜스는 매월 월례 회의 보고서를 꼰칠리움에 보고하여 문서 연락을 정기적으로 한다.

6) 광주 중재자이신 마리아 세나뚜스에서는 우리나라의 레지오 마리애 초창기부터, 레지오의 관리에 따른 문제들을 직접 문서로 연락하여 처리하였다. 그리하여 우리나라 레지오는 세계 레지오의 모범이 되고 있다. 꼰칠리움과 일치하는 우리나라 레지오가 되어야 한다.

꼰칠리움 레지오니스 마리애(Concilium Legionis Mariae)

1) 레지오 최고의 권한이 부여된 세계 중앙 평의회를 말한다.

2) 교본을 수정하고 레지오 모든 규칙을 변경하고 해석하는 권한을 가지고 있다.

3) 현재 세계 중앙 평의회는 아일랜드 더블린 시에 있으며 영적 지도자는 아일랜드의 교회 당국이 임명한다.

4) 세계 모든 평의회와 쁘레시디움은 꼰칠리움의 지시사항에 절대 순명하여 일치하고 통일성을 보여야 하며 레지오 조직에 절대 순종해야 한다.

5) 꼰칠리움은 그 직무의 일부를 하급 평의회 또는 각 쁘레시디움에 위임할 수 있으며, 그러한 위임의 범위는 어느 때라도 변경할 수 있다.

6) 꼰칠리움의 영적 지도자는 아일랜드의 교회 당국이 임명한

다.

7) 꼰칠리움만이 레지오의 단헌과 규율에 따라 교본을 개정할 수 있는 권리를 갖는다.

"하느님의 속성은 다양하고 뚜렷이 구분되지만 결국에는 오직 하나로 귀착된다. 곧 하느님의 거룩함, 정의로움, 진리, 사랑, 능력, 지혜 자체이며 이런 속성은 마치 그것뿐이며, 그것밖에는 아무것도 없는 것처럼 각기 하나로 존재한다. 이는 천주성에는 무한히 탁월하고 전혀 파악할 수 없는 질서가 있음을 암시한다. 이 질서는 하느님의 다른 속성처럼 놀라운 속성이며 다른 모든 속성의 결과이기도 하다."(「일치의 증거와 수단인 질서」, 뉴먼/Newman)

◆ 꾸리아 창단 식순 (예)

I부
① 시작기도(단장)
② 꾸리아 호칭 명명 및 꾸리아기 수여(지도신부)
③ 연혁 및 조직 현황 보고(단장)
· 연혁 보고
· 꾸리아 네 간부 소개
· 산하 Pr. 현황(행동단원, 협조단원)
· 회합일시 보고

④ 까떼나(단장)
⑤ 훈화(지도신부)
⑥ 격려사(상급 평의회 단장)
⑦ 내빈 소개 및 공지사항
⑧ 마침기도(단장)

Ⅱ부
나눔의 잔치

▲ 대구 의덕의 거울 꾸리아 설립 회의(1958. 1. 26).

제29장
레지오 단원의 충성

우리 사회에는 성실히 살아가는 사람도 많지만 태만하고 부도덕하게 사는 사람도 많다. 약속을 지키지 않는 사람은 대접을 받지 못한다. 언행이 일치하지 않는 사람은 신용이 없고 덕행을 상실한다. 사회에서 약속은 그 사람의 성공과 관계가 깊다. 약속을 생명과 같이 소중하게 실천하면 모든 사람의 존경을 받는다. 가정에서도 부부간의 약속, 자녀와의 약속을 지킬 때 행복한 가정이 되고 자녀교육의 모범이 되는 것이다.

단원들은 약속을 지킬 때 충성심이 발휘된다.

성모님처럼 하느님과 인간에게 모두 충실할 때 단원의 충성심이 솟아나게 된다. 성모님처럼 순명해야 한다. 순명에서 충성이 나오기 때문이다. 단원의 충성은 바로 레지오의 생명이다. 단원에게서 충성을 빼면 단원이 아니다.

"아주 작은 일에 성실한 사람은 큰일에도 성실하고, 아주 작은 일에 불의한 사람은 큰일에도 불의하다."(루카 16,10)

레지오는 하나의 군대이다. 지극히 겸손하신 성모님의 군대이다. 레지오는 충성을 다해야 한다. 그 충성은 큰 일에나 작은 일에나 모두 해당된다. 아주 작은 일에도 아낌없는 충성을 해야 한다. 성 아우구스티노는 "금이 빛을 내지만 그보다 더 큰 빛은 바로 충실함에서 나온다."고 하였다. 단원들은 하느님께 충성해야 한다. 단원들은 성모님의 충성된 자녀요 군대가 되어 세상을 복음화하는 데 헌신해야 한다. 군대에서 충성만큼 생기 있고 아름다운 것이 없다. 레지오의 충성은 세상을 변화시키고 있다. 충성에서 나온 빛이 구석구석에 비추어질 때 하느님의 평화가 감돌게 된다.

어느 단체를 막론하고 그 단체가 희망이 있고 이상이 있으며 생명력이 넘치는가를 살펴보려면 우선 전체를 하나로 결합하는 원리가 강하게 넘치는지를 보면 된다. 성모 마리아를 중심으로 모든 단원을 굳게 하나로 결합시키는 요소는 무엇보다 단원들 개개인이 발휘하는 불타는 충성심이라고 할 수 있다.

그러면 레지오의 충성심이란 무엇인가?

조직에 충성을 바치는 것을 말한다. 쁘레시디움에 대한 충성, 꾸리아에 대한 충성 등 하위 기관에서부터 꼰칠리움 레지오니스에 이르기까지 각급 조직에 대한 절대적인 충성을 말한다. 충성하는 방법에 따라 여러 형태로 표현되겠지만 가장 중요한 것은 자기 생각대로 개별적인 행동을 삼가고 항상 조직에 순명해야 한다. 제아무리 좋은 사업을 추진하더라도 상급기관의 지도와 승인을 받아서 실천해야 한다.

간혹 경험 부족의 간부들이 의욕만 왕성하여 독단적으로 무리한 계획을 세워 추진하는 사례가 있는데, 결국은 실망하게 되고 불충스런 일이었음을 깨닫게 된다.

모든 단원이 개성은 다르지만 레지오 대열에서 탈락하지 않고 거대한 조직체의 일원으로 활동하는 것은 성모님에게 절대적인 충성을 바치고자 하는 자녀의 정성된 마음에서 비롯된 것이다. 간혹 레지오의 결정에 강한 반발이 있을 때가 있다. 이때 불평하고 참여하지 않는 것보다는 먼저 기도하고 묵상하면서 성모님에게 매달려 보면 마음이 후련해질 대답을 주실 것이다.

개인의 의견보다 레지오의 결정이 합당하고 바람직함을 시간이 흐르면 알 수 있다. 자기의 뜻을 억제하고 레지오의 결정에 따른다는 것은 대단히 어려운 행위로써 순교정신에 비유할 수 있다.

아무리 자기 주장이 옳더라도 레지오의 결정에 도전해서는 안 되며, 발언 내용이 상대에게 거부감을 주거나 감정에 자극을 주는 행동은 삼가야 한다.

간부나 단원들이 회합에서 발언하는 경우에도 성모 마리아의 모성적 분위기에서 오손도손 진행되어야 한다. 비생산적이고 사랑이 없는 발언이 계속되면 쁘레시디움은 생기가 없어지고 희망이 없게 된다.

"지도자들의 말을 따르고 그들에게 복종하십시오. 그들은 하느님께 셈

을 해 드려야 하는 이들로서 여러분의 영혼을 돌보아 주고 있습니다."(히브 13,17)

다음의 이야기는 단원의 충성심에 참고가 된다.

"나폴레옹이 러시아를 정복하려 할 때 한 농부를 붙잡아다가 팔에 'N'자를 새겨 넣고는 나폴레옹의 편을 들어 일을 하게 하였다. 그러나 팔에 써 있는 글자가 무슨 뜻인지 아는 농부는 자기의 그 팔을 끊어 버리고 이렇게 말했다. '적군인 나폴레옹을 섬기느니 차라리 팔 하나 없이 지내는 편이 훨씬 낫다.'"

"옛날 로마에 힘세고 용감한 베드로라는 장군이 있었다. 그는 항상 전쟁에 나가면 승리를 했으나 간신배들의 훈장만 늘려 줄 뿐, 겨우 십 년 만에야 고국에 돌아올 수 있었다. 그랬지만 그는 더러운 간신배들의 행동을 보자 다시 싸움터에 나가기를 청하였다. 그러나 간신배들의 모함에 말려든 왕은 그에게 무사들에게 결투를 경령하였다. 넓은 들판이면 그 정도의 무사들쯤이야 문제가 아니었으나 좁은 방이라 베드로 장군은 깊은 상처를 입고 쓰러졌다. 간신 두목은 기회라 생각하고 왕을 몰아내려고 덤벼들었다. 바로 그때 넘어졌던 베드로 장군이 마지막 힘을 내어 문을 박차고 일어나서 땅에 떨어진 칼을 집어 간신들을 모두 무찌르고 자신도 죽어 버렸다. 그제야 비로소 왕이 베드로 장군의 충성을 깨달았다. 그런데 그가 묻힌 무덤에서 방패처럼 생긴 꽃이 피어났다. 이 꽃이 바로 맨드라미이다."

제30장
행 사

　레지오 행사는 정기적으로 실시해야 하며 단원들이 모두 참석하여 일치의 정신을 고취하도록 해야 한다. 꾸리아는 소속 단원들을 정기적으로 한자리에 모아 서로 친교를 도모하며 형제애를 나누도록 한다.

　5대 레지오 행사는 기도하면서 온 정성을 다하여 준비해야 한다. 이 행사를 통하여 단원들이 쇄신되고 생기가 넘치며 레지오를 사랑하는 마음이 가득 하도록 해야 한다. 성모님의 군대로 거듭 태어나게 하고 충성하는 자랑스런 단원임을 재인식하도록 한다.

아치에스(Acies)

　매년 열리는 이 행사는 단원들의 개인 및 단체적 봉헌 사열식이다. 모후이며 총사령관이신 성모님에게 새롭게 충성을 다짐하고 한 해 동안 악의 세력과 싸울 힘과 축복을 받기 위해 거행하는 장엄한 의식이다. 첫 아치에스 행사는 1931년 3월 29일 개최되었으며 레지오 행사 중에 가장 중요한 행사이다.

모든 단원은(협조단원 포함) 의무적으로 참석해야 한다. 아치에스 행사는 꾸리아 단위로 실시하는 것이 원츠이다. 꾸리아에서는 아치에스 행사에 따른 준비를 세밀하게 해야 한다.

1) 일시 결정 – 주님 탄생 예고 대축일인 3월 25일을 전후하여 결정하며 전 단원들이 참석하도록 전달해야 한다. 본당 게시판에 크게 공지하거나 현수막을 걸어 알려서 마음의 준비를 하도록 해야 한다.

2) 장소 – 꾸리아나 꼬미씨움이 있는 본당이 적합하다.

3) 준비물 – 행사 프로그램, 대형 벡실리움, 풍금이나 피아노, 각 쁘레시디움 단기 등을 준비한다.

4) 기타 유의 사항 – 아치에스 행사의 노래는

임하소서 성령이여(가톨릭 성가 147)

지극히 거룩한 동정녀(가톨릭 성가 249)

나의 기쁨 마리아여(가톨릭 성가 257)

하늘의 여왕(가톨릭 성가 254)

자모신 마리아(가톨릭 성가 238)

네 머리를 꾸미오리(가톨릭 성가 253)

사랑하올 어머니(가톨릭 성가 236)

무변 해상(가톨릭 성가 251)

사랑의 신비(가톨릭 성가 174)
단가 등이 좋을 것이다.

선서할 장소(성당) 앞에다 선서문, "저의 모후, 저의 어머니시여, 저는 오로지 당신의 것이오며, 제가 가진 모든 것이 당신의 것이옵나이다."를 큰 글씨로 제작해 걸어 놓아 봉헌문을 읽는 데 불편이 없도록 한다.

아치에스 의식에 미사를 포함시켜야 한다. 미사가 불가능하면 성체강복을 거행한다. 아치에스 행사에 대한 전 단원들의 관심을 높이기 위해 행사 직전 주회합 때에 교본 제30장 1항 아치에스를 영적 독서로 할 필요가 있다.

5) 진행 순서는 아래와 같이 식순의 팸플릿을 만들어 단원에게 1매씩 나누어 준다. 성당 마당에 도열해 있다가 쁘레시디움 별로 평의회 단장의 벡실리움 입장의 뒤를 따라 성가를 부르며 입당한다.

아치에스 핵심 부분은 성모님에 대한 봉헌문 낭독이다. 엄숙한 자세로 선서하는 마음으로 봉헌문을 소리내어 낭독해야 한다.

◆ 레지오 마리애 아치에스 봉헌 사열식

○ 각 단원은 아치에스 행사에 참석할 중대한 의무가 있다
○ 레지오의 모후께 바친 충성의 서원을 갱신하고 다음 1년 동안 악의 세력과 싸울 힘과 축복을 받기 위해 단체로 모여서 드리는 장엄한 예절이다.

각 쁘레시디움 단원들은 단기를 선두로 운동장에 정렬하여 단장의 지도 아래 성가를 부르며 입당한다.
(입당하는 동안 노래)
성가 합창 ······························ 임하소서 성령이여
시작기도와 묵주기도 ······························ 단장
강론 ·· 지도신부
봉헌식

개인 봉헌
영적 지도자 봉헌이 끝나면, 앞줄로부터 2명씩 짝지어 대형 벡실리움 앞에 나와 깃대에 오른손을 대고 큰 소리로 봉헌송을 바친다.

"저의 모후, 저의 어머니시여, 저는 오로지 당신의 것이오며, 제가 가진 모든 것이 당신의 것이옵니다."

끝나면 손을 놓고 고개를 숙였다가 물러간다.
(행렬이 계속되는 동안 반주에 맞추어 성가를 부른다)

단체 봉헌: 지도신부

"오! 인자하시고 하자 없으신 모후 마리아님이시여!

여기 있는 우리 모두는 당신 사랑의 종이 됨을 한없이 행복하게 생각하오며, 우리 영혼과 육신의 외적, 내적 자연과 초자연의 모든 것을 당신께 봉헌하오며 과거와 현재와 또한 앞으로 우리의 모든 것을 당신께 받들어 드렸나이다.

오! 지극히 사랑하올 성모 마리아여!

우리 모두는 이제부터 원의와 죄악과 애착심과 개인적인 모든 생각을 끊어 버리고 당신 품안에 뛰어들어, 당신 성심 속에서 사랑의 불꽃과 하느님의 모상답게 당신으로 하여금 당신과 한 가지로 당신을 위하여 레지오에 더욱 충실하겠으며, 기도와 선행과 희생을 항상 드리고자 하오니 우리 주 예수 성심께 더욱더 영광이 되게 하여 주소서. 아멘."

까 떼 나 ······································· 부단장
미 사 ··· 지도신부
성체강복
마침기도 ··· 단장
단 가

참고 1

아치에스 행사에 관한 꼰칠리움의 서한.

1993년 1월 31일 아치에스에 관한 서한 내용으로 아치에스 개

최에 대한 유의사항이다.

㉮ 세나뚜스는 세나뚜스 직속 쁘레시디움만으로 조직하여 아치에스 행사를 한다.

㉯ 레지아는 레지아 직속 쁘레시디움만으로 조직하여 아치에스 행사를 한다.

㉰ 꼬미씨움은 그 직속 쁘레시디움만으로 조직하여 아치에스 행사를 한다.

㉱ 아치에스는 꾸리아를 위한 행사이다.

세나뚜스에 속해 있는 각 꾸리아는 교본의 지시대로 충실하게 실시하고 이에 소속된 쁘레시디움만으로 아치어스 행사를 한다. 아치에스의 목적은 단원이 성모님에 대한 약속을 되새기는 데 있다.

참고 2

우리나라의 레지오 마리애는 1953년 5월 31일 목포 산정동 성당에서 당시 광주 교구장 현 하롤드 대주교가 도입하였다. 그후 1956년 4월 9일 우리나라에서 첫 아치에스 행사가 있었는데 그 행사 장면을 가톨릭 신문은 아래와 같이 보도하였다.

"첫 아치에스를 성대히 거행하기 위해 교황 사즐 권란 주교와 현 하롤드 광주 교구장을 비롯하여 여러 신부와 수도자, 전주 교구 내빈들이 참석하였다. 이날 참가한 쁘레시디움은 모두 15개이며 행동단원 270

여 명과 협조단원 500여 명이었다. 제주의 2개 쁘레시디움은 일기 관계로 참가를 못 했다."

연차 총 친목회

이 행사는 친목과 레지오 가족의 일치에 그 뜻이 있다. 그러므로 모든 단원의 의무는 아니나 성모님의 군대 모두가 일년 동안 활동에 대한 노고를 위로하며 친목을 도모하는 자축 행사이므로 모두 참여해야 한다.

진행 순서는 레지오 기도문을 세 부분으로 나누어 바친 다음 성가, 특별 강론, 성체강복 등의 성당 안 의식부터 시작하면 아주 활기가 넘치게 될 것이다.

1) 행사 시기 – 복되신 동정 마리아의 원죄 없으신 잉태 대축일(12월 8일)과 가까운 시기에 한다. 대개 12월 중에 실시하고 있다.

2) 장소 준비 – 가급적이면 넓은 회관이 좋다. 질서를 유지하면서도 서로 돌아다니며 친교하는 데 불편이 없도록 분위기를 조성한다. 각 쁘레시디움별로 앉아 처음부터 끝까지 있는 것은 친교에 장애가 된다. 하느님의 평화가 감미롭게 감도는 분위기에서 일치하는 성모님 군대다운 모습들이어야 한다.

3) 기타 준비 – 이 친목 행사에는 약간의 다과가 준비되어야 한다.

경비 부담은 소액인 경우 외에는 레지오 자금만으로 충당하지 말고 단원들로부터 지원을 얻도록 하며, 이때 과대한 비용을 지출해서는 안 된다.

야외 행사

비가 오나 눈이 오나 일년 365일 동안 기도와 활동을 열심히 한 단원들은 여러 가지 형태의 행사도 한다. 이 야외 행사는 소풍, 순례 또는 야외 모임으로 개최될 수 있으나 단원의 의무는 아니다. 그러나 단원들은 모두 참석하여 일치된 모습을 보여 주어야 한다.

이 행사는 꾸리아별로 실시하는 것이 상례이나 꾸리아에서 실시하지 않는 경우에는 2개 이상의 쁘레시디움이 합동으로 실시할 수 있다. 매년 다량의 버스를 이용하여 먼 곳에서 하루 종일 야외 행사를 하는 것은 바람직스럽지 못하다. 운동회나 소풍 정도가 좋고, 걸어서 순례하는 행사를 권장한다.

쁘레시디움 친목회

각 쁘레시디움은 복되신 동정 마리아 성탄 축일(9월 8일)을 전후로 친목회를 가진다. 현재 단원이 아니라도 단원으로 입단시키고자 하는 사람이 있으면 참석시킬 수 있다.

또 노래 등의 여흥 순서에 레지오에 관한 간단한 설명을 곁들여 레지오에 관심을 갖도록 진행해야 한다.

레지오의 다른 모든 행사에도 함께 적용되는 사항인데, 언제나 레지오의 모든 기도문(묵주기도 포함)은 쁘레시디움의 회합 때처럼 세 부분으로 나누어서 바쳐야 한다. 시간과 분위기 문제로 생략해서는 안 된다. 바로 이 모습이 레지오의 모습이다. 레지오 이름으로 모인 행사는 언제나 레지오 기도문을 잊어서는 안 된다. 레지오의 관리, 운영에 질의응답이나 훈화를 해서 레지오에 지대한 관심을 갖도록 하고 항상 단원임을 상기하도록 하는 것을 잊지 말아야 한다.

여흥을 하다 보면 질서가 흩어지고 무례한 행동도 나올 수 있는데 이에 대한 철저한 주의가 요망된다. 남녀노소로 조직된 쁘레시디움이기 때문에 질서를 유지해야 한다.

토론 대회

레지오 최초의 토론 대회는 1939년 부활 주일에 클레어 꾸리아(아일랜드)가 개최하였다. 이 최초의 대회가 성공을 거두었기 때문에 (성공하면 늘 그렇듯이) 다른 곳에서 계속 열리게 되었고, 토론 대회는 이제 레지오 조직 안에서 자리를 굳히기에 이르렀다.

토론 대회는 꼬미씨움이나 꾸리아에 한정되어야 한다. 꼰칠리움은 토론 대회를 2년에 한 번 이상 개최하면 안 된다고 규정했다. 토론 대회의 주제는 레지오의 주된 원칙들과 관련되어야 한다.

토론 대회에 따른 예시 공의회 문헌, 레지오 교본 참고

제1회 : 레지오의 신심 조직

제2회 : 레지오의 특질과 개선방법

제3회 : 레지오의 운영방법

제4회 : 레지오의 활동

제5회 : 교회의 어머니이신 성모 마리아

제6회 : 사도직

　　　　레지오 사도직

　　　　일상생활의 사도직

　　　　사도직을 위한 훈련

제7회 : 레지오 활동을 통한 사도직

　　　　교회 생활

　　　　국가 생활

제8회 : 모든 영혼에게 손을 뻗치는 사도직

　　　　그리스도를 위한 외지 순방활동(P.P.C)

　　　　마리아 정신의 외방 선교활동(I.M)

　　　　주일 선교활동(E.D)

　　　　관광자, 방황자

레지오 행사는 교본에서 제시한 이상의 5가지 종류가 있다. 꾸리아에서 레지오 행사를 등한시하는 경우가 있는데 이는 성모님에게 대한 불충의 표시라고 볼 수 있다. 행사를 치루면 치룰수록

레지오 대열은 굳건해지며 큰 힘으로 뭉쳐 어떤 일이나 해낼 수 있다. 행사를 할 때 공통적인 것은 처음부터 마칠 때까지 레지오적으로 일관해야 한다는 것이다.

레지오적이란 모든 것이 질서가 있고 순명하며 협조적이고 일치하는 모습을 의미한다. 시작기도에서 마침기도까지 하나의 규율 속에서 진행되어야 한다. 순서에 따라 여흥이 있을 때에도 어디까지나 질서가 있어야 한다.

레지오는 부드러운 면이 있는가 하면 눈에 보이지 않는 불문률의 훌륭한 전통으로 지금에 이른 것이다.

제31장
레지오 확장과 단원 모집

  지상에서 참으로 아름다운 성모님의 군대를 확장하는 일은 가장 성스럽고 고귀한 특은이다. 교회를 활성화시키고 쉬는 교우를 회두시키며, 죽어 가는 영혼을 살리는 이 땅의 복음화 기수가 누구인가? 바로 단원이 아닌가? 우선 단원의 배가운동이 힘차게 전개되어야 한다.

  레지오 단원은 누구에게나 레지오 확장의 의무가 있다. 모든 쁘레시디움 간부와 꾸리아 간부, 그리고 그 이상의 상급 간부에게도 레지오 확장의 의무가 있다. 레지오 조직에 속한 모든 단원이나 간부들은 단원 모집에 힘쓸 절대적인 큰 의무가 있으며, 새 쁘레시디움을 설립해야 할 의무도 있다.

  레지오 확장의 의무는 어떤 상급 평의회만이 지니고 있는 특권이 아니요, 꾸리아 간부들만의 의무도 아니다. 모든 레지오 단원의 의무이다. 흔히 단원을 모집하고 쁘레시디움을 설립하는 일은 간부들이 하는 것으로 생각하는 경우가 있는데 이는 단원 각자의 의무를 소홀히 하는 불성실한 태도라 할 수 있다. 레지오 확장의 범위를 자기 본당으로 한정해서는 안 된다. 레지오 조직은 본당이나 교구의 차원을 초월해서 국내나 국외 지역에서도 할 수 있다. 이때는 본당 사제나 교구장의 승인을 얻어야 한다.

레지오 사도직의 개척자인 에델 퀸은 초창기에 아프리카 대륙에 파견되어 레지오를 설립하는 일에 온전히 헌신하다가 순교하였다. 이와 같이 레지오가 설립되지 않은 지역이나 나약한 지역에 솔선수범하여 적극적으로 개척의 정신을 발휘해야 한다.

각급 평의회에서는 레지오 확장과 단원 모집에 대하여 꾸준히 주의를 환기시켜 단원의 의무를 게을리하지 않도록 해야 한다. 레지오 발전에 정성을 바친다는 것은 천상에 보화를 쌓는 성스러운 일이며 성모님에 대한 자녀의 충성된 모습이다. 어떤 단원이 일생 동안에 수십 개의 쁘레시디움을 설립하고, 수십 명의 동료를 모집하여 레지오 대열을 건강하게 했다면 이보다 보람 있는 생애가 어디에 있겠는가?

레지오는 단원 수를 계속적으로 증원시켜 조직을 계속 확장시켜야 한다. 이 지상을 온전히 하느님께 봉헌하고 하느님의 평화를 누리기 위하여 평화군대인 레지오가 세계를 장악할 수 있도록 확산되어야 한다.

많은 단원을 모집하고 훈련시키는 일은 곧 하느님의 영토를 확보하는 일과 같다. 그래서 우수한 인재를 많이 모집하고 적극적으로 권유하여 성스러운 레지오 대열에 우리와 함께 설 수 있도록 해야 한다.

각 교구마다 해가 갈수록 모든 신자를 '레지오화' 하는 본당이 증가하고 있는 것은 대단히 축복받은 모습이라 할 수 있다. 레지오의 할 일이 태산 같기 때문에 모든 신자를 레지오 대열에 참여시킨다는 훌륭한 계획이 얼마나 예언적이며 영웅적인 일인가 성모님에게 감사드린다. 민족 복음화와 아시아 복음화를 이룩해야 할 숭고한 사명을 감안할 때, 우리나라 레지오는 수십 만의 단원이 확보되어야 한다.

각 쁘레시디움의 이상적인 단원 수는 영조 지도자를 포함하여 13명이다. 이 단원 수보다 훨씬 많은 쁘레시디움은 지체 없이 또 다른 지단을 설립하는 데 착수해야 한다. 이 경우에 새 쁘레시디움에 노련한 단원을 파견하여 처음부터 흔들리지 않도록 배려해야 한다.

흔히 쁘레시디움을 분단할 때 인정에 밀려 서로 마음이 불편하게 되는 경우가 간혹 있는데 서로 사랑하는 마음으로 순명해야 한다. 쁘레시디움을 분단할 때는 간부와 새 단원을 적정한 비율로 새 쁘레시디움에 전속시켜 모체 쁘레시디움과 균형을 유지하도록 한다.

새 쁘레시디움에 단원을 분가시켜도 걱정할 것이 아니다. 그 빈 자리가 곧 채워지고 축복받게 된다. 그리고 중요한 것은 각 쁘레시디움에 활동거리를 배당하는 일이다. 기계를 움직이려면 일거리가 있어야 한다. 레지오란 기계를 작동시키기 위해서도 반드시 활동거리를 배당하여 활동하도록 해야 한다.

새 단원들은 선배 단원들의 권유에 따른 경우도 많지만 헌신적으로 활동하는 단원들의 모습을 보고 감화되어 입단하는 예도 많다. 이러한 일이 가능한 것은 누구나 단원이 되면 성화가 되어 겸손한 단원으로서 주위에 좋은 표양을 보여 영향을 미치기 때문이다.

그러므로 단원 모집에서 유의할 점은 입단의 자격 요건을 너무 지나치게 엄격히 규제하지 말라는 것이다. 누구나 일정한 기간을 복무하면서 배우면 노련한 단원이 될 수 있다는 희망을 가지고 단원의 모집에 임하는 것이 좋겠다.

레지오의 확장과 단원의 모집에 부진한 경우를 보면 아래와 같은 공통점을 발견한다.

· 단원 모집을 위한 진지한 노력이 없다.
· 쁘레시디움이 단원의 모집에 지나치게 엄격한 기준을 적용하는 잘못을 저지른다.
· 쁘레시디움의 분위기가 너무 침체되어 있거나 딱딱하고 생기가 없는 인상을 주고 있다.

제32장
예상되는 반대 의견

이곳에는 레지오가 필요 없다

여기에는 레지오가 필요 없다는 반대 의견이 나타날 수도 있다. 그러나 그런 구실로 불쌍한 영혼을 구원받도록 하는 일을 늦추는 것은 레지오답지 못하다. 단원들의 뼈를 깎는 인내심과 참을성이 필요하다. 레지오는 그 지역의 영적 표지이다. 레지오는 교회를 지키며 절대 순명하면서 레지오의 확장에 정성을 다해야 한다.

단원이 될 만한 사람이 없다

단원이 될 만한 사람이 없는가? 단원으로서 정말 없다고 대답할 수 있을까? 단원이 될 수 있는 사람은 많이 있다. 다만 그 사람을 끌어오는 열성이 부족할 뿐이다. 단원이 되는 데는 지식도 재산도 필요 없다. 남녀노소 누구나 레지오 대열에 합류할 수 있다. 주님의 생명의 말씀을 전파하고자 하는 열성만 있다면 단원이 될 수 있고 활동할 수 있다. 쁘레시디움은 4~5명 또는 6명의 단원만 있으면 설립될 수 있다. 단원들을 재빨리 찾아야 한다.

레지오 단원의 방문을 꺼려할 것이다

주민들은 레지오 단원의 방문을 꺼려하지 않는다. 방문활동을 지속적으로 하면 친절하게 맞아 준다. 호구방문의 의욕과 훈련이 되면 자연스럽게 활동이 전개된다. 물론 처음에는 보이지 않는 장벽이 있는 것같이 서먹서먹하지만 웃음짓는 모습으로 인사하면서 대화하면 친숙해진다. 사실 주저하는 자세가 없어야 한다. 사명감이 없고 용기가 없이 활동하면 언제 이 사회를 정복할 수 있을 것인가? 한 가정씩 정복해야 한다.

젊은이들은 낮 동안 열심히 일하므로 저녁에는 쉬어야 한다

우리 아이는 낮에 고된 일을 하므로 저녁에는 편히 쉬어야 한다고 단원 되는 것을 막는 부모가 많다. 특히 우리나라의 교육제도에서는 소년단원 확보가 대단히 어렵다. 그러나 잠시 묵상해 보라! 이 말이 합당한가? 세상이 무섭게 오염되어 가고 있는데 방관해서는 안 된다. 쉬는 것도 중요하지만 더 중요한 일은 영혼이 병들고 죽어 가는 형제들을 구원하는 것이다. 이 일은 우리가 하지 않으면 할 사람이 없다. 시간도 없고 고된 생활이지만 열심히 활동하면 주님께서 배로 은총을 주신다. 지쳐 있는 사람을 일깨워 함께 레지오의 대열로 가야 한다. 무수한 성인 성녀들이 가는 길로 함께 가야 한다. 레지오의 길은 바로 이런 길이다.

레지오는 같은 이념과 사업계획을 가진 여러 단체들 중의 하나일 뿐이다

레지오는 같은 이상과 계획을 지닌 여러 단체 가운데 하나이지만 다른 단체들과는 다르게 확실한 성공을 거두고 있다. 왜냐하면 레지오는 활동하기 위해서 확고한 영성, 확고한 기도 계획, 확고한 주간 임무, 확고한 주간 보고가 구체적으로 실천되고 있기 때문이다.
이러한 방법 체계는 성모님과 일치라는 활기찬 원리에 기초를 두고 있다.

레지오가 펴는 사업들은 이미 다른 단체들이 하고 있으므로 서로 충돌할지 모른다

레지오가 하는 사업들은 이미 다른 단체들이 하고 있기에 그런 단체들과 충돌할지 모르겠다고 걱정해서는 안 된다.
레지오가 들어갈 수 있는 자리는 얼마든지 많다. 레지오의 활동 대상은 새로운 것을 전제로 하지 않고 지금까지 해온 활동 내용들이다.

레지오 활동을 약하게 하는 말은 삼가야 한다. 레지오에게는 불가능이란 없다. 레지오는 무슨 활동이든지 성공할 수 있다.

단체들이 이미 너무 많다. 그러므로 레지오를 새로 설립하는 것보다는 기존의 단체를 활성화하여 레지오가 계획하는 활동을 맡기는 것이 옳은일이다

이미 너무나 많은 단체가 있는데 그런 단체들을 확대하거나 활성화시켜서 레지오 활동을 맡기는 것이 좋겠다고 해서는 안 된다.

이런 내용의 말은 레지오의 힘을 약화시키는 것이다. 이런 역설적인 주장을 하는 사람은 단원이 될 수 없다. 반대 의견을 즐기는 것은 좋은 습관이 아니다. 조언은 좋지만 반대를 위한 반대는 어리석은 일이다.

여기는 작은 고장이므로 레지오가 들어 설 자리가 없다

여기는 작은 지역이므로 레지오가 들어올 자리가 없다고 하는 주장이 옳은가? 종교적 이상이 사라지면 종교적 사막이 남을 뿐이다. 어떤 지역이나 종교적인 사업이 착수되어야 한다. 레지오의 조직은 어떤 지역이든 거미줄같이 조직되어야 하고 활동해야 한다.

레지오 활동 가운데 어떤 것들은 영성적인 것이므로 그 성질상 사제의 직분에 속한다. 다만 성직자가 손댈 수 없을 때에만 평신도에게 배당해야 한다

사제의 사목 성무가 많아서 그 지역의 각 영혼들을 접촉하는 데에 많은 시간을 낼 수 없는 게 현실이다. 그래서 사제의 대리자 임무를 단원이 하면 좋다. 사제의 사목을 적극 돕고 활동하는 것이 단원의 직무 중에 큰 직무이다.

단원들이 무분별한 행동을 하지 않을까 걱정된다

단원들이 무분별한 행동을 할 가능성이 있어 이 점이 두렵다고 해서는 안 된다. 기도하며 활동하고 사제의 지도를 받는데, 그리고 성모님이 함께 하시고 질서 체계가 양호한데 비난당할 일을 할 수 있겠는가? 레지오의 세심한 규율이 존재하는 한 걱정해서는 안 된다.

시작하는 데는 언제나 어려움이 따른다

무엇이든지 시작하는 데는 어려움이 있다는 사실을 명심해야 한다. 레지오에서는 반대 의견이 있을 것이라고 예상해서는 추진할 수 없다. 혹시 누가 비판하고 욕할지 모르겠다는 비생산적인 생각은 안 해야 한다. 어려운 사업이라고 자포자기해서는 안 된다. 인간적인 사고에서 벗어나야 한다. 도움의 은총이 넘치고 있는데 인간의 생각만으로 판단하는 것은 어리석은 행동이다.

"성모님은 독특하시고 어느 누구와도 닮지 않은 동정녀이십니다. 그러므로 성모님에 대해 이야기할 때는 인간의 잣대로 말하지 말고 하느님의 잣대로 이야기하십시오."(보쉬에/Bossuet)

단원을 찾기가 정말로 어렵다면 그 지역은 영적 수준이 매우 낮음을 의미한다. 레지오 조직은 그 지역의 영적 척도라고 교본은 가르치고 있다. 레지오 사도직의 목적에서 살펴보듯 이 지역에는 레지오가 필요 없다고 말할 수 있을까?

어느 지역이나 레지오가 활동해야 한다. 왜냐하면 성모님이 지금 우리를 통하여 활동하고자 하시기 때문이다. 강력한 레지오 사도직을 수행해야 한다고 강조한 뽈뤼 신부는 "그리스도인은 하느님으로부터 제 동료들을 떠맡은 사람"이라고 하였다.

레지오를 늦게 시작하거나 오랫동안 확장이 안 되는 경우에 여러 가지 핑계를 대는 경향이 있다. 즉 농어촌 지역이므로 바빠서 할 수 없다든가, 상업지역이므로 시간이 없다든가, 공업단지이므로 시간이 맞지 않아 사도직 수행에 어렵다든가 하는 여러 가지 어려운 점을 내세운다.

그러나 이런 이유로 레지오가 곤란하다는 주장에는 동의할 수 없다. 경험에 따르면 레지오 사도직을 수행하고자 하는 정성과 사명감이 문제이지 주위 환경과는 정비례하지 않았다. 레지오 단원의 대상은 인종, 민족, 계급, 학식, 재산 등어 아무런 제한을 받지 않는다. 남녀노소 누구나 단원 후보가 될 수 있다는 것이 특징이며 장점이라 하겠다.

제33장
레지오 단원의 의무

쁘레시디움 주회합에 규칙적으로 출석해야 한다

주회합에 참석하기 위해 사용한 시간은 결코 낭비된 시간이 아니다. 매우 가치 있는 시간이다. 레지오에 바치는 시간에 대하여 불평하는 것은 아주 어리석은 일이다.

주회합의 출석의 의무는 단원의 가장 으뜸가는 의무이며 가장 신성한 의무이다. 출석의 의무는 무엇으로도 대신 채울 수 없다. 회합이 뿌리라면 활동은 꽃이다. 뿌리가 없는 꽃이 존재할 수 없듯이 출석은 레지오의 가장 중요한 의무이므로 반드시 지켜야 한다.

주회합은 단원의 핵심 수련 도장이요, 교육 장소이다. 그러므로 보고에 대한 논평은 건설적이고 격려하는 내용이어야 한다.

주간 활동의 의무를 완수해야 한다

 모든 단원은 한 주에 보통 2시간 이상을 실제로 활동해야 한다. 두 시간이라는 숫자에 얽매여서도 안 된다. 사실은 더 많은 시간을 활동에 사용해야 한다. 쁘레시디움은 반드시 2인 1조로 편성하여 2인이 함께 활동의 임무를 수행하도록 해야 한다.
 쁘레시디움 단장은 주회합에서 단원들이 적어도 2시간 이상 활동 할 수 있도록 배당해 주어야 하고, 단원들은 배당받은 일을 최우선적으로 수행하여야 한다.
 단장의 배당 지시는 성모님의 명령으로 간주해야 하므로 단원 각자의 기호에 따라 선택하여 활동할 수 없다. 주간활동은 실질적인 것이어야 한다.

회합에서 구두로 활동보고를 해야 한다

 활동보고는 구두로 하는 것이 원칙이다. 이유는 활동에 대한 흥미를 지속시켜 주며 여러 가지 정보를 제공해 주기 때문이다.
 보고는 단원들을 훈련시키는 중요한 방법이다.
 활동보고는 활동을 성실히 한 다음 정성된 마음으로 해야 한다. 생기 있는 활동을 하지 못하고 보고하면 흥미도 없고 희망도 없는 나약한 회합이 되어 그 쁘레시디움은 큰 타격을 입게 된다. 하나하나의 보고는 회합이라는 건물의 벽돌이다.

비밀을 엄격히 지켜야 한다

단원에게 있어서 비밀은 무기이며 벗이다. 울타리에는 눈이 있고 벽에는 귀가 있다고 했다. 비밀은 병법의 핵심이다. "남에게 너의 비밀을 지키게 하려면 먼저 너 자신이 지키라."고 했듯이 이런 원칙들이 단원에게 교육되어야 한다.

단원생활을 통하여 알게 된 여러 가지 사실에 대하여 언제까지나 엄격히 비밀을 준수해야 한다. 단원만이 알고 있는 내용을 다른 사람에게 누설시켜서는 안 된다. 이런 사실을 어떤 형태로든지 누설했다면 레지오는 용서할 수 없다. 이는 성모님에 대한 배신행위이기 때문이다.

모든 단원은 활동수첩을 가져야 한다

레지오 단원은 간결하게 기록할 수 있는 수첩을 항상 휴대해야 한다. 이것은 레지오의 권장사항이다. 수첩의 활용은 다음과 같이 하면 좋다.

· 활동사항을 기록하여 보고할 때에 수첩의 기록을 참고하도록 한다.

· 배당받은 활동의 내용을 비롯하여 모든 계획과 실천을 기록한다.

· 레지오의 일들을 사무적으로 처리하는 훈련의 수단으로 삼는다.

실패한 여러 활동 내용을 기록해서 후일에 교훈으로 삼는다.

이 수첩은 단원이 아닌 사람들의 눈에 띄지 않도록 잘 보관해야 한다.

수첩의 기록은 활동 대상자 앞에서는 절대로 해서는 안 된다.

수첩을 다 활용했을 때는 노출되지 않도록 보관하거나 소각해야 한다. 수첩은 단원의 가장 중요한 문서이다. 성모님 군대의 작전 비밀이 누설되지 않도록 세심한 관심을 기울여야 한다.

모든 단원은 까떼나(레지오의 고리기도)를 매일 바쳐야 한다

단원은 까떼나를 매일 의무적으로 바쳐야 한다. 까떼나는 모든 단원의 일상생활을 연결하는 고리이다.

모든 단원을 하나로 연결하는 고리이며 복되신 성모님과 결합하는 일치의 끈이요, 성모님 군대의 총사령관이신 성모님에게 충성을 재다짐하는 표지이다.

까떼나는 성모님의 기도인 마니피캇(Magnificat: 마리아의 노래)이다.

어떤 형편에 따라 레지오 대열을 떠나게 된 단원이라도 까떼나를 바치는 습관을 계속하여 일생 동안 레지오와 연결되는 고리만은 유지하고 보존하면 좋을 것이다.

단원들 사이의 유대관계

단원들은 동료요 전우이다. 먼저 남을 사랑하기 전에 동료를 사랑하고 전우를 사랑해야 한다. 특히 쁘레시디움의 동료들은 친절한 태도로 벽이 없는 친형제의 분위기로 생활해야 한다.

레지오 대열에 참여한 모든 단원은 서로 사랑하며 친절한 모습이 어디서나 두드러져 보이고 피부로 느껴져야 한다. 활기 있는 쁘레시디움은 팀워크가 잘 되는 완전한 가정의 분위기에서 기인하는 것이다.

조직에 충실할 때 좋은 분위기는 이루어진다. 자신의 개성을 억제하고 도전적인 발언을 삼가며 꼭 있어야 할 동료요, 동지요, 전우가 되겠다는 의지가 강해질 때 이루어진다.

요한 세례자는 제자들에게 "그분은 커지셔야 하고 나는 작아져야 한다."(요한 3,30)고 가르쳤다. 이 영웅적이고 거룩한 태도를 본받아야 한다. 이러한 태도는 성모님에게 얼마나 영광스러운 기회를 드리는 것인가!

함께 활동에 나선 단원과의 관계

활동은 2인 1조로 편성하여 실시해야 한다. 반드시 두 단원이 함께 기도하며 활동해야 한다. 쁘레시디움은 조 편성을 효율적으로 해야 한다. 단련이 잘된 단원과 경험이 부족한 단원을 한 조로 편성하여 모범을 보이고 배우는 2인 1체의 모습을 보여야 한다.

단장은 주회합에서 활동배당을 줄 때 그 대상을 분명하게 배당해야 한다. 단원은 성실한 활동을 한 결과를 명확히 보고해야 한다. 활동은 성모님의 대행 역할을 하는 것이므로 일거 일동을 정성스럽게 해야 한다.

새 단원 모집

쁘레시디움 회합 때에 새 단원 모집에 대한 유무를 확인한다. 단원에게는 새 단원을 모집해야 할 의무가 있다. 새 단원을 모집하는 데 정성을 다해야 한다. 새 단원 모집은 레지오 조직을 확장하고 성모님 군대를 강화하려고 애쓰는 충성심의 표현이다. 레지오가 활성화되는 곳은 새 단원을 계속 모집하기 때문이다.

"네 이웃을 너 자신처럼 사랑해야 한다."(마태 22,39)는 말씀같이 모든 단원들이 레지오 생활을 통해 받은 은총을 다른 사람들도 받을 수 있도록 해야 한다. 새 단원 모집은 충성스런 성모님 군대의 마음과 행동의 결단에 따라서 이루어진다.

나는 입단 후에 몇 명의 새 단원을 입단시켰는가를 반문하면서 더욱 열렬히 기도하며 단원의 모집에 정성을 다해야 한다.

교본 공부

교본은 레지오의 공식 해설서이다. 교본의 내용은 레지오 정신과 목적, 그리고 조직의 원리, 규칙, 방법에 대하여 간결하게 해석하고 있으며 교리의 가치를 지니고 있다.

교본 공부를 많이 할수록 기쁨이 넘치고 활동에 적극적이며 생동감 있게 움직인다. 교본 공부와 독서를 할 때는 기도하는 자세로 해야 한다. 신문이나 일반 도서를 읽는 것처럼 가볍게 생각해서는 안 된다.

교본은 대체로 어려운 내용이다. 한 번 읽어서는 이해가 곤란한 부분도 있다. 이러한 내용이기에 매일 읽어야 한다. 단원들을 영성이 높고 가톨릭 사상이 강하다고 하는 이유는 넓고 깊은 교본의 사상을 이해하고 파악하는 데 정성을 기울이기 때문이다.

흔히 일반상식이 풍부하고 전공과목을 깊게 연구한 단원이 교본에 대해서는 경시하는 경우가 있는데 대단히 어리석은 생각이다.

레지오는 지식을 원하지 않는다. 열심히 활동한 단원일수록 교본을 철저히 공부한 단원이다. 교본을 공부하면 레지오의 정예부대가 될 수 있다.

항상 복무하는 자세를 가져야 한다

레지오 단원은 어디에 서 있든지 어느 직장에서 일하든지 생각의 방향은 교회로 향해 있어야 하고 정신과 마음은 레지오 정신으로 가득 차 있어야 한다. 어디에서 무슨 일을 하든지 성모님에게 감사드리고, 그분과 같이 호흡하고 생활하며, 언제든지 하느님에 대하여 대화할 준비가 되어 있어야 한다.

복무할 때 가장 유의할 일은 차별 없는 활동이다. 누구나 아낌없이 사랑하고 손을 잡아야 한다. 성스러운 성모님의 군대가 표리부동한 활동을 한다면 성모님은 누구를 선택하시겠는가?

자존심을 버리고 체면을 던질 때 우리의 행동은 성모님의 의향대로 성모님의 참다운 자녀가 될 것이다.

항상 복무하는 자세를 가진다는 것은 규율을 생활화하고 성모님의 사업을 하고자 하는 충성된 마음이 넘친다는 것이다. 성실하고 충성스런 단원은 말, 옷차림, 태도, 행동 등이 주위 사람들에게 거슬리지 않아야 한다. 항상 예의바르고 희생적이며 협동하고 솔선수범하며 도덕적 용기를 지녀야 한다.

그러나 이 모든 것을 다 갖추지 못했다고 포기해서는 안 된다. 이런 좋은 의향을 가지고 성모님에게 기도하면서 활동하면 완덕의 은총을 주시기 때문이다.

레지오 단원은 활동과 더불어 기도를 바쳐야 한다

행동단원은 매일 까떼나를 의무적으로 바쳐야 한다. 나아가서 뗏세라의 모든 기도를 매일 바칠 것을 강력히 권고한다. 왜냐하면 협조단원들이 매일 의무적으로 뗏세라의 모든 기도를 바치는데, 모범이 되어야 할 행동단원들이 다 바치지 않아서야 되겠는가?

모든 단원은 날마다 적어도 몇 분 동안은 묵상, 염경기도(어떤 기도문의 뜻을 마음속으로 생각하며 기도문을 입으로 정성되이 외는 것-미사경문, 기도서의 기도문, 묵주기도 등), 성경 봉독을 해야 한다.

"묵상은 우리 마음을 들어올려 하늘나라의 것들을 깊이 생각하도록 만들고 우리 마음을 하느님께로 가도록 인도한다."(비오 12세 교황)

레지오 단원들의 내적 생활

"이제는 내가 사는 것이 아니라 그리스도께서 내 안에 사시는 것입니다. 내가 지금 육신 안에서 사는 것은, 나를 사랑하시고 나를 위하여 당신 자신을 바치신 하느님의 아드님에 대한 믿음으로 사는 것입니다." (갈라 2,20)

레지오의 목적은 개인 성화이다. 그러므로 레지오는 내적 생활을 영위해야 한다. 단원의 내적 생활의 모델은 성모님이다. 성모님은 전생애 동안 기도하며 오직 내적 성화의 삶을 사셨다. 단원들도 성모님의 신앙을 본받아 성모님처럼 살아야 할 의무가 있다.

하느님의 사랑을 실천함으로 성덕을 몸과 마음으로 살아야 한다. 하느님의 말씀과 교회의 가르침에 순명하는 단원이 되어야 한다. 쁘레시디움에서는 단체적인 영적 지도를 통해 단원 성화를 돕는다. 내적 생활의 필수 요건인 기도, 금욕, 성사는 서로 연결되어 단원의 성화를 돕는다.

1) 기도
"그리스도 신자는 비록 공동으로 기도하도록 부름을 받았더라도 방에 들어가 은밀한 곳에서 성부께 기도할 것이고 더구나 사도의 가르침을 따라 끊임없이 기도할 의무가 있다."(「전 헌장」 12항)

개인기도로는 묵상, 양심성찰, 피정, 성체조배, 성모님에 대한 신심 등이 있는데 그 중에도 특히 많이 바치는 기도로 묵주기도가 있다.

사적인 영적 독서도 기도생활에 도움을 준다. 성인전을 읽는 것도 영성생활에 도움을 준다. 단원은 가능한 한 해마다 한 차례 봉쇄 피정에 참여해야 한다.

2) 금욕과 극기
단원에게는 금욕과 극기가 요구된다. 이것은 바로 그리스도께서 우리 안에 사시도록 하고, 그분의 삶으로 살기 위함이다.

금욕와 극기는 부단한 훈련으로 실천할 수 있다. 금욕과 극기는 하느님의 십자가에 동참하는 아름다운 모습이다. 속죄하는 삶이 단원의 삶이 되도록 정성을 다해야 한다.

3) 성사

단원은 예수 그리스도와 일치되는 삶을 살아야 한다. 이것은 세례성사에 근원을 두고 견진성사로써 발전되며 성체성사로써 실현되는 동시에 양육된다. 예수 그리스도와 일치를 위해 고해성사를 강조하지 않을 수 없다.

레지오 단원은 자기 성화를 위해 고해성사를 정기적으로 봄으로써 새 삶을 살아야 한다. 단원은 성모님을 통해 자신을 그리스도께 봉헌해야 한다.

레지오 단원과 크리스천 성소

레지오 단원은 항상 자신을 바라보며 자신이 누구이며 어떤 삶을 살아야 하는가를 되새겨 보아야 한다.

단원은 영원한 단원이다. 회합 때나 활동 때에만 단원이 아니다. 어디서나 단원이다. 어느 때이건 단원으로서 복무 정신을 늦추어서는 안 된다.

레지오는 단원들에게 삶의 길을 제시하고 있다. 여러 가지 훈련을 통하여 바른 삶을 영위하도록 정성을 다하고 있다.

단원은 선서를 통하여 성령의 위대한 목적을 이루는 연장이 되겠다고 서약했다. 그래서 단원이 하는 모든 일에는 언제나 신앙적인 동기가 있어야 하며 우리의 본성을 성령의 도구로 쓰시도록 내어 드려야 한다. 단원은 하느님의 창조사업에 적극적으로 협조하여 아름다운 세상을 건설하는 데 한몫을 담당해야 한다.

"평신도들의 모든 일, 기도, 사도직 활동, 부부 생활, 가정생활, 일상 노동, 심신의 휴식은, 성령 안에서 그 모든 일을 하고 더욱이 삶의 괴로움을 꿋꿋이 견뎌 낸다면, 예수 그리스도를 통하여 하느님께서 마음에 드는 영적 제물이 되고(1베드 2,5 참조), 성찬례 거행 때에 주님의 몸과 함께 정성되이 하느님 아버지께 봉헌된다. 또한 이와 같이 평신도들은 어디에서나 거룩하게 살아가는 경배자로서 바로 이 세상을 하느님께 봉헌한다."(「교회 헌장」 34항)

그리스도께서는 생활의 증거와 말씀으로 하느님 나라를 선포하셨다(「교회 헌장」 35항 참조).
단원들은 믿음으로 복음을 받아들여 말과 행동으로 선포해야 할 사명을 받았다. 단원들은 이웃을 위해 봉사해야 한다. 예수 그리스도처럼 다른 사람들의 종으로 가정에서나 사회에서 삶을 살아야 한다.
복음정신으로 살고 실천해야 한다. 애덕을 실천하는 단원이 되어야 한다. 단원들은 성스러운 직분인 사제직, 예언직, 왕직의 사명감을 가지고 수행해야 한다.

"우리는 또 다른 예수 그리스도가 될 뿐 아니라 예수 그리스도 자신이 되는 것이다."(성 아우구스티노)

제34장
쁘레시디움 간부들의 임무

쁘레시디움의 운영과 관리는 간부들의 정성으로 결정이 된다. 레지오의 활성화는 간부들의 열성에 달려 있는 것이다. 우선 간부들은 영적 수준이 단원보다 높아야 한다. 성모님과 일치하고 밀착되어 성모님에게 충성을 바치겠다는 결단이 서 있어야 한다. 예의범절이 바르고 솔선수범하는 봉사자라야 한다. 또한 하느님의 구원사업에 대한 의욕이 강해야 한다. 성모님 사업을 위해 태어난 사람같이 항상 성모님 생각에 잠겨야 하고 "내가 이 일을 하지 않으면 화가 미칠 것이다."(1코린 9,16 참조)라고 마음에 품어야 한다. 그리고 레지오에 많은 시간을 바쳐야 한다. 주회합과 평의회 출석은 물론 활동 시간을 단원보다 많이 바쳐야 하고 레지오 발전을 위해 계획표를 작성하고 점검하며 순방도 하면서 여러 가지 모습으로 정성을 바치는 복무정신이 투철해야 한다. 이렇게 레지오 정신으로 생활할 때 성모님의 중견 간부로서 단원들의 사랑을 받으며 꼭 있어야 할 간부가 될 것이다.

간부가 상급 평의회에 출석하는 이유는 상급 평의회와 쁘레시디움의 연결(고리)을 맺고 평의회에서 간부들의 훈련을 하기 때문이다.

영적 지도자

영적 지도자는 쁘레시디움에 영성적인 원동력을 부여한다. 비오 11세의 표현대로 "나의 운명은 그대의 손에 놓여 있습니다."라고 할 만큼 쁘레시디움의 모든 활동이 영적 지도자의 정성어린 지도 여하에 달려 있다. 영적 지도자는 쁘레시디움의 교사, 상담자, 지도자가 된다.

"그 단체의 영혼이 되고, 모든 선한 활동에 영감을 주며 열성의 근원이 되라."(비오 11세 교황) 수도회의 수련장이 수련자들을 돌보듯이 영성적 안목으로 돌보아야 한다. 영적 지도자는 단원의 성화에 중요한 요소인 성모님에게 대한 참된 신심을 숙지하고 실천하도록 지도해야 한다. 단원들이 온 정성을 다해 충성심을 발휘하도록 지도, 조언해야 한다. 열렬한 사랑으로 생활하고 주어진 의무와 활동을 철저히 수행하도록 한다. 단원들과 마찬가지로 회합에서 논의된 모든 일에 대해서 적극적인 관심을 가진다.

1) 영적 지도자는 본당신부나 교구장이 으명하며, 임명권자의 뜻에 따라 임명 기간 동안 직무를 수행한다.
2) 영적 지도자는 한 쁘레시디움 이상을 지도할 수 있다.

3) 영적 지도자가 쁘레시디움 회합에 참석할 수 없을 때는 다른 사제나 수도자 또는 특별한 경우에는 자격 있는 레지오 단원을 대리자로 지명할 수 있다. 즉 오랫동안 단원생활을 한 신심이 두텁고 레지오 정신이 투철한 이전 간부들을 선발하여 일정 기간 동안 레지오 지도를 하도록 지도신부는 지명해도 좋다는 것이다.

한 본당에 수십 개의 쁘레시디움이 설립되다 보니 사제와 수도자에게 부담이 커지고 있다. 레지오 지도만 해도 많은 시간이 소요되므로 합동 회합이란 것이 발생하게 된 것이다.

평신도를 영적 지도자로 한두 명 임명한다면 훈화와 지도를 담당할 수 있을 것이며 합동 회합이라는 변칙적인 형태가 발생하지 않을 것이다. 어떠한 어려운 문제가 있더라도 레지오 정신과 규칙에 위배되는 레지오를 운영해서는 안 된다.

유의할 일은 레지오의 운영은 사제와 수도자의 직접적인 지도가 없이는 활성화가 될 수 없고 발전할 수 없으니 적극적인 사제와 수도자의 지도를 받아야 하며 부득이 어려운 사정에 한해서 평신도 영적 지도자를 임명해야 한다는 것이다.

4) 영적 지도자는 회합에 참석하고 훈화를 하며 마침기도가 끝나면 강복을 준다. 평신도가 영적 지도자가 될 경우는 강복을 생략한다.

5) 영적 지도자 이외의 Pr.간부는 Cu.에서 임명한다. Pr.의 어느 간부의 임기가 완료되었거나 어떤 형편으로 간부가 공석이 될 때에는 지체 없이 Cu.에서는 간부를 임명해야 한다. Cu.에서 한

간부를 임명하기 위해서는 영적 지도자(지도신부)와 Cu. 네간부가 Cu.준비회합을 통해서 적임자를 선정하는 것이 바람직하다. Pr.의 네 사람의 간부는 어디까지나 선거하는 것이 아니고 Cu.의 회의에서 바로 임명하기 때문이다. 어떠한 경우라도 Cu.회의 전에 지도신부의 의향과 일치하는 모습으로 간부의 임명이 이루어져야 한다.

단장

단장은 Pr.을 대표하여 Pr.을 운영하고 상급 평의회 및 단체와의 종적, 횡적 유대를 도모한다. Pr.의 발전과 그 활동의 성패는 거의 단장의 충성심과 덕망과 지도에 따라 좌우된다 하여도 과언이 아니다.

① Pr. 활동을 계획하고 이를 단원들에게 배정하고 그 활동보고를 듣는다.

② Pr. 활동을 좀더 알차게 지도해야 한다. 자유 활동을 절대 금지시킨다.

③ Pr. 회합을 주재하고 업무처리를 하며 영적 독서를 한다.

④ Cu.의 행정지시를 짝지어 배정하고 제대로 잘 실천했는지 살핀다.

⑤ 활동지시를 짝지어 배정하고 그 실천 여부를 살핀다.

⑥ 단장의 지시를 무시하고 마음대로 하지 않았는지 관찰하고

지적한다.

⑦ 바른 정신과 바른 방법으로 활동했는지를 질문을 통해 알아본다.

⑧ 단원간의 화합에 노력하여 형제적 사랑으로 생활하도록 조언한다.

⑨ 단원 모집에 관심을 가지며 충성심이 강한 단원으로 지도한다.

⑩ 단원들의 교육을 실시하여 성모님의 자녀임을 재인식시킨다.

⑪ 부단장, 서기, 회계를 통솔하고 일치하도록 모범을 보인다.

⑫ 열성적인 새 단원을 찾아 단원의 배가운동에 주력한다.

⑬ 단원들의 활동상황 및 규칙 준수상황을 감독하고 선행하는 단원을 양성한다.

⑭ 불가피할 경우 단원을 징계한다.

⑮ 레지오 기본 서류의 작성, 보관 및 폐기를 지시한다.

⑯ 서기의 업무를 지휘 감독하고 서로 돕는다.

⑰ 단원의 전·출입을 허가한다.

⑱ 회계의 재정관리를 하며 낭비가 되지 않도록 지도한다.

⑲ 의연금 납부를 독려하고 그 이유를 이해시킨다.

⑳ 비품 및 소모품 관리가 소홀히 되지 않도록 지도 조언한다.

㉑ 단원으로서의 모든 의무는 동일하며 더 많은 모범적인 일을 해야 한다.

㉒ 교본 공부를 부단히 하여 자질을 높이고 단원들을 지도한다.

㉓ 독단과 독선을 피하고 교본에 입각해서 관리 운영을 한다.
㉔ 지식보다 신·망·애 삼덕으로 솔선수범하고 겸손해야 한다.
㉕ 생활과 행동으로 단원들을 교육시키며 모든 일에 솔선수범한다.
㉖ 책임을 스스로 질 줄 알아야 하며 의무를 성실히 이행해야 한다.
㉗ 회합 때에 단장은 아주 말을 적게 하며 회합을 진행한다.
㉘ Cu.의 의원이 되며 월례회의에 반드시 참석해야 한다.
㉙ 다른 단체와 유대를 가지고 서로 협조해야 한다.
㉚ 회합에 영적 지도자가 참석하지 못했을 때 훈화를 하거나 다른 단원에게 지명한다.

부단장

부단장은 단장의 직책에 적극적으로 협조하고 보좌하는 가정의 어머니와 같다. 가정의 평화와 살림을 도맡아서 하는 어머니의 역할을 하는 것이다. 사랑과 봉사로 단장의 그늘에 숨어서 명단장으로 만드는 내조의 역할을 한다.

① 꾸리아 회합에 참석할 임무가 있다.
② 단장의 유고 때에 단장의 직무를 대행한다. 그러나 단장의 공석 때에 계승권은 없다.
③ 단장의 직무를 완벽하게 보좌한다. 군대의 참모장과 같은

역할을 한다.
　④ 단원을 관리한다.
　・단원간의 인화단결에 주력하며 사랑으로 지도한다.
　・단원의 신상, 환경 등의 변화를 파악하여 화합에 노력한다.
　・기성 단원을 교육하고 관리하며 협동정신을 기른다.
　・주회합 출석을 독려하고 결석한 단원을 방문하고 사유를 파악한다.
　・병자 단원을 문병하고 다른 단원의 문병을 권고한다.
　・죽은 단원을 위한 기도 의무를 환기시키며 기록하여 보고한다.
　・협조단원 파악과 출석부 작성을 하며 협조단원 돌보기에 노력한다.
　・협조단원 돌보기는 가정 방문을 통해서 하도록 지도한다.
　・단원들의 애경사에 관심을 가지며 내 가정같이 모든 것을 도와준다.
　・단원들의 가정 환경까지 파악하여 형제적 사랑으로 상부상조한다.
　・아듀또리움 단원을 모집하고 돌보는 일에 노력한다.
　⑤ 주회합에서 출석 호명을 한다.
　⑥ 평의회 부단장은 결석한 Pr.에 각 보고서를 첨부하여 회의 사항을 통지해야 한다.

서기

서기는 Pr.의 모든 기록을 작성하고 보관하며 일반적인 사무를 담당한다.

① Pr.의 회의록을 작성하고 똑똑하고 낭랑하게 낭독한다.

② 각종 보고 서류를 작성한 뒤 단장의 재가를 얻어 평의회에 보고한다.

③ 통신 및 기타 사무를 관장한다.

④ 평의회에 참석하고 그 내용을 요약하여 회합 때 보고한다.

⑤ 각종 서식 용지를 비치하고 서류를 보관한다.

⑥ 평의회에 참석할 때에 Pr.의 월례 보고서를 작성하여 단장의 재가를 얻어 평의회에 접수한다.

⑦ 모든 장부의 보존은 교회에 보관 시설이 있다면 모두 보존하면 좋으나 그렇지 않을 경우에는 Pr.설립 흐 첫번째 단장의 계획서와 서기의 회의록을 반드시 보존해야 하며 출석부를 모두 보존해야 한다. 나머지 장부는 소각해야 한다.

회계

① 회계는 평의회의 회합에 참석해야 한다.

② Pr.의 재정 업무를 관장하고 Pr.의 자금을 관리한다.

② 매주 회합마다 비밀 주머니를 돌리고 계산한다. 가까운 금

융기관에 예금한다.

④ 지출은 Pr.이 결정한 대로 한다.

⑤ 주회합 때마다 회계 보고를 한다.

⑥ 필요한 지출을 한 나머지는 Cu.에 의연금으로 납부한다.

⑦ 특별한 지출이나 자금을 다른 데로 옮길 때는 사전에 Cu.의 승인을 받아야 한다.

⑧ Pr.비품과 소모품을 관리한다.

⑨ 회계장부는 매년 꾸리아의 감사를 받아야 한다.

⑩ 회의실의 관리에 관심을 가져야 한다. 환경, 기물, 의자와 제대 준비물, 냉온방, 꽃 장식 등에 세심한 관심을 두어야 한다.

⑪ 회계는 회합 중에 훈화가 끝나면 회합이 중단되거나 분심이 나지 않도록 조심하면서 비밀헌금 주머니를 돌린다. 헌금이 준비 안 된 단원도 주머니에 손목까지 넣어야 한다. 비밀헌금 계산은 회합이 끝난 즉시 하여 회계장부에 기재한다.

　성모님이 원죄에 더럽혀지지 않았다고 해서 악마의 유혹이나 걱심한 시련을 겪지 않으셨던 것은 아니다. 성모님도 우리들과 마찬가지로 여러 가지 곤란을 겪으셨다. 다만, 그것에 굴복하지 않았을 뿐이다. 최초의 은총을 항상 소중하게 간직하고 있었던 것이다.

제35장
자 금

레지오 마리애의 비밀헌금은 참으로 지혜로운 방법으로 모금되어 처리된다. 강요하지도 비율을 한정하지도 않고 자발적으로 레지오의 발전과 유지를 위해 헌금하는 성금이다.

헌금궤 앞에 앉아 계시던 예수님께서 축복했던 과부의 동전 한 닢과 같다. 봉헌하는 단원들은 마음에서 우러나오는 정성된 마음과 기도하는 정신으로 봉헌해야 한다.

자금의 사용은 한푼이라도 레지오적으로 해야 한다. 인간적인 감정으로 사용하는 것은 금해야 한다. 레지오 자금은 어느 간부의 것이 아니고 오직 성모님의 재산이다.

성모님에게 바친 성금을 관리하는 기준은 레지오 범주 내에서 사용해야 한다는 것이다.

1) 모든 레지오 기관은 그 바로 위 상급 평의회의 사업과 유지를 위하여 정성껏 헌금해야 할 의무가 있다. 그 기관의 부채는

그 기관만이 부담할 책임이 있다. 레지오에서 부채를 진다는 것은 불명예스런 일이므로 경계해야 한다.

2) 각 기관은 헌금 액수를 정해서 헌금하도록 해서는 안 된다. 일 년 계획을 세워 얼마씩 헌금하라고 지시해서는 안 된다. 부담을 주는 강제성을 배제해야 한다.

쁘레시디움은 소액의 잔액(천 단위)만 남기고 모두 꾸리아에 바쳐서 전반적 사업을 추진하도록 해야 한다. 각 쁘레시디움은 꾸리아의 사업을 돕고 자금을 보내서 레지오 사업 추진에 협조해야 한다. 그리고 꾸리아는 쁘레시디움의 활성화 방안을 연구하고 추진해야 한다.

꾸리아는 상급 평의회에 헌금해야 한다. 하급기관의 헌금이 없으면 사업 추진이 안 되어 기능이 마비된다. 간혹 쁘레시디움에서나 꾸리아에서, 그리고 상급 평의회에서 자금의 헌금에 대하여 이해를 못하는 경우가 있다. 하지만 세나뚜스에서도 세계 최상급 평의회인 꼰칠리움에 매월 헌금하고 있다.

3) 자금을 함부로 지출해서는 안 된다. 쁘레시디움에서는 지출을 거의 안 하는 걸로 여기고 꾸리아에 헌금하면 좋겠다. 그런 다음에 쁘레시디움에서 필요한 것이 있으면 즉시 꾸리아에 신청하면 꾸리아에서 해결해 줄 것이다.

4) 꾸리아는 쁘레시디움의 사업으로 인하여 불가피하게 지원이 필요하면 보조금을 준다. 쁘레시디움에서 사업이 필요하면 먼저 꾸리아와 상의하는 것이 질서이다.

5) 쁘레시디움에서 자금을 지출하고자 할 때는 꾸리아의 허가를 받는다. 혹시라도 친목 행사에 사용될 수 있기 때문에 이것을 예방하기 위한 것이다.

 그리고 단원들이 매주 봉헌하는 자금의 사용처에 대해 궁금증을 갖지 않도록 가끔 주지시켜야 한다.

 6) 쁘레시디움이나 평의회가 없어지거나 조직체의 활동이 정지될 때는 그 자금과 자산의 소유권은 위 상급기관에 속한다.

 7) 영적 지도자는 직접 개입한 일이 없는 부채에 대해서는 개인적인 책임을 지지 않는다.

 8) 회계장부는 일 년에 한 번씩 회계 감사를 받아야 한다. 쁘레시디움이나 각급 평의회 자금은 공공 금융기관에 레지오 명의로 예금통장을 만들어 사용한다. 이자 수입까지 자세히 장부 정리를 해야 한다.

 9) 비밀헌금을 봉헌할 때는 조심성 있고 정성된 마음으로 해야 한다.

 10) 레지오 자금 사용은 어떻게 할 것인가?
 · 쁘레시디움의 자금 사용 사례
 레지오 제대 비품 준비, 각종 장부 구입, 사업 보고서 제작비, 위령 미사비, 활동 여비, 협조단원용 뗏세라 구입 등이다.

 특별 사업비로는 이동문고 수레 운영비와 자체 사업비가 있다.
 · 평의회의 자금 사용 사례
 레지오 확장사업, 새 지단 설립에 따른 제대 준비, 레지오 용품·비품 구입, 각종 벡실리움·단기 제작, 선교사 양성에 따른 선교 교육 비용, 피정비용, 선교지 제작, 특수 쁘레시디움 보조, 레지오 월간지 구입, 각종 회의록·서식 구입비 등이다.

제36장
특별한 언급이 필요한 쁘레시디움

소년 쁘레시디움

　소년 쁘레시디움의 조직은 18세 이하의 남녀 청소년들로 구성하여 꾸리아의 승인을 얻어야 한다. 청소년들이 장차 성인이 되어 사회인이 되면 성실한 신앙인은 물론 레지오의 기둥으로써 레지오 사도직을 모범적으로 수행할 수 있도록 영성 높은 훈련을 실제적으로 쌓게 하는 게 소년 쁘레시디움의 목적이다.
　소년 쁘레시디움의 단장은 레지오 정신과 조직을 완전히 이해하고 레지오 경험이 있는 성인단원이 파견되어 맡는 게 좋다. 소년단원들이 올바른 레지오의 정신과 관리, 운영을 배우도록 하기 위한 것이다.
　성인 두 사람이 파견되도록 한다. 이것은 레지오의 확장이나 단장의 결석 때에 차질 없이 지도하기 위한 것이다. 적어도 단장만은 성인 레지오 단원이 맡아야 한다.

소년 쁘레시디움은 훈화가 중요한 역할을 한다. 훈화로 레지오 정신을 배우고 레지오의 규칙을 공부할 수 있어야 한다. 그러므로 훈화는 반드시 교본을 가지고 하여야 하며, 그렇게 함으로써 교본 공부를 지속적으로 시키는 훈련도 될 수 있다. 소년들은 교본 내용을 이해하지 못하는 경우가 많으므로 특히 훈화를 중요시해야 한다.

소년 쁘레시디움의 구성을 보면 초등학생과 중·고등학생으로 되어 있기에 연령의 차이가 많이 생기므로 활동배당에서 똑같은 수준으로 하는 것보다 연령의 차이에 적합한 활동을 배당해야 한다.

소년 쁘레시디움은 단원들에게 1주일에 1시간 정도의 활동을 하도록 배당하는 것이 좋다.

소년단원들은 수련기의 규정에 적용되지 않으며 선서도 하지 않는다. 또한 성인 꾸리아에 참석할 수 없으며 나중에 성인단원이 될 때에는 정상적인 수련기의 과정을 거쳐야 한다.

이밖의 모든 규칙은 성인 쁘레시디움과 똑같다.

파견된 성인단원의 경우 선서를 하지 않았다면 그 소년 쁘레시디움에서 한다. 소년단원들이 사용하기 위한 기도문이나 교본은 별도로 만들 수 없으며 성인단원들과 같은 교본을 사용해야 한다.

소년단원들은 장차 레지오의 기둥이요 교회의 군대로써 사명감이 대단히 크다. 그러므로 소년 레지오의 육성은 성인단원들의 의무이다.

각급 평의회는 소년 쁘레시디움 지도에 세밀한 계획을 수립해야 하며 재정적인 지원을 적극적으로 해야 한다. 소년 쁘레시디움이 없다거나 소수일 경우는 그 평의회에 희망이 없다는 증거이다.

소년 쁘레시디움의 간부들은 소년 꾸리아 회합에 참석해야 한다.

소년 쁘레시디움의 지도는 본당의 수녀님들과 상의하면 좋은 결과를 얻을 것이다. 소년단원들의 교육은 방학 기간을 이용하는 것이 바람직하며 교육 내용은 레지오의 역사, 목적, 정신을 이해하도록 하며 교회의 군대란 인식을 확고히 갖도록 하고, 학교에서는 예절 바른 생활과 봉사로 다른 학생의 모범이 되도록 주지시켜야 한다.

또한 사생활에서는 성모님의 군대다운 언행일치로 항상 공중도덕을 잘 지키고 모든 일을 솔선수범하도록 교육해야 한다.

성인단원들은 항상 소년단원들에게 바람직한 생활에 대한 습관을 훈련시켜야 한다.

① 공손한 태도와 예의 바른 언동을 하며 효도하는 자녀가 되게 한다.

② 물건을 제자리에 두고 정리 정돈을 하도록 한다.

③ 다른 사람에게 폐를 끼치거나 방해하지 않으며 질서를 지키도록 한다.

④ 남의 물건은 허락을 받은 다음에 사용하도록 한다.

⑤ 어디 갈 때는 가는 곳을 말하고 허락을 받은 다음 가도록 한다.

⑥ 정한 규칙을 꼭 지키도록 한다.

⑦ 다른 사람이 말할 때는 끝까지 듣도록 한다.

⑧ 시간을 지키고 아끼는 습관을 기른다.

⑨ 약속을 이행하고 신뢰하는 습성을 기른다.

⑩ 자연을 사랑하고 보전하는 사람으로 기른다.

⑪ 욕이나 남이 듣기 싫어하는 말을 하지 않고 고운말을 쓰도록 한다.

⑫ 어린아이, 장애자들을 돌보고 무시하지 않게 한다.

⑬ 거짓말을 하거나 과장하거나 속이지 않도록 한다.

⑭ 청결에 대한 습성을 지도한다.

⑮ 어떠한 일에나 최선을 다하고 항상 기뻐하는 습성을 기르도록 한다.

⑯ 항상 '나는 성모님의 군대'란 의식을 가지고 주님의 공의에 합당한 생활을 하도록 한다.

⑰ 언제 어디서나 기도하는 습성을 기른다.

⑱ 선교의식을 가지고 친구들을 사귀도록 한다.

활동 거리로는 집안일과 학교의 일을 돕는다, 협조단원을 모집하여 기도하는 법을 지도하고 친교를 가진다, 교회의 일을 돕고 여러 단체의 회원을 방문하여 교회의 소식지를 배부한다, 학교와 성당의 청소를 하고 정원의 꽃과 나무를 가꾸는 일을 한다, 어린이 교리와 미사 안내를 하며 복사를 한다, 병자를 방문하여 필요한 일을 돕는 것 등의 일이 좋다.

소년단원들은 자신의 가정을 나자렛 가정처럼 신앙생활을 하도록 지도해야 한다. 어머니의 사랑을 만끽하며 어머니 품안에서 어머니의 정신을 배우고 존경하는 마음을 갖도록 교육해야 한다. 가정이 사랑의 훈련장이 되도록 하고 부모를 공경하는 자세를 가르친다.

  봉사하는 미덕을 훈련시킨다. 사회를 위해서 봉사하는 사람이 되도록 한다. 이타주의를 몸에 익혀 더불어 사는 복지국가와 하느님 나라를 건설하는 역군이 되도록 한다.

  기도하는 습성을 기른다. 쉬지 않고 기도하려는 자세가 중요하다. 묵주기도를 매일 바치도록 지도해야 한다.

  기도는 습관적으로 주어진 의무가 아니고 신심의 기초요 일에 대한 뒷받침임을 알게 한다. 기도는 봉사의 원천이 되기 때문이다.

  만일 소년 쁘레시디움 단원들에게 알맞은 활동을 주지 않거나 규칙을 스스로 무시하는 일을 한다면 레지오의 모든 계획, 모든 희망은 좌절되고 말 것이다.

  레지오를 제대로 배우고 실천하도록 처음부터 철저히 지도해야 한다.

  청소년 단원들이 그리스도의 자녀로써 학교생활에서 빛과 소금의 역할을 할 수 있도록 지도해야 한다.

  농촌 일손 돕기는 방학 동안에 할 수 있을 것이다. 봉사활동은 훌륭한 체험이다. 또한 선교 현장 체험은 장래의 삶의 방향을 잡아 주는 훌륭한 활동이다.

신학교 쁘레시디움

 본당의 사목에 임하는 사제는 모두 레지오의 영적 지도자가 된다. 현재 전국 각 본당에는 레지오 조직이 크게 확산되어 있으며 레지오 규칙대로 관리, 운영되고 있다.
 레지오 지식이 없이는 레지오를 바르게 지도할 수 없기에 신학교에서 특수 쁘레시디움을 조직, 운영함으로써 지도의 방법을 체득하게 하는 게 바람직하다. 이런 취지로 본다면 전국의 신학교에 빠짐없이 쁘레시디움을 설립하는 작업이 시급하다고 사료된다. 광주 가톨릭 신학대학에는 5개의 쁘레시디움이 설립되었다가 지금은 2개의 쁘레시디움이 있다.
 교본의 규칙에 따라 정확히 관리, 운영되어야 하나 그 회합이나 활동이 신학교의 일과나 규칙에 지장을 주지 않아야 한다. 그러나 레지오 규칙을 변경하거나 단원의 의무를 소홀히 해서는 안 된다.
 가장 중요시할 점은 각 단원에게 실질적 활동을 배당해야 한다는 것이다. 실질적 행동이 없으면 쁘레시디움은 존재할 수 없다.
 신학교란 특수 환경을 감안하여 주간활동 의무는 1시간으로 하고 있다. 특히 교본 연구에 중점을 두어야 한다.
 활동의 내용은 교내 생활에서 이루어질 수 있는 것이 되겠지만 다양하고 성의 있게 활동하여 정성스런 보고가 되도록 해야 한다. 참고로 활동을 제시한다면 가정이나 병원 방문, 사회 복지 시설 방문, 개종신자 지도, 교리반 지도, 성사를 바르게 받도록 준비시키는 일 등을 들 수 있다.

신학교 당국이 세운 사제 양성 계획과 연관되도록 하는 것이 매우 중요하다.

레지오를 하는 신학생들은 레지오의 이론을 바탕으로 하여 실천면에서 기초 토대를 닦게 된다. 즉 완벽한 신앙적 행동 철학을 정립하게 된다. 그리하여 일선 사목에 임할 때는 레지오를 효율적으로 지도할 수 있고 신자들을 쉽게 동원할 수 있을 것이다. 사실 우리나라의 모든 성당에 레지오가 거미줄같이 조직되어 주야로 활동하고 있다. 레지오 조직은 그 지역의 영성의 표지라고 말하고 있다. 물론 어려운 점이 있겠지만 각 신학 대학교마다 쁘레시디움을 조직해서 운영하는 것이 대단히 큰 의미가 있다고 본다.

제37장
활동의 예와 방법

 레지오는 활동하는 성모님의 지체이며 성모님에게 봉헌된 정성스런 자녀들의 군대이다. 활동의무를 수행하는 것은 이 세상에서 가장 성스러운 행위이다. 성모님이 주신 은총에 보답하고자 하는 자녀들의 자연스런 생활 모습이 곧 활동이다. 성모님에게 의탁하며 어머님 분위기에서 생활하는 모습을 활동이라 할 수 있다.
 이 시간에도 한결같이 우리들에게 은총을 주시는 그 감격스런 은혜에 감사하며 쉬지 말고 활동이란 의무에 열성적으로 참여해야 한다. 피에 추기경의 말을 들어 보자.
 "가는 데마다 조심성만 있다면 용기는 어디에서도 얻지 못하리라. 마침내 우리는 그 조심성 때문에 죽고 말 것이다."
 사람은 누구나 직업이 있다. 직업인은 그 특정한 직업에 종사하다 보면 남들이 알아볼 수 있도록 그 직업인답게 모습이 변모한다. 그래서 누구나 쉽게 상대방의 직업을 알아볼 수 있고 대화하는 데 불편이 없다.

가정을 방문하면서 오해를 불러일으키는 활동을 해서는 안 된다. 우선 성모님의 군대다운 활동 때의 차림은 검소한 복장에 가방과 묵주를 들어야 한다. 물론 가방에는 교본, 성경, 교회 소식지, 초대지, 성수, 성화 등을 준비해야 한다.

원칙적으로 쁘레시디움은 영웅적이라고 일컬을 만한 특정한 활동을 펴고 있어야 한다. 모험적 활동에 착수해야 한다. 그리고 활동의 수준을 계속 끌어올려야 한다. 하느님께로 나아갈수록 시야는 더욱 드넓게 트이고 가능성은 커질 것이다.

본당에서의 사도직 활동

레지오는 본당 주임신부의 지도와 사랑으로 활성화되고 있다. 레지오의 영적 지도를 담당하고 있는 본당 주임신부와 온전히 일치되어야 한다.

레지오가 본당신부의 지시를 받고 사목방침을 따르며 교회의 발전에 솔선수범하는 것은 아주 바람직하고 당연한 일이다. 레지오가 본당의 일에 무관심하고 비협조적이며 수동적인 태도를 보인다면 용서할 수 없는 아주 비열한 태도이다.

레지오는 사도직 활동을 아주 열심히 전개하여 본당 발전에 헌신하고 지역 복음화에 기여하는 데 정성을 다해야 한다.

· 가정 방문 – 본당 구역 내의 모든 가정을 방문하여 기쁜 소식을 전파해야 한다. 외교인 가정을 방문하여 교회를 소개하고 입

교 권면을 해야 한다. 다른 종교 신자의 가정을 방문하여 개종 권면을 적극적으로 해야 한다. 교우집을 방문하여 함께 기도하고 우정을 돈독히 한다.

· 미사 드릴 사제가 없는 지역에서 주일과 의무 축일에 준전례 의식을 거행하는 일 - 단원은 누구나 복사와 미사 해설, 그리고 교회의 여러 행사에 따른 예절을 돕는 일을 할 수 있도록 수련해야 한다.

· 교리반 지도 - 단원은 교리를 공부하여 교리교사가 되어야 한다. 교리교사 과정을 특별히 이수하여 초등반, 중등반, 대학생반, 청년반, 성인반, 노인반, 특수반 등의 교리반을 지도할 수 있도록 준비해야 한다.

· 몸이 성하지 않은 사람들, 병으로 고생하는 사람들, 노인들을 찾아가 돌보고 필요하면 사제가 방문하도록 주선하는 일 - 장애자, 병자, 노인들을 방문하고 돌보는 일, 그리고 봉성체 등 필요할 경우 사제의 방문을 주선한다.

특히 장애자를 친형제와 같이 사랑으로 대하고 친구가 되어 주고 그들의 인격을 존중하는 아름다운 품성으로 실천해야 한다.

· 장례 절차 중에 묵주기도(연도) 바치는 일 - 상가에서 밤샘을 할 때나 장례식에서 묵주기도를 바친다. 단원은 상가집 돌보기를 정성껏 해야 한다. 장례 미사 등 장례 예절에 참여하는 일과 기도하는 일을 정성껏 해야 한다.

· 가톨릭 단체 및 본당 단체에 회원으로 가입하도록 신자들에

게 권유하고 기존 회원이 이탈하지 않도록 돌보는 일 - 모든 가톨릭 단체와 신심 활동 단체의 새 회원을 모집하고 기존 회원들을 격려해야 한다.

· 본당일에 협조하는 일 - 모든 영혼을 어떤 방법으로든지 교회의 보호 조직 속으로 이끌 목적으로 본당에서 후원하는 모든 선교활동에 협력해야 한다. 교회의 행정사무를 돕는 데 적극 협조한다. 교회의 각종 행사에 협조한다.

가정 방문 활동

가정 방문은 레지오가 전통적으로 수행하고 있는 활동이며 주특기라고 말할 수 있는 주된 활동이다. 레지오 활동의 으뜸을 차지하는 활동이 가정 방문이다. 단원은 가정 방문을 통해 단원의 보람을 찾는다. 방문 활동을 통해 많은 열매를 맺는다.

가정마다 방문하여 평화의 인사를 나누는 것은 참으로 아름답고 성스러운 사도직 활동이다. 신자의 가정에서는 형제애를 나누며 성모님에게 함께 기도해야 한다. 쉬는 교우의 가정에서는 그동안의 사랑의 단절을 서로 이해하고 위로하며 신앙생활을 계속할 수 있도록 형제애를 돈독히 하며 함께 기도해야 한다.

다른 종교 신자의 가정에서는 교회의 일치를 위해 기도하면서 개종에 관한 대화를 해야 한다. 비그리스도교 가정에는 하느님의 진리를 전파해야 한다.

특히 장애인이나 노인들 그리고 불우한 형제들에게 하느님의 사랑을 나누며 형제애의 정신을 발휘해야 한다.

○ 복음 전파를 위한 활동(외교인 가정 방문)
· 새로 이사온 가정
· 셋방에 사는 가정
· 신축한 가정
· 큰 걱정이 있는 가정
· 실직한 가정
· 가난한 가정
· 환경이 안 좋은 가정
· 무신론자 가정
· 경사가 난 가정
· 슬픔이 있는 가정

○ 친교 활동(교우 가정 방문)
이미 입교한 형제들의 가정을 주기적으로 방문하여 친교를 맺고 신앙 체험담을 나눈다. 그리고 쉬는 교우 가정 방문은 자주 하여 회심하도록 정성을 다해야 한다.

"평신도 복음화 사도직에서 가정의 복음화 활등을 강조하지 않을 수 없습니다.

교회 역사의 여러 시기에, 또한 제2차 바티칸 공의회에서, 가정은 그에 걸맞게 "가정 교회"라는 아름다운 이름으로 불렸습니다. 이 말은, 모든 그리스도인 가정 안에서 전체 교회의 다양한 측면이 발견되어야 한다는 뜻입니다. 또한 가정은 교회와 마찬가지로 복음이 전달되고 복음의 빛을 내는 자리가 되어야 합니다.

이러한 사명을 의식하고 있는 가정에서는 모든 가족이 복음화하고 또 복음화되고 있습니다. 부모는 자녀들에게 복음을 전할 뿐만 아니라, 그들이 깊이 실천하는 복음을 자녀들에게서 받기도 합니다.

그러한 가정은 다른 여러 가정과 주변 이웃에게 복음 선포자가 됩니다. 혼종혼 가정은 그들이 받은 같은 세례성사의 충만함 안에서 자녀들에게 그리스도를 선포할 의무가 있으며, 어려운 일이지만 일치를 이루고자 노력하여야 합니다."(「현대의 복음 선교」, 71항)

가정에 예수 성심상 모시기

레지오의 스승이신 프랭크 더프는 예수 성심 신심이 대단히 돈독한 분이다. 그는 예수 성심 신심을 지키기 위해 매월 첫 금요일을 지켰다.

성녀 마르가리타 마리아 알라콕(1647-1690)에게 예수님께서 발현하시어 예수 성심의 12가지 은총을 약속했는데, 그 10번째 은총이 "나는 사제들에게 아무리 굳은 마음이라도 감동시킬 수 있는 은총을 줄 것이다."이다. 사제를 대신하여 방문하는 단원들에게도 어느 정도는 이 말씀이 해당된다고 하겠다.

프랭크 더프는 예수님께서 약속하신 9번째 은총, "내 성심 상본을 모시고 공경하는 가정에 강복하여 줄 것이다."란 약속에 입각하여 예수 성심께의 가정 봉헌 활동을 단원들에게 강조하였다. 가정에 예수 성심상을 모시는 신심을 전파하는 활동을 펴야 한다.

예수 성심 공경은 우리를 무한히 사랑하시어 당신 자신을 송두리째 바치시고 희생제물이 되신 그리스도의 사랑을 우리의 미천한 사랑으로 보답하는 신심행위이다. 그리스도께서는 당신 성심께 사랑을 바치고 자신을 봉헌하는 이에게 축복과 은총을 풍성히 내리겠다고 거듭거듭 약속하셨다. 이 축복과 은총의 성심을 12가지 약속으로 요약해서 설명할 수 있다.

① 내 성심을 공경하는 이들의 지위에 요긴한 모든 은총을 줄 것이요,

② 저들의 가정에 평화를 주겠으며,

③ 저들의 모든 근심 걱정 중에 나 저들을 위로하여 줄 것이요,

④ 저들이 살아 있을 때와 특별히 죽을 때에 저들의 의탁이 될 것이며,

⑤ 저들이 경영하는 모든 사업에 풍성한 강복을 할 것이요,

⑥ 죄인들은 내 성심의 무한한 인자의 샘과 바다를 얻을 것이며,

⑦ 냉담한 사람은 열심해질 것이요,

⑧ 열심한 사람은 빨리 큰 완덕에 나아갈 것이며,

⑨ 내 성심 상본을 모시고 공경하는 가정에 강복하여 줄 것이요,

⑩ 사제들에게 극히 완악한 마음이라도 감동시키는 은혜를 줄 것이며,

⑪ 내 성심 공경을 전파하는 이들의 이름을 내 마음에 새겨 도무지 없어지지 않게 할 것이요,

⑫ 누구든지 아홉 달 동안 계속 첫 금요일 미사에 영성체하는 사람에게는 마지막 통회의 은혜를 주어 은총 지위에서 죽게 할 것이며, 그 마지막 시간에 나 저의 의탁이 되리라.

예수께서 성녀 마르가리타에게 말씀하신 이 축복의 약속은 이미 신·구약 성경에서 그 교리적 근거를 찾아볼 수 있다. 따라서 예수께서는 이미 성경에 계시되고 약속된 당신의 사랑과 거기에서 나오는 은혜를 강조하고 확인하신 것뿐이다.

성경에는 이 약속과 병행되는 약속이 있음을 살펴볼 수 있다.
"주님께서 당신 백성에게 권능을 주시리라. 주님께서 당신 백성에게 평화로 강복하시리라."(시편 29,11)
"한결같은 심성을 지닌 그들에게 당신께서 평화를, 평화를 베푸시니 그들이 당신을 신뢰하기 때문입니다."(이사 26,3)
"지극히 높은 곳에서는 하느님께 영광, 땅에서는 그분 마음에 드는 사람들에게 평화!"(루카 2,14)
"성령의 열매는 사랑, 기쁨, 평화, 인내, 호의, 선의, 성실, 온유, 절제입니다. 이러한 것들을 막는 법은 없습니다."(갈라 5,22-23)
"예수 성심께서 베푸신 또 다른 귀한 은혜는 가장 사랑하는 당신 어머

니 마리아를 우리의 어머니로 주신 것이다. 마리아의 성심은 하느님이요, 인간이신 예수님의 성심을 비추는 성심과 같이 성령으로 충만하고 태중의 아드님과 사랑으로 일치하셨다. 성모님의 성심은 인류의 죄로 인해 당하시는 예수 성심의 고통과 일치하고, 당신 아드님의 구속사업에 동참하시면서 우리에게 모성적 자애(慈愛)를 끝없이 베푸신다. 비오 12세 교황은 회칙 '그리스도의 신비체'(1943년)에서 성모님과 교회의 관계를 다음과 같이 언급했다.

"원·본죄에 물들지 않으시고 항상 당신 아드님과 긴밀히 결합하신 마리아께서는 아담의 타락으로 훼손된 당신의 모든 자녀를 위해 새로운 하와로서 골고타에서 사랑에 넘치는 완전 희생과 더불어 당신 아드님을 성부께 바치셨다. 이리하여 우리의 머리이신 그리스도를 낳은 동정 마리아는 고난과 영광으로 인해 영적으로 그리스도의 모든 지체의 어머니가 되셨다. 마리아께서는 형언하기 어려운 고난을 용감히 또 신뢰심을 갖고 견디심으로써 순교자들의 참된 어머니가 되시며 그리스도의 지체인 교회를 위해 그리스도의 수난의 부족한 점을 보충하셨다. 마리아는 창으로 찔린 구세주의 성심에서 태어난 그리스도의 신비체를, 당신의 아기 예수를 구유와 자신의 품에 안고 양육하신 그러한 열렬한 모성애와 배려로써 돌보셨다."

따라서 예수 성심께 드릴 공경과 함께 마리아의 성심께 드릴 공경이 합당함을 교회는 다음과 같이 가르친다.

"예수님의 지극히 거룩한 성심께 대한 신심에서 모든 그리스도인들에게 아니 전인류에게 풍성한 은총이 흘러 나오도록 신자들은 예수 성심께 대한 신심을 천주 성모의 티없이 깨끗한 성심께 대한 신심과 밀접히 결합하여야 할 것입니다. 그것은 하느님의 뜻에 따라 인류 구원사업을 수행하신 복되신 동정 마리아께서 그리스도와 뗄 수 없는 관계를 맺고 계셨기 때문입니다. 곧 우리의 구원은 예수 그리스도의 사랑과 고통에서 샘솟아 나왔고 그 사랑과 고통에는 그분 어머니의 사랑과 슬픔이 긴밀히 결합되어 있었습니다. 그러므로 마리아를 통하여 그리스도께 하느님의 생명을 받은 그리스도인들은 예수 성심께 마땅한 영광을 드리고, 그들 천상 어머니의 지극히 사랑하올 성심께도 그에 부응하는 신심과 애정, 감사와 보속 행위를 드리는 것이 마땅하고 옳을 것입니다."(비오 12세의 회칙 'Haurietis Aquas' 124항)

본당 교세 조사

본당 구역 내의 가톨릭 신자들이나 쉬는 교우들을 만나고 주민들의 신앙에 대한 의식조사를 하여 복음화에 기여해야 한다. 또한 본당 지역 내의 주민들과 친교를 도모하고 경조사에 동참 한다는 의미도 부여하고 있다. 이 활동은 적어도 1년에 1회 이상 실시해야 한다. 각 쁘레시디움은 지역 배당을 받으면 단장은 반드시 두 사람이 한 조가 되어 한 가정도 빠짐없이 방문해야 한다.

그 지역의 대민 봉사 기관도 방문하여 노고에 위로하는 활동도 겸해야 한다. 즉 파출소, 동사무소, 우체국, 소방서 등을 방문하는 활동도 대단히 중요한 활동이다.

1) 방문 대상자의 인적 사항을 파악해야 한다.

활동배당을 받으면 그 대상자의 성명, 연령, 성별, 가족 관계, 신앙 관계 등을 상세히 파악할 수 있는 데까지 파악해서 대화하는 데 도움이 되는 자료를 얻도록 사전 전략을 세우면 좋다. 현대는 정보시대이며 적을 알아야 승리를 거둘 수 있다. 대상자의 선행에 대하여 파악하는 데 주력하면 좋을 것이다.

2) 방문 시간을 잘 정해야 한다.

유고 방문을 제외하고는 특정된 시간(식사 시간, 사업 중 가장 분주한 시간, 취침 시간)을 피해야 한다. 방문 예고를 할 필요가 있을 경우에는 통신을 통하여 할 수도 있다. 즉 면담 가능성, 시간, 장소 등을 전화를 통하여 알 수만 있다면 큰 효과를 얻을 수 있다. 그러나 이런 일은 특별한 경우에 한해야 한다. 경험으로 보아 한 가정에 10분 이상 머물면 좋지 않다. 친한 경우에도 지킬 필요가 있다.

3) 2인 1조의 활동원칙을 지킨다.

단독 활동은 삼가야 한다. 위로와 격려 속에 힘과 용기를 지닌 짝지은 2인이 기도하면서 활동해야 한다(루카 10,1 · 마태 18,19 · 마르 6,7 · 전도 4,9-12 참조).

4) 방문 횟수

환자 방문의 경우 외교인은 주 1회 정도, 교우는 주 2회 정도가 좋을 것이며 외로운 형제에게는 주 1회 정도가 적당하다고 본다. 외교인 환자의 방문은 영혼을 구하는 기회로 잡아 전투 자세로 기회를 포착한다. 방문 때는 대상자가 거부감을 느끼지 않도록 유의해야 한다.

외교인 방문은 입교를 권면할 경우 주 1회 정도가 좋을 것이며 어느 정도의 반응이 있으면 매주 2회 정도의 방문으로 성과를 거둘 수가 있다.

5) 대화 내용이 중요하다.

부드러운 언어로 상대방의 입장을 이해하며 대답하는 자세가 중요하다. 대상자의 입장을 우선적으로 수긍하면서 대화하는 자세가 중요하며 대상자가 더 많은 말을 하도록 여유를 준다. 대화의 내용은 세상의 부조리와 향락, 물질만능에 대한 것을 삼가하고 선행이나 교회의 미담을 얘기하는 것이 좋다.

6) 겸손한 표양을 하라.

레지오 마리애는 겸손이 행동지침이다. 성모님 군대의 전투는 먼저 자신과의 전투에서 승리해야 한다. 자신의 교만을 버려야 한다. 공식적이고 기계적인 대화를 피하고 평화스런 내용을 말하도록 노력해야 한다.

7) 수첩이나 메모지를 활용해야 한다.

단장이 활동배당을 하면 수첩에 메모한 다음 2인이 언제 어디서 만나서 활동할 것인가를 약속한다. 또한 활동을 하고 나서 대상자의 눈에 띄이지 않는 특정한 장소에서, 활동보고를 3분 이내에 할 수 있도록 요점만 적어서 정리해 놓으면 좋다. 주회합 때에 수첩을 펴고 보고하면 조리 있게 이야기할 수 있다. 수첩을 이용하지 않으면 횡설수설하는 경우가 있게 된다.

활동은 단장의 배당 지시에 따라서 해야 한다. 우연한 활동으로 활동지시를 대체할 수 없다. "믿음에 실천이 없으면 그러한 믿음은 죽은 것입니다."(야고 2,17), "기뻐하는 이들과 함께 기뻐하고 우는 이들과 함께 우십시오."(로마 12,15)의 말씀을 묵상하면서 활동해야 한다. 활동보고의 시간은 영적 대화의 시간과 같은 마음으로 임해야 한다.

병원 방문(정신병원 포함)

레지오가 1921년 9월 7일 시작한 후 처음 활동은 아일랜드의 더블린시에 있는 유니온 병원의 암병동을 방문하는 데서부터 시작되었다.

극빈자의 암병동은 중환자들로 공포의 분위기였지만 단원들은 과감히 활동하였다. 프랭크 더프는 병원 방문을 적극 권장하였다. 더욱이 가난한 사람들이 입원한 병원을 우선적으로 방문하라고 권장하였다. 그들이야말로 고통받는 '그리스도'라고 하였다.

성녀 데레사는 "하느님은 당신의 사랑하는 성자와 같은 삶을 우리에게 허용해 주셨으니 이보다 더 큰 은혜가 있을 수 없다."고 말했다.

누구나 병들면 불안하고 죽음의 공포에 휩싸이며, 외롭고 잡념이 많아진다. 특히 교우들은 미사 봉헌을 못하고 누워 있으니까 더욱 답답할 것이다.

교우 환자 방문은 봉성체, 병자성사 지도, 심부름해 주기 등을 곁들여 해야 한다. 환자 방문은 위로와 봉사를 하기 위함이다. 위로란 곧 환자의 벗이 되어 주는 것을 말한다. 외롭게 누워 있노라면 슬퍼지게 마련이다. 환자로서는 먹을 것보다 대화의 상대를 갈망하게 된다.

이런 점을 감안하여 방문자는 되도록 말을 하지 말고 환자의 이야기만 들어 주는 입장이 되어야 한다. 아무리 사리에 어긋난 내용이라도 그냥 "예" 혹은 "그래요" 하면서 환자의 친근한 벗이 되어 주는 것이다. 환자는 그 동안 가슴에 묻어 두었던 말을 다하게 하여 마음이 후련하게 해준다.

중병일 경우 세면도 못하고 세탁물도 많이 쌓여 있을 것이다. 환자 가정을 방문해서 환자와 위로의 대화가 끝나면 즉시 무엇을 도와드릴까 하고 살핀다. 예를 들면 환자의 발과 손을 닦아 준다든지 방안 청소를 한다든지 부엌의 정리, 마루 닦기, 마당 쓸기, 화장실 청소 등 그 환자가 하지 못하는 집안일을 도와준다.

병원에 입원한 병자를 방문할 경우는 한 가지 더 유의해야 할 점이 있다. 큰 병원에는 흔히 합동 입원실을 이용하는 경우가 많은데 입원한 사람들은 누구나 경험한 일이지만 입원 수속이 되어 방 배치를 받고 나면 여러 종교에서 찾아와 팸플릿을 놓고 가며 인사를 한다. 병원에 장기간 있다 보면 입원실에 많은 방문객이 오는데 대략 저분은 무슨 일로 오고, 저분은 무슨 종교인이란 것을 알 수 있다. 이때 환자들은 자기에게 온 방문자가 아니더라도 많은 관심을 가진다. 그래서 큰 병원 합동 입원실을 방문할 경우 대상자에게 가서 조용하고 따스한 분위기에서 위문하고 난 다음에는 한 입원실에 있는 환자들에게 차례로 다가가서 "고생하십니다. 쾌유되시겠습니다. 어디서 오셨습니까? 저희들은 ○○○ 천주교회 신자입니다. 속히 건강을 회복하시고 퇴원하시도록 기도하겠습니다." 등의 위로의 인사를 간단하게 함으로써 우리 교회의 좋은 인상을 줄 수 있다.

다음은 영성적 도움을 주는 일이다. 성경 낭독, 기도, 성가, 주임신부님에게 연락하여 봉성체, 병자성사 등을 볼 수 있도록 해야 한다. 환자 가족들을 위로하는 예의도 잊어서는 안 된다.

외교인 환자를 방문하면 단원은 교우 병자일 경우와 마찬가지로 정성을 다하여 위로와 봉사를 해야 한다. 입교에 대한 권유는 처음부터 강하게 하기보다는 점차적으로 거부반응이 없는가를 살피면서 해야 한다. 활동의 내용이 다소나마 환자에게 위로를 주었다면 머지않아 입교하게 될 것이다.

가장 가난하고 소외된 사람들을 위한 활동

○ 불우한 형제들
무료 급식소, 무료 숙박시설 또는 유치장 등을 방문하여 그들의 영혼을 구원해야 한다. 우리 민족은 촌수로 계산하면 100촌

이내에 다 걸린다고 한다. 이 말은 우리 민족은 비록 성(姓)이 다를지라도 모두 한 핏줄이요 한 형제란 것을 의미한다. 그러므로 우리들은 같은 민족이요 형제란 의식으로 인륜적으로나 신앙적으로나 내 형제들을 사랑하는 마음으로 활동해야 한다. 이 활동을 하면서 유의할 일은 절대로 낙심해서는 안 된다는 점이다. 전혀 반응이 없다는 판단을 하면서 실망하는 태도는 금물이다. 실패하면 내 정성이 부족하다는 마음으로 기도하며 용기를 내어 끈덕진 노력으로 그들의 영혼을 구원해야 한다.

○ 방황하는 형제들

유흥가, 우범 지역, 열차역, 버스 터미널 노숙자(나그네)들을 선도하는 활동에 더 적극적인 사업전략을 수립해야 한다. 그들도 우리와 대등한 관계라는 가톨릭 원리를 알아야 한다. 사랑을 받지 못한 형제들에게 헌신적으로 광범하게 사랑을 베풀고 관심을 가지는 것은 신앙인으로서 당연한 일이다. 자기 희생을 통하여 사랑을 주며 형제애의 동질감을 느끼는 것은 성모님 군대의 자연스런 모습이다.

○ 착취당한 형제들

정당한 임금을 받지 못한 근로자, 인신 매매단, 사기 등에 시달리며 죽어 가는 형제들을 구출해야 한다. 비록 그들에게 어떤 큰 변화를 갑작스레 줄 수 없다손 치더라도 꾸준히 도전하며 기도로써 이런 구조적 비리를 쳐부숴야 한다. 눈부신 활동을 전개하여 사회에 변화를 주고 정부에 각성을 촉구해야 한다.

○ 억압받는 형제들

억울하게 감옥에서 희생당하는 형제들을 위로하고 주님의 평화와 화해를 위한 활동을 단원으로서 열렬히 전개해야 한다. 또한 이런 불미스런 사실을 교회 당국에 알려 해결을 요구해야 한다.

위의 여러 활동을 수행하려면 단원 모두에게 영웅적인 자질과 순수한 초자연적 안목이 반드시 필요하다. 이처럼 위대한 노력에 대한 보상은 그 대상자들이 하느님과 화합한 가운데 선종하는 것을 보는 것이다. 이러한 일에 협력할 수 있다는 것이 얼마나 기쁜 일인가?

청소년들을 위한 활동

청소년들의 믿음과 순수성이 끝까지 보존될 수 있다면 교회의 장래는 얼마나 빛나겠는가! 청소년들은 교회의 꽃이요 미래의 주인공이다. 청소년들의 지도와 교육에 정성을 다해야 한다.

청소년을 위한 활동의 예는 다음과 같다.

○ 어린이 미사 참례

어린이들이 가톨릭 신자의 기본 의무를 안 지키는 것은 부모의 무관심이나 나쁜 영향 탓이다.

어린 시절에 좋은 습관을 길러야 한다. 주일 미사에 빠짐없이 참례하는 습관을 기른다. 어린이의 신앙지도에 부모와 가족들, 그리고 본당 교리교사들의 따뜻한 사랑과 관심이 절실히 요청된다.

○ 어린이 가정 방문

어린이에게 가장 큰 관심을 표하는 것은 어린이들의 가정을 방문하는 활동이다. 가정을 방문하면 서먹서먹하던 어린이에게 쉽게 접근할 수 있다.

어린이들의 가정을 방문할 것을 강조하고 싶다. 현재 다른 종교의 어린이 지도교사들은 1년에 한 차례 정도 가정 방문을 하거나 적당한 회합에서 부모님과 상면도 하고, 어린이를 직접 만나서 대화하고 격려한다. 가정 방문을 하면 가족들은 아주 좋은 인상을 받는다. 자기 자녀를 관심 있게 지도해 주면 얼마나 고맙겠는가?

○ 어린이 가톨릭 교리 지도

어린이들을 위한 가톨릭 교리교육을 할 때는 교리반에 결석하는 어린이들부터 방문한다. 어린이와 다정하게 대화하고 가족과도 상면하여 사랑의 정을 나눈다. 어린이들의 교리교육을 돕고 가정을 방문하는 것은 매우 훌륭한 활동이다. 교육은 세속적인 방법을 탈피해야 한다. 학교교육의 방법에서 벗어나야 한다. 어린이들 한 사람, 한 사람에게 당신의 사랑하는 성자를 보여 주시는 예수님의 어머님은 이들을 어떻게 가르치셨을까를 회상하면서 교회적이고 레지오적인 교육을 실시해야 한다.

○ 비가톨릭 학교 또는 공립학교

비가톨릭계 학교 학생에게도 레지오는 특별한 계획을 세워 하느님을 알아 볼 수 있도록 최선의 노력을 해야 한다. 각 지역의 교회에서 마련하고 있는 대책이 있을 경우에 레지오는 정성을 다하여 그 일을 착수해야 한다. 비가톨릭 학교 학생들에게 성모님의 상본 한 장이라도 나누어 준다면 그들의 영혼이 살아날 수 있을 것이다.

○ 젊은이들의 신심회

좋은 환경에서 공부했던 어린이들도 학교를 마칠 나이면 위기에 처하게 된다. 이러한 정신 상태의 흐트러짐에 대비해서 레지오의 주관 아래 청소년 신심회를 조직하여 지도하면 아주 좋은 활동이 된다.

졸업 이후 일정 기간 동안 젊은이들로 하여금 정기적으로 자주 영성체를 하게 하는 데는 이보다 더 좋은 방법이 없다. 특히 환경이 열악한 젊은이들에게 특별한 관심을 가져야 하는데 결석하면 즉시 방문 활동을 해야 한다.

○ 청소년 단체, 보이 스카우트, 걸 스카우트, JOC(가톨릭 노동청년회) 분회, 양재교실, 아동복지회 지부 등의 설립지도

이런 활동은 쁘레시디움 전체의 활동보다는 일부 단원들의 활동을 의무로 하는 것이 보통이다. 한 쁘레시디움이 특수한 활동에만 전념하는 것도 좋을 것이다. 이런 경우에 쁘레시디움의 운영은 규칙대로 진행해야 한다.

특수 활동을 한다고 해서 쁘레시디움의 운영대로 하지 않는다면 크게 잘못된 행위이다. 어디까지나 쁘레시디움의 규칙과 운영은 일치해야 한다. 적어도 뗏세라의 기도문을 시작, 중간 및 마침 부분으로 바쳐야 한다.

○ 레지오의 청소년 지도 지침

청소년들의 신심회나 청소년회를 운영하는 단원에게는 지도 원칙을 제시해 줄 필요가 있다. 쁘레시디움 조직은 모든 종류의 대상자와 활동에 알맞은 기준이 있어야 한다.

㉠ 최고 나이는 21살이고 최하 나이는 제한이 없다.

㉡ 모든 회원은 정기적인 주회합에 참석해야 한다.

㉢ 모든 회원은 매일 까떼나 레지오니스를 바친다.

㉣ 주회합에서는 레지오의 제대를 차려야 한다.

㉤ 회합 때마다 묵주기도를 포함한 레지오 기도문을 쁘레시디움 주회합 때 처음에 세 차례에 나누어서 바쳐야 한다.

㉥ 전체 회합시간은 한 시간 반 정도로 한다.

㉦ 적어도 반 시간은 그 단체의 업무나 교육 목적으로 사용해야 한다.

㉧ 모든 회원은 적어도 월 1회 영성체를 한다.

㉨ 회원들에게 협조단원이 되도록 권장하고 봉사 정신을 마음에 새기도록 해야 한다.

"성 요한 보스코의 뛰어난 활동적 생활에서 많은 교훈을 얻을 수 있다. 나는 그 중에서 오래 기억할 만하고 매우 중요한 가르침 한 가지만 소개하고자 한다. 그 가르침은 초·중·고등학교, 대학 또는 신학교에서 스승과 제자, 윗사람과 아랫사람, 또는 선생과 학생 사이에 존재해야 하는 관계에 관한 것이다. 이 성인은 윗사람이나 스승이 원칙을 따르느라고, 혹은 미처 생각을 못했거나 이기심 때문에 하느님께서 훈련과 인격 형성을 시키도록 그들에게 맡긴 제자들이 거의 접근할 수 없게 만드는 무관심한 태도, 거리를 두는 태도, 그리고 지나치게 점잔을 빼는 태도를 맹렬히 비난하였다. '사람들이 너를 잔치 주관자로 내세우거라도 우쭐대지 마라. 그들 앞에서 손님들 가운데 하나로 처신하여라. 다른 사람들을 먼저 보살피고 그다음에 자리에 앉아라.'(집회 32,1)는 성경 말씀을 성 요한 보스코는 늘 마음에 간직하고 있었다."(부르느 추기경/Cardinal Bourne)

이동 문고

가톨릭 사상을 세상에 전파하기 위해 교회 서적을 판매하는 이동 문고를 운영해야 한다.

번화한 거리, 버스 터미널, 열차 대합실, 공원 휴식 장소, 공공시설의 대기실 등이 이동 문고의 설치에 적합하다. 레지오는 모든 큰 중심지에는 적어도 하나씩 이동 문고가 설치되기를 바라고 있다. 문고대에 서적들을 잘 진열해 놓고 부담감 없이 사람들이 책을 접할 수 있도록 한다. 문고를 설치하면 주위에 사람들이 모여든다. 이동 문고에 대한 영향은 대단하다. 회두하는 사람, 매일 영성체하는 사람, 가톨릭 교회에 입교하겠다는 사람이 증가한다. 그리고 이런 활동을 보고 레지오에 입단하겠다는 신자가 증가한다. 참으로 아름다운 일이다.

이동 문고에 대한 지식이나 서적에 대한 전문지식이 없더라도 주저할 필요가 없다. 오직 하느님의 사상을 전파해야 한다는 사명감과 용기만 있다면 모두 해결된다. 대화하는 데 어려움이 있다면 쁘레시디움이나 영적 지도자에게 물어 보면 해결된다. 가톨릭은 하느님의 말씀으로 이루어졌기 때문에 오직 하나요, 명확하고, 한결같고, 그르침이 없고 또한 하느님으로부터 오는 권위를 지니고 있음이 틀림없다. 이러한 특성은 가톨릭 교회에서만 발견될 수 있다.

군중 속에서의 접촉 활동

교회의 풍부한 보화를 세상 사람 하나하나에게 가져다 주는 활동이 필요하다. 이 활동은 많이 은총 받은 열성적인 단원이 영혼을 구하도록 다른 사람에게 활동하는 '접촉 활동'이다.

선교하는 데 가장 바람직스런 활동은 개인 접촉이다. 대중적 집단을 상대로 선교하는 데는 어려움이 뒤따른다. 선교의 좋은 지향은 한 사람씩 만나서 영혼을 구하는 것이다.

사람들에게 신앙 문제에 대하여 대화하고자 접근하는 단원의 아름다운 모습에 풍성한 은총이 넘칠 것이다. 거리에서, 공원에서, 공중 집회소, 버스 터미널, 열차 대합실, 광장에서 활동을 시도할 수 있다.

이 활동에 참여하는 단원들은 아주 겸손하고 정중한 언어를 사용해야 한다. 즉 선교사적인 인품과 자세가 필요하다.

신자 가정부를 보살피는 활동

신자 가정부의 신앙에 대해서 무관심하거나 반대하는 가정이 있다면 매우 가슴 아픈 일이다. 신자는 가정부에게 신앙생활을 할 수 있도록 도와주고 지도해야 할 것이다. 비신자 가정부에게 신앙을 갖도록 지도한다는 게 퍽이나 어려운 활동이다. 왜냐하면 자유스럽게 가정 방문이 허용되지 않기 때문이다. 그러나 결코 포기해서는 안 된다.

군인 또는 직업상 자주 이동하는 사람들을 돌보는 활동

생활의 변화 때문에 신앙을 게을리 하기 쉽고 자주 유혹에 흔들리기 쉽다. 그러므로 이들을 위한 사도직이 절실히 필요하다.

민간인이 병영에 들어가기가 쉽지 않기 때문에 군인들만으로 조직된 쁘레시디움이 필요하다. 이미 여러 곳에서 시도되었고, 성공하고 있다.

선원들을 위한 활동에서는 선박을 방문하고 육상에서의 여러 편의를 제공할 필요가 있다. 이 사도직에 활동하는 쁘레시디움은 국제 단체인 '해양사도회'에 직속되어 지도를 받는다. 이 회는 대부분 해양국들에 그 지부를 둔다. 레지오는 해양 사무국과 긴밀히 협력하여 선원들을 위한 활동을 전개해야 한다. 여행객들, 집시들, 곡예사들은 이동하는 사람들로 레지오 사도직 영역에 반드시 포함되어야 한다. 이주자나 피난민들을 위한 활동 역시 레지오 사도직의 일부임을 잊지 말아야 한다.

가톨릭 출판물 보급 활동

가톨릭 서적과 홍보물을 보급해야 한다. 수많은 성인 성녀와 지도자들은 교회 서적을 읽고 감화되어 성인이 되었다. 히포의 성 아우구스티노와 로욜라의 성 이냐시오 같은 이들도 생애에 큰 변화를 준것은 서적을 통해서였다.

서적을 통해 변화하는 사건은 수없이 많다. 가톨릭 서적이나 홍보물을 들고 매월 정기적으로 가정을 방문하여 권면하는 것은 대단히 아름다운 활동이다. 주위의 사람 중에 한 권의 가톨릭 서적을 읽고 사제의 길을 가는 경우도 있으며, 혹은 수도자의 길을 택하는 경우도 많다.

가톨릭 출판물로는 종교적인 서적이나 소책자 외에도 가톨릭 신문이나 잡지가 있다. 이러한 홍보물이나 잡지 등도 대단히 영향을 끼친다. 그러므로 지속적으로 받아 볼 수 있는 정기적인 독자가 되도록 홍보하는 활동이 필요하다.

활자 매체와 더불어 시청각 교재도 신앙을 전달하는 데 귀중한 역할을 한다. 어디까지나 교회의 가르침과 일치하는 서적에만 한정된다.

매일 미사 참례 및 성체조배 권장 활동

 신자들은 가급적 매일, 그리고 가능한 한 최대한의 횟수로 미사 성제에 참례해야 하며, 순수하고 신성한 영성체로써 스스로를 새롭게 하며, 주 예수 그리스도의 위대한 선물에 대해 맞갖은 감사로써 보답해야 한다.
 이때 신자들이 마음에 새겨 두어야 할 말은 예수 그리스도와 교회는 모든 그리스도인들이 매일 성찬에 참례하기를 바란다는 것이다.
 이 소망의 기초는 신자들이 영성체를 통해 자신을 하느님과 일치시키고, 세속적인 욕망을 자제할 힘을 얻으며, 일상의 사소한 잘못을 씻어 내고, 연약한 인간이 저지르기 쉬운 더 큰 죄에 빠지지 않도록 미리 예방하는 것이다.
 한 걸음 더 나가 전례규범에 따르면 성체는 반드시 교회 안에 보관하고 조배받도록 하며, 눈에 잘 띄는 장소에 모신다.
 신자들은 자주 성체조배를 해야 한다. 성체조배는 주님께 대한 감사의 표시이며 사랑의 서약이다. 성체 안에 현존하시는 주 그리스도께 대한 흠숭을 드러내는 일이다.
 단원은 매일 미사 참례와 영성체하는 것을 적극 권장하고 있다. 쁘레또리움 단원과 아듀또리움 단원은 의무적으로 매일 미사에 참례해야 한다. 프랭크 더프는 매일 미사에 참례했고, 성체조배도 매일 1시간 이상 하였다.

협조단원 모집과 돌봄

협조단원의 모집에 정성을 다해야 한다. 협조단원을 모집하고 돌보는 것은 단원의 의무이다.

협조단원에게 감사하는 마음을 가져야 한다. 레지오에 바치는 너그러운 마음과 기도가 성덕의 잠재력을 가지고 있다. 협조단원들도 행동단원과 똑같은 성모님의 자녀이다. 협조단원의 영혼 안에는 성덕의 위대한 전당이 솟아오르고, 행동단원에게는 건립자의 보상이 따르게 된다.

매월 정기적으로 협조단원을 방문하여 함께 기도하면서 우정을 돈독히 해야 한다.

협조단원 모집의 대상은 성직자, 수도자, 평신도 그리고 가족, 친지, 동료 등 자주 만나는 사람이 적합하다.

행동단원이 협조단원을 1명 이상 모집해서 관리하면 얼마나 아름다운 일인가?

그런데 현재 우리나라의 레지오는 협조단원이 점차 줄고 있다. 참으로 안타까운 일이 아닐 수 없다. 협조단원이 줄어든다는 것은 그만큼 기도가 적어지고 레지오가 작아진다는 것을 의미한다.

그러므로 협조단원을 더 많이 모집하여 성모님이 외롭지 않도록 정성을 다해 기도해야 한다.

선교회를 돕는 활동

온 세상의 복음화를 위해 기도하며 활동하는 레지오는 선교회를 적극 도와야 한다. 자기 고장, 내가 사는 지역만 복음화를 외치는 것이 아니라 세계의 복음화에 정성을 다해야 한다.

성녀 데레사는 외방 선교사를 위해 기도하고 서신으로 격려하며 선교사업의 수호자로 추대되었다.

각 쁘레시디움에서 소수의 단원들에게라도 이 활동을 배당하면 큰 성과를 얻을 수 있다.

프랭크 더프는 매일 세계 지도를 펴놓고 세계의 복음화를 위해 기도하였다.

피정 참가 권장 활동

프랭크 더프는 기도와 성체조배, 미사 참례 등 영성생활을 해 오면서도 피정에 무게를 두었다. 매년 두 번씩의 피정을 통해 감화를 받고, 단원들에게도 적극 권장하였다.

단원들의 의무는 아니지만 피정을 하도록 주선해 주어야 한다. 숙박 문제로 피정할 수 없다면 당일 피정으로도 성과를 얻을 수 있을 것이다. 단원들은 여러 피정에 참여하여 영양소를 얻고 정결된 마음을 닦는 데 정성을 다해야 한다. 피정과 교육에 적극적인 단원은 영성생활도 잘 할 수 있을 것이다.

레지오 단원이 자기 자신의 생활을 게을리 한다면 어떻게 되겠는가? 레지오 단원으로서 자기 신앙을 돈독히 하고 은총을 나누는 생활을 한다는 것은 바로 자신을 위하고 레지오를 위하는 생활이다. 아울러 피정을 즐기는 단원이 되어야 한다.

예수 성심 단주회 회원 모집 활동

이 회는 1898년 더블린에서 예수회의 제임스 쿨런 신부가 창설하였다.

목적은 금주(禁酒)와 절제를 실천하고 장려함으로써 하느님께 영광을 드리는 데 있다.

이 목적을 달성하기 위한 수단은 기도와 자기 희생이다. 회원들은 그리스도께 대한 사랑으로 선행을 하기 위해 금주를 하며, 방종의 죄를 짓지 않고, 오직 기도와 자기 희생을 통해 은총을 받는다. 과음하는 이들과 알콜 중독으로 고통당하는 이들을 돕는 활동을 한다.

① 술을 절대 입에 대지 않는다.
② 매일 두 번씩 영웅적 봉헌기도를 바치며 회의 휘장을 착용해야 한다.
③ 쁘레시디움은 개척자회 중앙 본부의 인가를 받아서 지부를 둘 수 있다.

프랭크 더프는 레지오가 탄생하기 전에 이미 개척자회에 입회하여 회원 모집 등의 활동을 열심히 하였다. 그는 선종 때까지 개척자회의 배지를 항상 달고 다녔다. 그 배지의 모양은 예수 성심상이다.

우리나라에는 광주의 성요한 병원 내에 금주 개척자 모임이 있어 활동하고 있다. 정기적인 모임을 개최하고 금주에 따른 교육과 지도로 많은 형제들이 건강을 회복하고 있다.

지역별 특수 활동 실시

지역에 따른 특수한 활동은 먼저 레지오 관리 당국이 교회의 양해 아래 승인할 수 있는 것이어야 한다. 가톨릭의 깃발 아래 이루어지는 하나하나의 영웅적 행위는 그 지역 사람들의 사고방식에 충격적이라 할 만한 효과를 발휘한다.

두려움을 버리고 특수한 활동을 착수해야 한다. 세상의 모든 분야가 우리의 활동 대상이다. 하느님의 나라에 합당하지 않은 모순된 모든 것에 대하여 레지오는 영향력을 발휘하고, 방향전환을 시키는 실제의 활동을 전개해야 한다.

특수한 활동을 해야 할 쁘레시디움은 성모님의 순명과 용기로 사업에 착수해야 한다.

레지오는 어떤 일이나 할 수 있고 어떤 활동이나 성공한다. 이 땅에 얼마나 많은 십대의 소녀들이 어둠의 거리에서 희생되고 있는가? 레지오의 특수 활동의 대상이 거리의 십대 소녀들도 될 수 있다. 기도하며 그런 활동의 열쇠를 잡도록 한다.

제38장
빠뜨리치안회

빠뜨리치안회(Patricians)는 1955년에 설립되었다. '빠뜨리치안'이라는 이름은 고대 로마에서 쓰던 용어를 따온 것이다. 가장 높은 사회 계층의 계급에 속한 사람들을 지칭하는 이름이다. 그래서 빠뜨리치안회는 모든 사회 계층을 하나의 영성적 귀족으로 결속하자는 열망에서 온 것이다.

레지오 마리애의 조직에서 빠뜨리치안회는 중요한 사업을 하고 있다. 이 회는 가톨릭 신자들에게 그들의 신앙과 그 내용을 가르치는 역할을 한다. 가톨릭 기초 교리와 신앙에 관해서 토의한다.

그리고 요즘 새로운 주제인 인공수정, 임신, 시험관 아기, 실험실 양육, 또는 호흡 보조기를 도덕적으로 억제하고 제거할 것인가를 토의한다. 신자들이 이 회에서 신앙을 트론함으로써 스스로의 신앙을 견고하게 하고 비신자들에게 신앙을 전하는 데 도움이 되게 한다. 특히 이웃과 직장과 사회에서 기회가 있을 때마다 신앙에 대하여 대화를 나누고 영혼의 구원을 서두를 수 있게 한다. 빠뜨리치안회는 복음 전파의 훌륭한 도구이다. 또한 모든 사람에게 신앙을 전해 주는 수단이다. 성모님의 풍성한 은총으로 개인이나 공동체의 쇄신을 위해 시작되었다.

빠뜨리치안회는 세례 받은 모든 교우가 참석한다. 즉 쉬는 교우, 열심하지 않은 교우들을 환영한다. 가정 방문 활동을 통해 찾은 쉬는 교우에게 참석하도록 적극 권유해야 한다.

비신자들은 빠뜨리치안회에 참석할 수 없다. 복음 전파의 도구 역할도 하기는 하지만 비신자가 이해하기 어려운 교회의 가르침을 토의할 때도 있기 때문이다. 즉, '원죄 없이 잉태하신 모후', '성모 승천', '사제의 성품성사' 등은 신자가 아니면 이해할 수 없다.

그러나 교본은 교구 주교님이 승인해 주는 비신자에 한해서는 참석할 수 있다고 했다. 프랭크 더프는 아직 레지오를 하지 않는 많은 교우들이 빠뜨리치안회 행사에 참석하여 복음 전파에 적극적인 활동을 하도록 권장하고 있다. 단원뿐 아니라 신자들도 회원으로 모집해야 한다는 것이다.

빠뜨리치안회는 쁘레시디움의 주관으로 개최한다. 그러나 평의회인 꾸리아의 지도와 도움을 받아야 한다. 특히 처음 개회하는 경우에는 평의회 간부회의 협조를 받아야 한다. 프랭크 더프는 매년 쁘레시디움이 빠뜨리치안회를 개최하기를 희망했다. 평의회는 어떤 쁘레시디움이 빠뜨리치안회 개최에 적합한가를 사전에 조사하여 선별해서 개최하도록 하고 필요한 도움을 주어야 한다.

회합을 개최하고자 하는 쁘레시디움은 장소 결정에 유의해야 한다. 레지오 회합실이 적합하나 주택의 응접실을 이용해도 좋을 것이다. 참석 인원에 맞도록 장소를 결정해야 한다. 조용하고 따뜻한 분위기가 회합하는 데 도움이 된다. 회원 수는 50명 이내여야 한다. 회합에 가장 적당한 일시를 확정하고 행동단원이 사회를 본다. 주제는 서로 상의해서 적절한 내용으로 결정한다.

프랭크 더프는 주제에 대하여 아래와 같이 제시하고 있다.

○그리스도의 신비 · 성삼위 · 그리스도의 신성 · 그리스도의 강생구속 · 성령 · 교회 · 성모 마리아 · 묵주기도 · 성체 · 고해성사 · 기도 · 평신도 사도직 · 대사 · 유다교 · 여호와의 증인 등이 있다.

빠뜨리치안회의 첫 회합을 개최할 때는 대상자들에게 서신으로 알리면 좋다. 쁘레시디움은 회합 준비에 어려움이 있다고 해서 주저하지 말 것이며 과감히 추진할 것을 권유한다. 만약 어려운 질문이나 대답하기 곤란한 문제가 있을 때는 다음 회합에서 정확한 정답을 주겠다고 약속하고 지도신부님에게 물어서 해답을 풀어 주면 좋다.

빠뜨리치안회는 매월 정기적으로 개최하며 약 2시간 동안 진행한다. 다음 회합에서 토론할 주제를 선정하면 그 주제에 대하여 발표할 사람을 자원하도록 해서 준비하는 데 충분한 시간을 주는 것이 좋다. 주제 발표는 15분 정도가 적당하고 10분이 넘으면 사회자는 결론을 맺도록 요청해야 한다. 왜냐하면 주제 발표 시간이 초과되면 토론 시간이 줄어들기 때문이다. 이렇게 되면 좋은 회합이 될 수 없다.

회합 장소의 의자 배치는 서로 마주 보고 대화할 수 있도록 한다. 레지오 마리애 제대를 차린다(레지오 행사 때 제대를 차리는 것이 기본임을 명심해야 함).

시작기도는 모두 일어서서 빠뜨리치안 기도를 바친다. 레지오 기도와 묵주기도는 빠뜨리치안회에서는 바치지 않는다. 기도 후 앉으면 사회자는 모든 참석자를 환영하고 주제 발표자를 소개한다. 이때 앉은 순서대로 자기 소개를 하여 분위기가 친근감이 있고 화기애애하게 만든다.

주제 발표를 한 사람은 가급적 토론에 참여하지 않는다. 함께 토론을 하면 계속 발언을 하여 좋은 결과를 맺는 데 장애가 된다.

사회자는 토론하는 사람의 말에 격려와 견제를 해야 한다. 말을 하지 않거나 지루하게 진행되지 않도록 한다. 가끔 "지금까지 발언하지 않은 분이 발표하십시오." 하여 모든 사람에게 기회가 돌아가도록 해야 하나 억지로 발표하도록 할 필요는 없다. 몇 번 회합에 참석하면 말문이 열리는 경우가 있기 때문이다. 사회자는 발표자가 없다고 해서 당황하거나 그 시간을 채우려고 지루한 말을 해서는 안 된다.

발표자는 모든 사람이 들을 수 있도록 크게 말해야 한다.

회의가 시작되면 사회자는 영적 지도자를 소개한다. 회계 보고는 전 회합의 잔액, 비밀헌금액, 다과 비용, 현재 잔액 순으로 보고한다. 빠뜨리치안회가 해체되었을 때는 잔액을 쁘레시디움 비밀헌금으로 취급한다. 회비 부담은 없으나 협조하면 좋다. 주회합 때처럼 비밀헌금을 한다. 회의를 마칠 때에는 모두가 서서 '사도신경'을 바치고 강복을 받는다.

참석하는 회원에게는 의무가 없다. 활동배당은 하지 않으며 주제 발표를 자원하면 이는 주회합 활동으로 간주한다. 매 회의마다 참석할 의무가 없다고 해서 결석하는 것은 삼가야 한다. 빠뜨리치안 제대는 주관하는 쁘레시디움에서 준비하며 따로 구입할 필요는 없다.

빠뜨리치안 회의의 으뜸가는 목표는 참석자들의 생각을 유도하는 것이다. 회의 도중에 서로 상반된 의견과 해석이 있더라도 성질을 내서 공박하지 말고 서로 주고받고 하는 동안에 올바른 해답이 떠오르게 해야 한다. 결국 영적 지도자가 강평(훈화)시간에 더 정확하게 해석과 설명을 하여 모든 사항을 이해하도록 해줄 것이다.

빠뜨리치안회의 홍보 방법에 대하여 설명한다. 주최하는 단원들이 신자들에게 알려 준다. 이때 초대장을 만들고 날짜, 시간, 장소를 자세하게 알려야 한다. 협조단원을 방문하여 참석토록 권장한다. 쉬는 교우들에게 초대장을 준다. 교회 주보에 홍보한다. 교회 게시판에도 광고한다. 이때 인쇄물에는 '레지오 마리애'를 언급하지 않는다. 왜냐하면 쁘레시디움에 가입하라는 인상을 주지 않기 위함이다. 그래서 광고할 때는 '빠뜨리치안회' 혹은 '가톨릭 교리 토론회'라고 하는 것이 좋다.

레지오의 복음 전파 사명은 매우 중요하다. 프랭크 더프 형제가 강조하였듯이 빠뜨리치안회 운동은 신자들을 훈련하고 동원하는 레지오의 응답이다. 꾸리아에서는 빠뜨리치안 모임을 적극 후원하여 활성화되도록 해야 한다. 빠뜨리치안의 궁극적 목적을 알지 못하는 사람들은 두 시간의 모임으로는 모든 것을 속시원히 알기는 어렵다고 할 것이다.

그러나 프랭크 더프가 말했듯이 빠뜨리치안의 목적은 모든 것에 해답을 얻는 것이 아니고 문제의 제기에 있다. 참석자에게 주제에 관하여 신선한 생각을 제공하고, 스스로 조사하고 자신이 결론을 얻도록 하는 것이다.

빠뜨리치안회의 몇 가지 원칙

1) 집단 심리를 활용하자.
구성원 각 개인이 집단을 움직이는 생명체로써 참여하며 집단 안에서 자리를 잡고 안정을 얻어 함께 힘을 발휘하도록 한다. 그리하여 집단 심리의 작용으로 회원들이 새로운 의견과 사상을 흡수하여 질적으로 향상되도록 한다.
2) 괴로운 침묵의 순간을 참고 기다리자.
토론이 진행될 때 발언을 재촉하거나 불안한 분위기를 조성하지 않아야 한다. 회원들이 긴장감을 가지면 발언하려는 마음이 없어진다. 기다리면 자유롭고 편안한 분위기가 되어 입이 열리게 된다.

3) 문제를 스스로 해결하게 하자.

문제를 해결하는 데는 두 가지 방법이 있다. 하나는 전문가에게 해답을 얻는 것이고, 다른 하나는 스스로 노력해서 문제를 해결하는 것이다. 빠뜨리치안회는 회원들이 토의해서 스스로 서서히 문제를 풀어, 배운 것을 기쁘게 받아들이고 마음에 새겨 자신을 갖게 한다.

4) 질문을 하지 않도록 하자.

빠뜨리치안회에서는 질문을 받지 않는다. 토론을 중단시키는 경우가 있기 때문이다. 질문할 때는 반드시 자신의 의견(해답)을 덧붙여서 질문을 한다.

5) 빠뜨리치안회의 형성 원리

이미 발표된 의견에 생산적이며 새로운 사상이 싹트는 살아 있는 좋은 의견을 첨가해야 한다. 그리하여 침체된 믿음과 소극적인 신앙에 활력을 넣어 좋은 방향으로 변화되도록 한다.

6) 주관자의 역할

주관자는 겸손하며 신중하게 진행해야 한다. 가급적 발언을 자제하고 회원들이 자유로운 분위기에서 토론하도록 세심한 배려를 한다. 빠뜨리치안회는 가정적이다.

7) 해석의 원리

회원 모두가 발언 내용을 이해할 수 있도록 해석해 준다. 지식의 높고 낮음에 관계 없이 서로 이해할 수 있도록 도와주는 능력은 보석처럼 소중한 것이다. 언어와 문화가 다른 지역에서는 깊은 수렁에 다리를 놓는 것과 같은 큰 힘을 발휘한다.

8) 하느님께 일거리를 드리는 일

하느님께서는 지극히 미천한 우리의 노력마저도 받아 주시고 써 주시기 때문에 토론이 다소 충분치 못하더라도 걱정해서는 안 된다. 결국은 우리가 바라던 대로 완성된다. 온 세상을 변화시키는 일에 단원들은 정성을 바쳐야 한다.

회합의 순서

0 : 00 - 평신도 주제 발표(15분 이내), 빠뜨리치안회 기도문
0 : 15 - 토론
0 : 59 - 회계 보고, 영적 지도자 훈화 후 비밀주머니가 돌아갈 것임을 알림
1 : 00 - 휴식(커피, 다과 준비)
1 : 15 - 영적 지도자 훈화(15분 이내)
1 : 35 - 토론 계속, 비밀헌금 주머니
1 : 55 - 공지사항(다음 회합 일시와 주제 발표)
2 : 00 - 사도신경(다 함께 서서 합송)
사제의 강복(선 채로 강복)

대학 및 청소년 지회

정상적인 방식으로 집회를 열기가 전혀 불가능한 경우, 곧 (가) 대학 및 기타 교육기관에 설립되었거나, (나) 모두 18세 이하의 회원으로 구성된 지회의 경우에는 다음과 같이 단축된 진행 방식(소요 시간 1시간 30분)을 허용한다.

0 : 00 – 빠뜨리치안회 기도문 및 평신도 주제 발표(5분 이내)

0 : 05 – 토론(40분)

0 : 45 – 휴식 시간(10분) (다과는 생략할 수 있음)

0 : 55 – 영적 지도자 훈화(10분)

비밀주머니 헌금은 생략할 수 있음

1 : 05 – 토론 속개(20분)

1 : 25 – 공지 사항(같음)

1 : 30 – 사도신경(같음)

추천할 만한 토론 주제들

대희년 · 성령 · 천사들의 역할 · 성찬 찬례 · 10대 청소년들의 자살 · 성탄 · 쉬는 교우 · 선교 · 악령 · 종교개혁 · 신자 재교육 · 원죄 없이 잉태되신 마리아 · 기도의 가치 · 제2차 바티칸 공의회 문헌 · 순명 · 선교사 · 부활 · 7성사 · 다른 종교 · 굿 · 묵주기도 · 성 바오로의 역할 · 사순절 · 주교 · 십자가와 예수님 · 은총 · 시성식 과정 · 평화의 증진 방안 · 안락사 · 연옥 · 양심 · 사회정의 · 화해·평신도의 역할·순교·성모 승천·여호와의 증인·애국심과 가톨릭·기적·성경·고행의 의미·신은 존재하는가?·미사·교회의 권위 등이 있다.

제39장
레지오 사도직의 주안점

성모님과 함께 가지 않으면 영혼들에게 접근할 수 없다

성모님을 감추는 일이 절대로 있어서는 안 된다. 구원사업에서 성모님의 역할을 경시하는 태도는 마치 그리스도를 빼놓고 그리스도교 신앙을 전파하는 것과 같다. 하느님께서는 성모님을 개입시켜 인류를 구원하고자 하신다. 태초부터 그리고 세상 창조 이전부터 하느님께서는 성모님을 이미 마음속에 두고 계셨다.

예언은 닥쳐올 일에 대한 그림자이며 공간 대신 시간을 꿰뚫어 보는 것이며 먼 광경에 대한 희미한 윤곽이다. 예언은 '동정녀', '동정녀와 아기', '임금님 오른편에 앉은 모후'로 이어지고 있다. 모든 예언은 한 여인이 모든 사람의 영혼을 구원하는 데 필수 요소가 됨을 되풀이해서 확인해 준다. 가톨릭 교회가 성모님의 은총에 넘치는 임무를 한 마디로 요약해서 성모님을 '모든 은총의 중개자'로 부르는 것처럼 성모님은 바로 그런 분이시다. 그리스도의 구원사업에서 분리시킬 수 없는 성모님을 소홀히 모시는 것은 하느님 나라의 이방인이 아닐 수 없다.

천사의 아룀은 성모님의 막중한 지위를 나타낸다. 하느님과 인간 사이의 가장 위대한 평화회담인 '천사의 아룀(Annunciation)'을 묵상하면 하느님의 끝없는 풍성한 은총에 감사드리지 않을 수 없다.

하느님의 편에서 대천사 한 분이 대표로 나섰고, 인간 쪽에서도 레지오가 영광스럽게 받드는 한 여인이 대표로 나서서 모든 인류의 운명을 걸머지고 회담하였다. "주님의 뜻대로 내게 이루어지소서." 하고 응답을 했다.

이 말씀이 하느님을 이땅 위에 모셔왔으며 인류의 위대한 '평화조약'을 발효시켰다. 성부께서는 구원사업이 성모님에게 매이도록 하셨다. "내게 이루어지소서." 하신 성모님의 하느님께 대한 응답이야말로 참으로 감사해야 할 새 세상을 펼치는 희망의 결단이다.

이 말씀은 모든 시대의 전환점을 이루고 정의의 세상이 떠오름을 선언하는 새벽빛이다. 하느님의 나라를 지상에 모셔오고 인간을 하느님께로 들어올리는 기능을 발휘한 것이다.

성모님 없이는 참 그리스도교가 없다. 이 세상에 그리스도교를 있게 하신 성모님은 그리스도교 신자의 공경 대상이 되지 않을 수 없다. 모든 사람이 이 은혜에 보답하기 위해 동정녀를 공경해야 한다. 또한 성자는 언제나 당신의 어머니와 함께 계신다. 성모님 없이는 은총의 나라를 세우지 않겠다는 것이 하느님의 뜻이었다. 목동들이 '모든 백성에게 약속된 분'을 찰견했을 때도 성모님이 함께 계셨다. 주님께서는 성모님의 동의 없이 공적 생활로 들어가지 않으셨다는 사실도 교부들이 알려 준다. 예수님이 모든 표적과 기적과 위대한 행위를 시작하신 것도 성모님의 요청으로 말미암은 것이다.

레지오의 목적은 성모님을 거울처럼 비추는 것이다.

"성모님은 하느님의 어머니이시기 때문에 성삼위를 제외하고는 하늘과 땅에서 가장 거대하고 가장 효율적이고 가장 보편적인 초자연적 힘이다."(「하느님의 어머니」, 보니어)

값진 영혼들을 끝없는 인내와 친절로 돌보아야 한다

단원은 훌륭한 인품과 믿음을 갖추어야 한다. 성모님의 자녀에 대한 사랑과 마음을 본받아서 자신을 온통 녹여야 한다. 그리하여 활동하는 우리의 태도는 따뜻한 마음가짐과 한결같이 상냥한 태도를 갖춰야 한다. 거친 말투로 상대방을 공격하면 나중에 후회하게 되며 남을 비방하면 자신도 비방받는다. 찬 기온에서는 꽃이 피지 못하는 것과 같이 사랑이 없고 비인간적인 마음으로는 남을 사랑하고 대화할 수 없다.

단원은 항상 주위의 형제들에게 따뜻한 분위기를 조성해야 한다. 항상 협조하고 친교를 맺으려는 인성을 가지고 마음에 있는 인사와 대화를 나누어야 한다. 상대에게 진실을 보여 줄 때 그들도 마음의 문을 열게 된다. 레지오의 특성은 자비이다. 성모님은 레지오의 최초 쁘레시디움을 '자비의 모후'라 불렀다. 사랑이 넘치는 레지오의 창설과 호칭을 성모님이 주관하셨으니 어찌 기쁜 일이라 아니할 수 있겠는가?

레지오는 세상에서 가장 버림받고 저주받은 사람, 증오심이 많고 배은망덕한 사람일지라도 포기해서는 안 된다. 그 불쌍한 영혼을 레지오마저 버린다면 누가 구원할 것인가?

하느님께서는 아무리 사악하고 추악한 영혼이라도 진실로 원하신다. 하느님께서 원하시는 영혼들은 하나도 빠짐없이 구원해야 한다. 레지오에서 구원을 포기한다면 이제 영원히 버림을 당하지 않겠는가?

성 바오로 사도는 "죄 많은 영혼은 그리스도를 붙잡아서 아직도 십자가에 못박고 있으며 조롱을 하고 있기 때문에 우리는 그 영혼을 내버려 둘 수가 없다."고 했다.

단원들은 누구나 반성해 보아야 한다.
- 어느 정도의 열성과 사랑을 가지고 가톨릭에서 고개를 돌린 불쌍한 형제들과 대화를 했는가?
- 저 사람만큼은 가망이 없다고 판단한 적은 없는가?
- 몇 년 동안 꾸준히 대화하고 접근했는가?

레지오 단원은 누구보다 용기가 있어야 한다

 용기가 있는 곳에 희망이 있으며 용기 있는 사람은 역사를 창조하는 데 앞장 선 사람이다. 하느님은 용기 있는 사람을 결코 버리지 않으시며 용기는 역경에 있어서의 빛이라 했다.

 레지오는 도덕적 용기를 요구한다. 또한 용기 있는 활동을 적극 권장하고 용기를 지닌 군대가 되어야 한다고 강조한다. 사도들이 예수님의 이름으로 말미암아 모욕당하게 된 것을 특권으로 생각하고 기뻐한 것과는 달리 "사람들이 어떻게 생각할까? 사람들이 무엇이라고 말할까?" 하고 기죽은 모습을 해서는 안 된다. 체면이라는 소심한 태도에서 벗어나야 한다.

 용기 있는 사람은 자기 자신의 일을 최후에 생각하는 법이다. 용기 있는 단원은 레지오 사업을 먼저 추진하고 활동의 의무를 다한 다음 자기 자신의 일을 생각할 것이다.

 용기 없는 군대라면 무용지물의 군대이다. 백전 백패의 군대란 용기가 없고 전술이 부족한 나약한 군대란 것을 역사가 증거하고 있다.

최선을 다하고 있는가

 레지오의 사업에서 가장 중요한 기본 원칙은 '최선을 다해야 한다.'는 것이다. 무슨 일이나 기도하면서 성실히 활동해야 한다.

그래서 무슨 활동이나 '불가능'은 있을 수 없다.

인간들은 강하면서도 나약한 면이 있다. 어려운 일을 대하면 미리 포기하거나 불가능하지 않을까 조바심하며 걱정을 하는 경우가 많다.

하느님께서는 불가능한 일이 없으시다. 단원의 굳건한 정신을 함양시키고 불굴의 정신과 가능하다는 희망의 정신을 길러야 한다. 나는 무슨 일이나 할 수 있다는 가능성을 품어야 하며 그 일을 내가 하겠다는 결단성을 가져야 한다.

성모님의 사업으로 판단되면 우선 행동에 착수해야 한다. 착수하기만 하면 희망이 생기고 성공할 수 있다. 이런 일은 우리 모두가 경험으로 알고 있다. 오늘도 단원들은 '최선을 다하고 있는가'를 자문해 보아야 한다.

적극적으로 활동하자

단원들에게 생명과도 같은 레지오 정신은 오직 노력을 통해서 얻게 되는 은총의 산물이다. 레지오는 생명력이 넘치는 단체이므로 적극적인 활동을 전개하면 모두 성공하고 승리한다.

레지오 단원으로서 성모님에게 감사한 마음가짐으로 풍성하게 내려 주신 은총에 보답하려는 충성심이 강하게 작용해야 한다. 항상 투철한 사명감으로 모든 활동에 헌신해야 한다. 레지오 대열은 단원의 적극적인 활동으로 유지되며 성모님 사업에 적극적으로 뛰어드는 단원들의 충성심으로 더욱 일치되고 단결될 것이다.

활동은 쁘레시디움이 주관한다

단원은 자기 마음대로 활동하는 것을 금지한다. 활동은 쁘레시디움이 배당한다.

쁘레시디움에서 활동을 배당받으면 그 배당에 따른 활동을 기도하면서 정성껏 해야 한다.

단원은 쁘레시디움에 대한 존엄심을 가져야 한다. 그리하여 쁘레시디움에 절대 순명해야 하며 철저한 책임감이 넘쳐야 한다.

레지오 활동의 원칙은, 두 사람이 한 조가 되어 쁘레시디움에서 활동배당을 받아 활동하고 그 결과를 보고하는 것이다.

그러나 여기에서 단원의 개인활동을 금하는 것은 아니다.

다만 개인활동을 했을 경우, 활동한 모든 것을 보고할 의무가 없다.

이때 서기도 지시사항 외에는 기록할 필요도 없다.

개인활동을 했는데 그 활동 내용이 레지오와 교회에 보탬이 되었다고 생각하면, 단장에게 그 내용을 알려서 단장이 판단해서 좋다고 생각되면 주회합에서 보고할 수 있다. 어떠한 경우라도 쁘레시디움에서 배당한 활동이 우선이다. 쁘레시디움에서 배당한 활동을 하지 않고 개인활동만 했다면 의무에 태만한 단원이다.

짝을 지어 방문 활동하는 것은 레지오의 규율을 보호한다

방문은 반드시 두 사람씩 짝을 지어 활동해야 한다.
(루카 10,1 · 마태 18,19 · 마르 6,7 · 전도 4,9-12 참조)
두 사람씩 짝을 지어 활동해야 할 이유는 다음과 같다.
1) 레지오 단원을 보호하기 위함이다.
 사실 불안한 사회 속에서 단원은 활동하고 있다. 천사적 활동을 하는 단원들이 악의 세력들에게 어떤 피해도 받아서는 안 된다. 그래서 개인활동을 하면 특히 가정 방문을 할 경우 조심해야 한다. 단원 스스로 안전장치를 게을리 해서는 안 된다. 그래서 짝을 지어 활동하는 것이다. 아직까지 우리나라에서 짝을 지어 활동하는 단원들이 피해를 입은 적은 없다.
 2) 짝을 지어 활동하면 위력이 발생한다. 서로 큰 힘이 나온다. 동료와 함께 성모님을 모시고 기도하면서 활동하면 얼마나 위로가 되고 힘이 솟겠는가? 체면이나 두려움이 생길 수 없다.
 3) 활동과 관련된 규율을 지키게 해준다. 두 사람이 함께 협력하여 활동하는 아름다운 습성을 기르게 해준다. 혼자 하는 활동은 불규칙적이며 대수롭지 않게 생각하고 넘어갈 수도 있지만 함께 하면 상대방을 의식해서라도 실천하게 된다. 다시 말하면 함께 하면 잡다한 장애조건들을 물리쳐 무질서하고 불규칙적인 활동에서 벗어날 수 있다.
 4) 도제제도(徒弟制度)에 따른 좋은 교육의 기회를 주게 된다.

레지오 사도직의 훈련방법은 바로 도제제도이다. 즉 선임단원이 조장이 되어 이 활동은 이렇게 하는 것이며, 저 활동은 저렇게 한다는 것을 직접 모범을 보여 주는 교육방법이다. 가장 훌륭한 이 도제제도 교육방법은 사회에서도 하고 있다. 학교에서 교생 실습, 병원에서 수련의, 훈련소에서 조교 등 시범을 보여 주면서 가르치는 방법이다.

레지오 활동의 본질은 친밀한 관계를 이루는 것이다

 레지오의 활동은 본질적으로 숨은 행동이다. 요란한 소리를 낸다거나 너무 과격한 사회 개혁자에게 이용당해서는 안 된다.
 레지오는 직접적이고 꾸준한 인간적 접촉을 통해서 전체 공동체의 영성적 수준을 끌어 올리고자 힘써야 한다.
 활동은 큰 것만 대충하는 것이 아니다. 꼼꼼하게 해야 하고, 사소한 일에도 정성을 다해서 성실히 해야 한다. 세상의 죄악들을 가톨릭적 온정으로 다스려 죄악들이 자랄 토양을 소멸시켜야 한다.

집집마다 방문하는 것이 바람직하다

 레지오는 지역 주민과 친밀해지기 위해서 또 교회의 인상을 좋게 하고 선교하기 위해 자주 방문해야 한다.

방문할 때는 한 세대도 빼지 않고 모두 방문해야 한다. 주민을 찾아뵙고 사랑과 평화의 인사를 나눈다는 사실은 대단히 훌륭한 일이다. 비가톨릭 신자집을 방문하여 인사하고 위로하는 것이 얼마나 아름다운 일인가? 하느님의 섭리는 이 방문을 통해 그들에게도 은총을 주실 것이다.

친교가 이루어지면 교회에 대해 좋은 인상을 가지게 된다. 그러면 입교하는 데 큰 장애가 없을 것이다. 가정을 방문할 때에는 반드시 교회 홍보물이나 서적, 그리고 적당한 선물을 가지고 다녀야 한다. 빈손으로 방문하면 훈련되지 않은 단원이다. 큰 돈이 필요하지 않다. 대상자가 부담을 느끼지 않는 범위에서 준비하는 것이 좋다.

물질로 도와주는 활동은 금지한다

레지오 활동 중에 물질적 원조는 아무리 적은 것이라도 절대로 베풀어서는 안 된다.

이러한 규정은 도움을 주는 단원의 행위 자체를 경시하는 것은 아니다. 활동 중에 직접 도움을 줄 수 없다는 게 레지오의 규정이다.

날마다 수많은 단원들이 지구의 어디선가 활동하고 있는데 어떤 단원은 물질을 가지고 활동하고, 어떤 단원은 그냥 맨손으로 활동한다면, 결국에는 물질이 없으면 활동이 마비되고 말 것이기 때문이다. 또한 맨손으로 활동하는 단원의 방문은 저지당할 것이다.

돈을 걷는 일

레지오가 모금할 목적으로 방문하는 것을 금한다. 이것은 물질적 원조를 의미하기 때문이다. 모금을 하면 돈은 얻을 수 있을 것이나 영성적인 분위기는 결코 얻을 수 없다. "한푼을 우습게 여기면 한푼 돈에 울게 된다."는 격언은 좋은 본보기가 된다. 그래서 레지오에서는 추렴도 절대 금하고 있다. 다만 레지오 사업에 따른 기금이 필요할 땐 정당한 절차를 거쳐서 2차 비밀 주머니를 돌려서 챙겨야 한다. 기금이 조성되면 그 기금을 레지오적으로 입금시켜야 한다.

친목을 위해서 2차 헌금을 하는 것은 용서할 수 없는 질책의 대상이 된다. 비밀 주머니에 넣는 의연금은 정성을 다해서 봉헌해야 한다.

레지오는 정치에 개입할 수 없다

비오 11세 교황은 "가톨릭 운동은 모든 정당의 위에, 그리고 밖에 존재하며, 어떤 정당의 이념을 발전시키고자 하지 않는다."라고 말씀하셨다. 정치인이 단원생활을 할 수는 있지만 레지오 조직을 동원하거나 이용해서는 안 된다. 즉 특정 정당이나 정치에 참여해서는 안 된다.

하나하나의 영혼을 찾아서 이야기를 나누자

레지오는 모든 영혼을 찾아 접촉하고 대화를 나누어야 한다.
레지오 사도직의 대상은 어떤 특정인이 아니다. 이 땅에 살고 있는 남녀노소 모두가 대상이다. 모든 사람을 한 분, 한 분 개별적으로 접촉하여 입교하도록 활동하는 것이다. 모든 사람이란 신자이건, 비신자이건, 누구나 접촉하여 교회 안으로 들어오도록 권유하는 것이다. 사랑과 평화의 인사로 시작하여 대상자 모두에게 따뜻한 마음의 정을 나누어야 한다. 사랑의 정을 나누며 대화하는 성모님의 분위기를 조성해야 한다.
주위를 살펴보면 너무나 많은 형제들이 대화를 기다리고 있다.

전혀 손을 쓸 수 없을 만큼 나쁜 사람도 없고, 완벽한 사람도 없다

오랜 활동을 통해서 얻는 것은 위의 주제와 같은 내용이다. 즉 도저히 가망이 없구나 하고 포기했는데 얼마 안 되어서 회개하고 착실한 신자가 되는 경우가 있다.
하느님께는 어떤 일이나 안 되는 일이 없다. 오직 단원의 사고력과 나태가 문제이다. 성모님의 군대는 외롭지 않다. 단원은 혼자가 아니다. 가슴에 하느님을 모셨으니 두려워할 일이 있겠는가?

막연한 사도직은 진정한 가치를 지니지 못한다

레지오 활동은 실제 활동이다. 각 쁘레시디움은 실천할 수 있는 것에 한하여 활동배당을 해준다. 확실한 활동을 해야 하고, 활동을 하고 와서 실제적으로 보고해야 한다. 그 활동은 남에게 유익해야 한다.

감화의 비결은 사랑이다

하느님은 사랑이시다. 사랑은 영원한 미덕이다. 사랑은 영원하다. 감화의 비결은 바로 사랑이다. 가정 방문의 활동을 통해 교회를 알리는 좋은 기회로 삼아야 한다. 방문자와 대상자가 친밀한 관계를 맺도록 한다. 모든 단원과 쁘레시디움이 가정을 방문하는 활동에 참여해야 한다.

레지오 단원은 활동 대상자 한 사람 한 사람 안에서 그리스도를 뵙고 봉사한다

"너희가 여기 있는 형제 중에 가장 보잘것 없는 사람 하나에게 해준 것이 바로 나에게 해준 것이다." 이 말씀을 가슴에 새기고 단원은 이웃 안에서 우리 주님을 뵙고 알맞은 봉사를 해야 한다.

언제나 방문을 할 때는 아랫사람이 윗사람을 방문하는 자세로 해야 한다. 종이 주인을 방문하는 자세이어야 한다. 무슨 은덕을 베푸는 듯한 태도를 보이면 안 된다.

겸손한 방문자, 얌전한 방문자, 호의를 가진 방문자는 금방 인상이 좋고 호의적인 우정의 발판을 마련한다.

1) 슬픔 관리 및 유가족 위로

슬픔은 쓰라린 상실의 과정이다. 슬픔은 이혼, 재산의 상실, 직업의 상실, 건강의 상실, 자유의 상실, 그리고 죽음으로부터 온다. 이 가운데서 배우자의 죽음, 자녀의 죽음, 가족의 죽음은 우리 인생에 가장 큰 손실일 것이다.

슬픔은 약함의 증상이 아니다. 슬픔은 피할 수 없고 적응해야만 하는 반응이다. 매우 가치 있는 사람의 상실에 대한 애도인 것이다.

2) 정신 건강이 허약한 형제들과 상면

오랜 세월 동안 사람들은 정신병을 부끄럽고 위험하고 치료 불가능하다고 생각하며 숨겨 왔다. 이러한 자세는 정말 불행의 원인이 된다. 우리는 정신질환을 이해하고 그들이 신체적·정신적으로 쉴 수 있는 공간을 사회 안에서 마련해 주어야 한다.

또한 정신박약은 학습 능력의 지연으로써 정신 질환자와는 다르다. 이러한 형제들을 만날 때 교회 당국이나 사회시설에 주선하는 역할을 담당해야 한다.

3) 건강에 문제가 있는 형제들

현대의학은 질병 치료에 있는 것이 아니라 예방에 있다.

고혈압, 간염, 노인성 치매, 뇌졸중, 간질 등 모든 질환에 대한 상담 안내 등을 알려 주고 교회를 소개하여 신앙의 힘으로 치유되도록 한다.

4) 알콜 중독자와의 대화

알콜은 위력적인 마약과 같다.

규칙적인 과다한 음주는 여러 종류의 건강과 개인적, 사회적인 문제의 원인이 된다. 이러한 형제들을 상담하여 적당한 음주를 권하고 금주회에 가입시켜 치료하면서 교회로 인도한다.

5) 도박 중독자와의 대화

많은 사람들이 도박을 여가선용의 한 방법으로 즐겨왔다. 그러나 자신의 재산과 시간을 도박에 다 바친다면 분명히 문제가 생기게 된다.

도박에 몰두하여 심각한 문제가 되는 경우는 강박적이고 병적인 도박을 의미한다. 이러한 형제들을 교회로 인도하고 치료의 방법을 모색해야 한다.

6) 가정 폭력자들을 상담한다

가정 폭력은 현대사회에서 볼 수 있는 심각한 사회적 문제의 하나이다. 특히 가정 안에서의 성차별, 신체적 학대, 어린이 학대 등은 큰 문제이다. 이러한 형제들에게 접근하여 교회로 인도해서 하느님의 진리로 치유되도록 한다.

7) 영적 상담

물질주의, 개인주의가 팽배하는 현대사회에서는 인간의 영적인 욕구는 무시할 수 없는 것이다.

특히 말기 환자나 암으로 고통받는 사람들을 위해서 자연스럽게 이러한 기회가 제공되면 좋을 것이다. 하느님의 진리로 영원한 생명을 얻도록 올바로 인도해야 한다.

8) 지나친 스트레스

현대인이 가지고 있는 많은 스트레스는 여러 가지로 나눌 수 있다. 즉 시간은 부족한데 할 일이 많거나 특별한 이유 없이 걱정을 한다거나 하면 긴장과 불안의 연속이 되고 만다. 이러한 나쁜 종류의 긴장과 스트레스는 건강을 해칠 뿐 아니라 만병의 원인이 되기도 한다. 그러나 스트레스를 관리하는 방법을 배운다면 질병을 예방하는 데 도움이 될 것이다.

사실 많은 주민들이 여러 증세로 고생하고 있다. 활동은 정상적인 사람들만을 대상으로 하는 것이 아니다. 오히려 비정상적인 증세에 시달리는 사람에게 종교가 필요하고 하느님의 치유가 절실한 것이다.

주위의 사람들을 살펴보면서, 만나서 대화가 필요한 사람과는 대화하고 위로가 필요한 사람에게는 위로하며 하느님을 소개해야 한다.

성모님은 레지오 단원을 통하여 당신의 아드님을
사랑하고 보살피신다

"이젠 그들이 우리를 좋아하게 되었습니다."
이 말은 아주 어려운 활동에서 성공했을 때 하는 말이다.
애정이 오가면 서로 이해하고 동조하게 된다. 애정을 감돌게 하는 가장 좋은 방법은 사랑이다. 먼저 사랑해야 한다.
성모님은 단원들의 마음에 사랑의 불꽃이 희미하게라도 나타나면, 크게 부채질을 해서 활활 타오르는 불길을 만드신다.
성모님은 어디까지나 단원을 통하여 당신의 아드님을 사랑하고 보살피신다.

겸손하고 정중한 레지오 단원에게는 어느 집이나
문이 열린다

가정을 방문할 때 누구나 체험하는 일인데 첫번째 방문이 제일 어렵고 두렵다.
방문할 때의 예의는 엄중하게 지켜야 한다. 예의가 없다면 활동해서는 안 된다.
방문의 목적이 무엇인가?
첫 방문의 목적은 서로 이해하고 영성적인 감화를 줄 수 있는 길을 열기 위한 친교의 씨를 심고자 하는 것임을 명심해야 한다.

대상자에게 "당신의 가정에 하느님의 평화가 가득하시기를 기도 많이 하겠습니다. 친절히 맞이하여 주신 귀하께 감사드립니다. 1주일 후에 다시 찾아뵙고 평화의 인사를 드리겠습니다. 감사합니다."라고 약속과 인사와 경의를 표하면서 공손히 대해야 한다.

겸손하고 정중한 단원은 방문에 성공할 수 있다. 두려워 말고 기도하며 방문하기 바란다.

공공시설을 방문할 때의 몸가짐

공공시설을 방문할 때는 시설 책임자에 대한 방문 예절을 갖추어야 한다. 규정된 시간 내에 방문해야 하며 공공시설의 규칙을 지키고 허용하지 않는 약품이나 물품을 환자에게 전달해서는 안 된다.

레지오 단원은 남을 판단해서는 안 된다

단원은 남을 비판해서는 안 된다. 그리고 자신의 생각과 활동을 남들이 따라야 할 표준으로 삼는다는 것은 그 사명에 비추어 모순이 된다.

자기와 다른 사람들, 자기 의견을 꺼려하거나 반대하는 사람들을 쓸모없는 사람으로 평가해서는 안 된다.

단원은 절대로 판정관의 구실을 해서는 안 된다. 단원은 절대로 비평가의 구실을 해서도 안 된다. 단원들은 성모님이라면 사람들을 어떻게 바라보실지를 늘 염두에 두어야 한다.

레지오의 위대한 개척자 에델 퀸은 남의 결점이 눈에 보였을 때, 반드시 성모님과 의논하는 습관을 가졌다.

악평에 대한 태도

성스러운 단원으로 훌륭한 활동을 하면서도, 가끔 '내가 악평을 받지 않을까?' 하는 두려움에 싸일 때가 있다. 바로 이때, 그 선한 활동이 마비되고 의욕이 없어진다.

단원의 활동이 약간의 비평을 일으킨다 하더라도 방법상의 잘못이 아니라면 염려할 필요가 없다.

사도직 노력을 지배하는 또 하나의 대원리는 다음과 같다.

"사람은 사랑과 친절로 정복되며, 또한 자존심을 상하게 하지 않으면서 강제성을 띠지 않고 조용하고 슬기롭게 모범을 보일 때 정복된다. 그러나 정복하려는 의욕만을 가지고 공격하면 반발만 산다."

결코 낙심할 필요는 없다

영웅적인 활동을 했는데도 결과가 좋지 않으면 낙심하는 경우가 많다. 그러나 단 하나의 죄만이라도 막을 수 있으면 이득이 있는 거라고 생각하면 위안도 되고 또 큰 노력도 하게 될 것이다.

지금 바로 성과가 없더라도 한탄해서는 안 된다. 어디선가 좋은 결실이 맺어지고 있으며 언젠가 완성될 것이기 때문이다.

십자가의 표지는 희망의 징표이다

단원들이 좌절감을 느끼는 경우는 믿고 의지하던 도움이 사라졌을 때와 주위 환경 때문이다.

단원은 하느님의 일에는 언제나 고통의 십자가가 따른다는 것을 명심해야 한다. 하지만 이 십자가는 성공에 지장을 주는 것이 아니라 오히려 성공의 필수조건이다. 노력을 억제하는 무거운 짐이 아니라, 오히려 목적 달성을 향하여 노력을 불타오르게 하는 연료 구실을 한다.

레지오는 레지오다운 활동을 해야 한다. 레지오에 따른 모든 도덕과 예의를 지켜야 한다. 이런 단원은 "십자가의 표지는 희망의 표지다."라고 확신할 수 있다.

성공은 기쁨이며, 실패는 연기된 성공일 따름이다

성공을 바라지 않는 사람은 없다. 성공은 참으로 기쁨을 준다. 그래서 활동은 성공을 갈망한다. 활동은 끝없는 즐거움의 원천이 되어야 한다.

그러나 누구에게나 실패는 있다. 단원은 그 실패를, 더 큰 성공을 약속하는 것이라고 믿어야 한다.

단원은 실패란 용어를 쓰지 않아야 한다.

레지오는 세상을 변화시킬 수 있는 위력을 지니고 있다.

쁘레시디움과 단원들의 결점을 보는 태도

남의 잘못에 대한 관대한 용서와 이해가 필요하다. 누구나 완벽하게 일할 수 없다. 쁘레시디움이나 단원이 결점이 있을 때 인내하면서 지켜보고 참을성을 발휘해야 한다. 실망하고 그 결점을 드러나게 표시하는 것이 아니라 격려와 위로를 하면서 차분히 처리해 나갈 수 있도록 도와준다.

사리사욕을 추구해서는 안 된다

레지오 조직을 물질적 이익을 추구하는 수단으로 사용해서는 안 된다. 또한 간부의 직분을 남용하거나 세속적인 판단으로 악용해서도 안 된다. 레지오는 교회 내의 아름다운 전통과 신심을 가진 전통적인 단체이다. 그러므로 비난받는 일은 절대로 삼가야 한다.

단원들에게 금품을 주어서는 안 된다

레지오의 각 기관은 단원들에게 금품이나 그와 동등한 선물을 주어서는 안 된다. 즉 근속상, 선행상, 개근상 등 세속적인 것을 삼가야 한다. 레지오에서 축복이나 위로를 표시하려고 할 때는 영적 꽃다발이 바람직할 것이다.

레지오 안에 차별이 있어서는 안 된다

레지오 조직은 남녀노소와 계층 또는 재산의 유무를 가리지 않고 온전히 평등한 입장에서 조직되어야 한다. 다양한 생업에 종사한 단원들로 구성된 쁘레시디움이 절대로 '차별'이 없어야 한다.

다리를 놓는 일을 목표로 삼아야 한다

세상을 멀리하고 레지오를 멀리한 사람들을 단원으로 입단시켰다면 대단한 일을 한 것이다. 하느님의 사랑을 접목시키고 거룩한 사랑에 사로잡힐 수 있도록 활동을 전개해야 한다.

레지오 단원은 조만간 아주 어려운 활동을 다루어야 한다

단원생활이 계속되면 어떤 어려운 일도 두려워하지 않고 침착하게 착수하게 된다. 노련해진 단원은 어려운 활동 거리를 맡겨도 충분히 해낸다. 따라서 어떤 일이나 그 일에 착수하려는 자세가 생겨야 공격도 할 수 있게 된다.

위험한 활동을 대하는 태도

단원들은 이웃에 대한 남다른 관심과 사랑과 봉사를 해야 할 의무가 있다. 어떤 이웃이 파멸의 길을 걷고 있는데 그냥 무감각한 상태로 방관해서는 안 된다. 무사안일하게 어떤 일 중에 일부만 골라서 활동하는 경우도 잘못된 처사이다. 이웃 모두를 구원하는 데 정성을 다해야 한다. 이웃의 모든 형제를 악의 세력에서 구출하는 아름다운 단원이 되어야 한다.

레지오는 교회가 벌이는 싸움의 최전방에 서야 한다

이 세상의 모든 일에 참여하여 하느님의 공의에 합당하게 이루어지도록 도와주어야 한다. 큰 어려운 문제가 있더라도 일에 착수해야 한다. 아주 쉬운 일만 골라서 한다면 성모님의 군대라는 이름이 무색하지 않겠는가? 레지오는 교구의 사목 방침에도 적극 참여하여 실천에 앞장 서서 교회 발전에 교회의 군인답게 헌신해야 한다.

레지오 단원은 가톨릭적인 것이면 무엇이나 전파해야 한다

교회가 공인한 '성의 패'(스카풀라), '메달', '배지'를 활용하는 것을 게을리 해서는 안 된다. 보급도 하고 그 신심을 널리 전파하면 은총의 통로가 열린다. 또한 가정에도 십자가와 성상을 모시도록 하고 성수, 묵주를 마련해 놓아야 할 것이다.

가정의 신심을 북돋우는 데 정성을 다해야 한다. 성모 마리아가 개입한 준성사에 관한 내용을 간단히 설명한다. 준성사(準聖事)란 교회가 자기의 대원에 의해, 특히 종교적 효과를 얻기 위해 성사와 함께 일반적으로 사용하는 물건이나 행위(교회법 1144조)라고 규정하고 있다.

준성사는 성사와 같이 예수 그리스도께서 제정한 것은 아니고 교회가 설정한 것이기 때문에, 교황은 새로운 준성사를 설정하거나 기존의 것을 고치고 폐지할 수 있다.

성사는 모든 사람에게 필요한 것이지만 준성사는 반드시 영혼의 구원에 필요한 것은 아니다. 초자연적인 은총을 얻기 위한 수단이며 선물이다. 레지오 단원들은 갈색 스카풀라를 소중히 여겨야 한다. 성모님이 1251년 7월 16일 영국의 가르멜 수도회 시몬 시톡 총장에게 발현하여 특별한 메시지와 함께 가르멜회 수도복으로 주셨기 때문이다.

동정 마리아는 모든 이의 어머니이시므로, 모든 이에게 성모님을 알려야 한다

라틴어로 성모 마리아를 Virgo Predicanda, 즉 '널리 알려야 할 동정녀'라고 칭한다. 역사적으로 부끄러운 시대가 있었다. 16세기 이후 성모님에 대한 공경심이 희박해지고 온 교회는 침체되어 가고 있었다. 성모님은 많은 가톨릭 신자들에게 마저 소홀한 대접을 받았다. 성모님은 주님의 어머니이시다(루카 1,43 참조). 가톨릭 신자들은 온 마음을 다하여 성모님을 공경해야 한다.

"모든 그리스도 신자들은 천주의 모친이시며 인류의 어머니이신 성모님께 간절한 기도를 바쳐야 한다."(「교회헌장」 69항 참조)

예수께서는 십자가 위에서 당신의 어머니에게 "어머니, 이 사람이 어머니의 아들입니다." 하시고 그 제자에게는 "이분이 네 어머니이시다."(요한 19,26-27 참조)라고 하셨다. 예수님의 이 말씀은 그리스도의 제자들의 생활 안에서 차지하는 마리아의 위치를 확인해 주며, 이미 말한 바와 같이 구세주의 파스카 신비 한가운데에서 태어난 영적 모성을 표현해 주는 것이다.

이렇듯 마리아는 교회 안에 그리스도의 어머니로 현존하시며, 동시에 그리스도께서 구원의 신비 안에서 요한 사도로 대표된 인류에게 주신 그 어머니로 현존하시는 것이다. 따라서 성령 안에 이루어진 당신의 새 모성으로 마리아는 교회 안에서 개개인과 모든 이들을 껴안으신다. 이러한 의미에서 교회의 어머니이신 마리아는 교회의 모델이시기도 하다. 사실 교회는 "하느님의 복되신 어머니에게서 그리스도를 완전히 닮을 수 있는 가장 진정한 모습"을 이끌어 낼 수 있어야 한다.

마리아, 당신은 제 어머니이시니
길이요 진리요 생명이신 예수님을
영원히 제게 보여 주소서. 아멘.

제40장
모든 피조물에게 복음을 선포하여라
(마르 16,15)

주님의 마지막 유언

선교는 예수님의 지상 명령이며 유언이다. 선교하는 것은 주님의 명령에 복종하는 단원의 자연스러운 행위이다. 또한 이웃 형제들에게나 민족에게 봉사하는 첫번째가는 성스러운 봉사이다. 교회가 인간에게 주는 가장 큰 선물은 선교이다.

또한 선교는 단원들의 가장 큰 의무이다. 모든 단원은 감사하는 마음으로 선교사업에 최선을 다해야 한다.

레지오의 사령관이신 성모님과 함께 착수해야 한다. 성모님은 모성애의 모범이시다. 이 모성애는 인류의 재생을 위하여 교회의 사도적 사명에 협력하는 모든 사람을 움직이는 위력이기도 하다. 단원들은 언제나 용맹스럽게 생활해야 한다. 선교의식으로 생활해야 한다.

선교하지 않는 단원은 아주 약한 단원이다. 직무를 소홀히 하는 단원은 레지오에 도움이 되지 않는다. 단원은 선교사로서 짝을 지어 매일 한 가정이라도 방문하여 평화의 인사를 나누며 우리 교회를 소개하면서 적극적으로 권면해야 한다. 다른 종교 신자들에게도 개종 권면을 하여 하나인 진리를 전해야 한다.

레지오는 주님의 이 마지막 계명에 온통 사로잡혀 여생을 바쳐야 한다. 지상의 모든 사람을 만나고, 주님의 진리를 가지고 접촉해야 한다. 모든 사람을 안아들이고 차별 없이 접촉하고 대화하여 교회의 좋은 인상을 심어 주어야 한다.

레지오는 영혼 하나하나를 겨냥해야 한다

세상에는 타락한 집단이 숨어 있고 비도덕적인 세력들이 도사리고 있다. 세상의 종말이 오는 것 같은 착각을 할 정도로 비인간적인 사악한 무리들이 꿈틀거리고 있다.

모든 단원은 눈을 크게 뜨고 주위를 살펴야 한다. 할 일은 사방 어디에나 줄지어 있다. 개척 활동을 전개해야 한다.

레지오는 초창기에 윤락녀가 그들의 소굴에서 탈피하도록 돕는 활동을 전개하여 큰 성과를 거두었다. 프랭크 더프의 영웅적인 활동은 레지오가 어떻게 활동해야 하는지를 가르쳐 준 것이다. 지금도 윤락녀가 있다면 당연히 레지오는 활동을 전개해야 한다. 죄악에 대한 단 하나의 치유법은 오로지 교회의 신앙조직을 힘차고 참을성 있게 활용하는 데 있다. 어디서나 선행을 행하여 주위의 관심을 모아야 한다. 그리하여 죄악의 조직을 무너뜨리고 새 삶, 즉 신앙생활을 하도록 인도해야 한다.

쉬는 교우의 가정에 주님의 은총이 감돌 수 있는 활동을 해야 한다. 쉬는 교우는 하루 속히 회두되어야 한다. 영적 장애자의 생활에서 탈피해야 한다. 하느님과 약속은 바른 생명의 약속이다. 그래서 주님께서 부르신다는 사실을 자각하고 돌아와야 한다. 쉬는 교우도 우리의 교우이다. 그래서 가정 방문을 통해서 쉬는 교우들을 발견하면 함께 기도하면서 그 동안의 삶을 솔직하게 대화하면 많은 도움이 될 것이다.

정교 전통을 지닌 자매 교회들과의 특별한 유대 관계

동방 교회 안에 이어져 내려온 모든 전통은 사실상 그리스도께서 세우신 교회의 필수적인 유산이다. 이 유산은 하느님께서 계시하신 것임을 이해해야 한다. 정교회는 진정한 우리의 자매 교회이다. 우리는 일치를 원하시는 그리스도의 가르침에 따라 화해와 일치를 위한 온갖 가능한 방법을 모색해야 한다.

성 바오로 6세 교황의 말씀에 따르면, 예수 그리스도의 가르침을 세상 사람들에게 전하는 일은 '교회가 반드시 해야 할 역할(현대의 복음 선교 14)'로서, 그리스도를 믿는 모든 이들이 서로 화해하고 일치를 이루도록 힘써야 할 교회의 또 다른 중요한 과제와 긴밀하게 연결되어 있다.

"그들이 모두 하나가 되게 해 주십시오. 아버지, 아버지께서 제 안에 계시고 제가 아버지 안에 있듯이, 그들도 우리 안에 있게 해 주십시오. 그리하여 아버지께서 저를 보내셨다는 것을 세상이 믿게 하십시오."(요한 17,21)

제2차 바티칸 공의회(1962-1965)의 가르침에 따라, 모든 그리스도인들의 일치는 오늘날 가톨릭 교회가 시급히 해결해야 할 일 중의 하나가 되었다. 이에 따라 이 공의회는 "그리스도인들의 분열은 그리스도의 뜻에 명백히 어긋나며, 세상에는 걸림돌이 되고, 모든 사람에게 복음을 선포하여야 할 지극히 거룩한 대의를 손상시키고 있다."(「일치운동에 관한 교령 1」)라고 지적한 것이다.

입교자를 찾아 나서자

전교의 성인 프란치스코 사베리오는 "복음은 모든 사람에게 전파되어야만 한다. 이 목적을 위해서 열성을 바치는 사람은 자기 자신을 잊어버리는 사람이 되어야 한다."라고 하였다. "교회가 존재하는 오직 하나의 이유는 하느님의 나라를 온 세상에 확장하여 세상 사람들에게 구원의 은총을 나누어 주려는 것이다."라고 비오 11세 교황이 엄숙하게 선언하였다. 그러므로 선교를 최우선적으로 해야 한다.

레지오는 불가능이 없다. 어떤 변명도 해서는 안 된다. 대상자의 태도에 관계 없이 우리들의 활동은 계속되어야 한다. 인간은 누구나 마음의 평안을 얻고자 한다. 마음의 평안을 얻으려면 참다운 믿음이 반드시 필요하다. 그러므로 그들과 접촉하고 대화할 때 교회 안에 믿음이 있음을 이해시켜야 한다. 끝까지 간절히 설득시켜야 한다.

가장 효과적인 선교방법은 무엇인가? 그것은 개인적인 접촉이다. 치밀한 개별적 접촉으로 성공할 수 있다. 내 안에 성모님의 사랑이 넘쳐나게 하면서 불타는 열성으로 상대의 무딘 가슴을 울려야 한다.

개종의 대상자를 접촉할 때는 더욱 모든 면에 관심을 가져야 한다. 교리에 대하여 논쟁을 벌여서도 안 되고 교만한 태도를 가져서도 안 된다. 바른 예절로 겸손과 애정, 그리고 성실성을 다해야 한다.

월리암스 대주교는 "믿음은 한 사람에게서 딴 사람에게로 불붙어 가는 불길이다. 믿음은 사랑으로만 전파될 뿐이다. 무관심이나 적대감을 가진 사람은 남에게 믿음을 권장하지 못한다."고 했다.

개종시키려면 성체를 설명하라

단원들은 논쟁을 삼가야 한다. 심한 논쟁을 하노라면 본의 아니게 상대방의 마음에 상처를 주게 된다. 상대방의 마음을 정복하기 위해 열심히 논쟁하다 보면 서로 불편한 관계가 되는 경우도 있다. 그러므로 논쟁을 통해 상대방을 교회로 이끌기는 어렵다. 모든 토론의 주제는 교회 안에 간직한 보화를 엿볼 수 있게 해야 한다. 즉 성체 교리를 설명해야 한다. 성체의 신비가 존재함을 알려 주고 이 성체로써 예수님의 신성과 인간성이 우리들의 삶 속에 자리하게 됨을 이해시켜야 한다.

단원이 매일 미사에 참례하는 것은 성체를 모셔서 영원한 생명으로 살아가기 위함이다.

성체성사를 통해 우리에게 오시는 예수님께 감사드려야 한다. 성체조배로 성체에 대한 신심을 키워야 한다. 성체의 신비를 깨달아야 한다. 이 신비를 알아듣도록 단원들은 꾸준히 주님의 은총을 청해야 한다.

믿음이 식은 사람들

단원들의 정성으로 입교자가 증가하고 있는 반면에 쉬는 신자가 대단히 증가하고 있음은 유감스러운 일이다.

쉬는 신자가 많은 지역일지라도 사제가 직접 방문하지 못한다. 신자수에 비하여 사제와 수도자 수가 부족한데다 여러 가지 성무가 겹쳐 있기 때문이다.

단원은 쉬는 신자를 회두하도록 권면 활동을 적극적으로 전개해야 한다. 경험에 따르면 쉬는 신자의 방문은 1주일에 1회 정도 하면 좋은 효과를 얻을 수 있다.

쉬는 신자를 방문하여 대화를 나누면서 고해성사를 권유하고 미사에 참례하도록 해야 한다. 쉬는 신자를 발견하려면 본당 사무실에서 교적을 보거나 가정을 방문하면 된다.

가정을 방문할 때에는 성모님을 대신하여 사랑의 마음으로 온화하고 친절하게 대해야 한다. 쉬는 신자의 태도는 여러 형태가 있으나 자주 만나서 교회 소식을 전해 주면 좋아한다.

어느 지역에서나 레지오의 정성어린 활동으로 쉬는 신자의 회두가 많아지고 있음을 경험으로 알 수 있다. 어떠한 이유로든 멀어져 간 형제들을 구출하는 활동에 레지오는 과감하게 뛰어들어야 한다.

선교사의 도구로서의 레지오

어느 지역이나 전교의 첫 사업을 하려면 사제와 수도자의 지도 아래 쁘레시디움을 설립하고 많은 단원을 모집해야 한다. 단원의 대상으로는 우수한 신자도 좋고 그렇지 않은 신자도 좋다. 레지오 사도직에 대단한 관심을 가진 모든 신자를 성모님의 군대에 입단시켜서 피정과 교육을 통하여 강한 군대로 양성해야 한다.

레지오는 선교사이다. 선교사가 하는 일을 레지오는 열심히 하고 있다. 레지오는 성모님의 도우심으로 모든 사람에게 큰 영향력을 주며 아주 소박한 단원에게도 사도적 열의와 활력을 계발시키고 이끌어 준다.

모든 신자를 레지오화한다면 이 얼마나 축복받을 경사인가? 이렇게 하기 위해서는 많은 간부를 양성해서 레지오를 이끌어 갈 수 있도록 해야 한다.

초창기 선교의 역사를 보면 보통 사람들의 활동으로 이루어졌음을 알 수 있다. 단원들은 보통 사람이다. 보통 사람의 수준만 되면 모든 문제는 해결된다. 또한 지식도 보통 정도면 된다. 가장 중요한 것은 주님의 진리를 전하려는 최선의 노력이다.

그리스도를 위한 외지 순방 활동(P.P.C.)

모든 영혼과 접촉하려는 큰 뜻을 가진 단원은 우선 가까이 있는 사람들을 접촉해야 한다. 여기에만 그칠 것이 아니라 높은 이상을 가지고 한 단계 넓은 세계를 향한 순방을 시도해야 한다. 이것이 바로 "그리스도를 위한 외지 순방 활동(Peregrinatio Pro Christo)"이라고 하는 레지오의 운동이다.

이 명칭은 몽타랑베르가 쓴 불후의 고전 작품, '서방의 수도자들'이라는 선교적 서사시에서 유래한 것이다. 무적의 군중은 고향과 친척과 부모의 집을 떠나 6~7세기에 유럽 대륙을 횡단하여 로마 제국의 멸망과 함께 쇠퇴하였던 신앙을 재건하였다. 이와 같은 이상을 가지고 단원들을 외지 순방 운동에 파견한다.

1년에 1~2주 정도 외국의 종교적 환경을 고려하지 않고 파견되어 그 지역의 단원들과 함께 활동을 전개한다.

10년 전에 꼰칠리움 간부 일행이 광주에서 활동을 했었다. 그때 그분들은 거리 활동을 주로 했는데, 미화부 아저씨에게 입교할 것을 권면하고 행인들에게 성모님의 패를 전달하면서 입교할 것을 권면했다. 외국 사람이어서 그런지 시민들의 관심이 대단했다.

우리나라의 두 개 세나뚜스에서도 몇 차례 미주 지역과 일본 등지에 다녀왔다. 예수 그리스도가 세상의 구원자라는 것을 드러내는 일, 곧 가장 어려운 선교적 사명을 완수하기 위한 운동이다. 가능하면 다른 나라가 적당하다. 비용은 자비 부담이 원칙이다.

마리아 정신의 외방 선교활동(I.M.)

참으로 열성 있는 단원은 한두 주일의 봉사에 만족하지 않고, 실질적인 효과를 낼 기간 동안의 봉사를 외지에서 하고 싶어한다. 이 운동을 '잉꼴래 마리아'(Incolae Mariae)라고 한다. 이 말은 마리아의 희생정신으로 먼 지역에서 임시 머무른다는 뜻을 지니고 있다. 기간은 6개월에서 1년, 또는 그 이상의 기간 동안 할 수 있으며, 이 활동의 임무는 꼰칠리움, 세나뚜스, 또는 레지아가 담당할 수 있다. 그리고 현지 당국자와 합의가 있어야 한다.

마리아의 주민이라는 이 특수한 활동을 하려면 먼저 국내의 최상급 평의회인 세나뚜스에 서류로 신청서를 제출한다. 유의사항은 본인의 인적 사항을 자세히 소개해야 하고, 활동지역을 파악한 내용을 제출해야 한다. 언어의 벽을 허물 수 있어야 한다. 그리고 파견된 기간 동안의 생활비는 상급 평의회에서 다소의 지원은 할 수 있으나 본인이 마련해야 한다.

체류 기간 1주일 중 2~3일간은 생활비를 마련하기 위해 일터에서 노동하고, 나머지는 레지오 사도직을 수행해야 한다.

꼰칠리움에서는 오랜 기간 동안 헌신적으로 이 활동에 임하였고, 계속해서 활동하고자 다짐하고 희망하는 단원에게 꼰칠리움 특사의 지위를 주어서 더욱 사명감을 가지고 활동하도록 하는 제도도 있다. 우리나라에서는 아직 시도하지 못하고 있다. 아일랜드와 그 외 몇 나라에서, 매년 외국에 파견하여 외지 체류활동을 하고 있다. 현재 필리핀에 체류하면서 동남아시아 레지오 지도에 수고한 맥그래스 지도신부는 마리아님 정신의 외지 체류 운동을 적극 권장하고 있다.

우리나라 레지오에서도 앞으로 이 운동에 적극 참여해야 한다. 그러기 위해서는 어학 공부를 하여 두는 것도 좋겠다.

주일 선교활동(E.D.)

주일 선교활동(Exploratio Diminicalis)이란 '작은 순방 활동'이라 부를 수도 있는데 주일을 이용해 영혼들을 찾아나서는 활동이다.

쁘레시디움이 중심이 되어 쁘레시디움 단위로 단원 모두가 자신의 주거지를 떠나서 가톨릭 교세 취약 지역을 찾아가 레지오 활동을 전개하는 것을 말한다.

가능하면 모든 쁘레시디움이 적어도 일 년에 한 번 이상 주일 선교활동을 하여 그리스도의 빛을 전해야 한다. 지역 선택은 물론 자유스럽게 한다. 사전 답사도 해야 할 것이다. 교회를 소개하는 유인물을 준비하면 더욱 좋은 결과를 얻을 수 있을 것이다.

또한 레지오의 활성화를 위해 어느 공소를 찾아가는 것도 좋고 가톨릭을 전혀 모르는 산간 벽지에 가는 것도 좋다.

주일 선교활동을 다녀오면 그 쁘레시디움은 생동감이 넘치게 된다. 단원간에 친교는 물론이고 성모님과 일치했던 기쁨이 솟아나고 살아 있는 활동을 함께 한 경험이 있기 때문이다.

세나뚜스에서는 1987년도부터 전국의 각급 평의회에 주일 선교활동을 적극 권장하고 있지만 아직까지 활성화가 되지 못하고 있다.

제41장
그 가운데에서 으뜸은 사랑입니다
(1코린 13,13)

레지오는 강렬한 사랑을 특징으로 삼아야 한다. 사랑으로 충만한 성모님을 모시고 닮으려는 데 그 의의가 있기 때문이다. 세상에 사랑을 가져다 주려는 레지오가 먼저 하느님의 사랑에 젖어 있어야 하지 않겠는가?

단원의 사랑이란 어떤 것인가? 인간으로 태어난 모든 형제에게 '사랑' 그 자체를 순수하게 전하고 나누어야 한다. 이러한 사랑을 나누려면 먼저 단원이 사회의 모든 계층과 각 분야에 분포되어 그들 속에서 누룩의 역할을 해야 한다.

어떤 계층이나 단체를 막론하고 예수 그리스도께 인도하기 위해서는 그들과 동일한 계층에 속하는 사람들 가운데서 교회의 병력을 모집하여 훈련시킨 다음 그들로 하여금 동일한 계층의 형제들을 인도하도록 하는 방법이 좋다. 훈련된 병력이란 바로 레지오 단원을 의미하는 것이다.

성 바오로 사도께서 "누가 만일 산을 옮길 만한 완전한 믿음을 가졌다 하더라도 사랑이 없다면 무엇하리오. 또 내 재산을 다 나누어 주고 그 몸을 불 사른다 할지라도 사랑이 없으면 무엇하리오."(1코린 13,2 참조) 하셨다.

"내가 너희에게 새 계명을 준다. 서로 사랑하여라. 내가 너희를 사랑한 것처럼 너희도 서로 사랑하여라. 너희가 서로 사랑하면, 모든 사람이 그것을 보고 너희가 내 제자라는 것을 알게 될 것이다."(요한 13,34-35)

레지오 대열에 가입할 때

레지오 단원은 몸과 마음으로 하느님을 사랑해야 하며 천주의 모친이신 성모님을 사랑해야 한다. 레지오 대열에 선 모든 성모님 군대의 전우들은 서로 사랑하고 사랑을 실천해야 한다.

전우간에는 어떤 가식도 미화도 있을 수 없다. 오직 순수한 사랑 그 자체만이 존재해야 한다. 전우간에는 마음 안에 제2의 휴전선은 물론 어떤 장벽도 없어야 한다.

모든 전우는 성모님의 한형제요, 한가족이다. 그러므로 전우간에는 어떤 형태의 차별도 있어서는 안 된다. 어떤 갈등과 부담이 있어서도 안 되며 마음의 문을 열고 그 문제를 떼어 버려야 한다. 항상 열려 있는 마음으로 사랑을 모두 나누어 주고 나 자신은 은총을 수용하는 아름다운 천사 같은 마음이어야 한다.

레지오 대열 안에서

성모님의 군대에서 사랑은 실탄이요 군량미이다. 용감하고 훌륭한 전우란 사랑이 넘치는 단원이다. 강렬한 사랑은 마침내 이웃을 점령하고 온 땅을 정복하게 될 것이다.

성모님의 군대는 사랑의 군대이다. 항상 사랑의 무기인 묵주를 몸에 지니며 어느 때나 기도해야 한다. 사랑으로 숨쉬고 사랑으로 대화해야 한다. 어찌하여 "가톨릭 신자는 무심하고 사랑이 없다."는 말을 듣는가? 우리에게 사랑이 없다고 한다면 모두 죽었다는 말과 같다. 이제 마음에만 사랑을 품고 있어서는 안 된다. 모든 사람에게 하느님께서 가르쳐 주신 사랑을 가르쳐 주고 나누어야 한다.

활동은 입으로 해서는 안 된다. 몸으로 하고 손과 발로 하며, 땀 흘리며 정성껏 해야 한다. 농번기에 농촌의 들에 가서 모를 심어 주는 봉사도 일 년에 한 번 정도 한다면 얼마나 좋은 모습이겠는가? 단 하루만이라도 어려운 일의 현장에 가서 고생하는 형제들의 벗이 되어 준다면 얼마나 아름다운 활동이겠는가?

구치소의 대기실에서 걱정과 불안에 젖어 있는 가족들의 손을 잡고 하느님의 사랑을 나누며 위로하는 활동을 레지오에서 하지 않는다면 누가 하겠는가?

열차역이나 버스 터미널, 그리고 복잡한 거리에서 레지오 깃발을 들고 웃는 한 쌍의 안내원이 언제 나타날 것인가? 레지오는 선교를 위해서 탄생한 단체이다. 이웃을 위로하고 격려하는 활동도 해야 한다. 가장 많이 해야 한다. 불쌍한 한 영혼을 살리는 활동을 우선적으로 해야 한다.

단원 모두는 일치된 모습으로 사랑을 실천해야 한다. 성인들은 "일치야말로 우리 구원의 복된 은혜"라고 열렬히 강조하면서 일치란 바로 평화의 유대, 하나된 정신, 한 덩어리 된 사랑이라고 강조한다. 일치된 모습으로 성모님에게 순명해야 한다. 일치된 모습으로 하느님께 충성을 다 바쳐야 한다.

다른 단체와의 관계

오늘날 가장 긴요한 요소 가운데 하나는 일치와 협력하는 활동이다. 가톨릭의 모든 단체는 일치된 모습으로 단결해야 한다. 단체의 회원끼리 일치해야 하고 다른 단체들과도 일치하는 데 노력해야 한다. 모든 단체가 일치하지 않으면 외부세력과 싸워 이길 수 없다.

교회 사목자에 대한 예우

레지오는 교회와 사목자들에 대하여 충성과 사랑과 순종을 온전히 바쳐야 한다. 단원은 사제의 수족이요 동반자이다. 또한 사제의 그림자요 전령이다.

성 프란치스코는 천사와 사제가 함께 가면 먼저 사제에게 인사하겠다고 말하였다. 사제는 제2의 그리스도이다. 복음을 전파하고 가르치며 거룩한 제사를 드리며 하느님의 백성을 사목하고 성화시키고 죄를 용서해 주는 성직을 수행한다.

성모님이 가장 사랑하시는 아들이신 사제에게 단원들은 존경과 정성을 다해야 한다. 레지오는 모든 영혼이 사제와 연결되도록 적극적인 활동을 해야 한다. 단원들은 착한 목자이신 예수 그리스도의 대리인이다.

조건 없이 불타는 충성심으로 사제의 사목을 협조하고 그분의 뜻을 전하는 착하고 아름다운 단원이 되어야 한다.

개정판-교본해설
레지오 마리애 길잡이

지은이 : 김영대
펴낸이 : 서영주
펴낸곳 : 성바오로
주소 : 서울특별시 강북구 오현로7길 20(미아동)
등록 : 7-93호 1992. 10. 6
교회인가 : 2000. 8. 27
초판 발행일 : 2000. 9. 30
2판 1쇄 : 2001. 8. 17
3판 1쇄 : 2025. 2. 21
SSP 612

취급처 : 성바오로보급소
전화 : 944--8300, 986--1361
팩스 : 986--1365
통신판매 : 945--2972
E-mail : bookclub@paolo.net
인터넷 서점 : www.paolo.kr

값 16,000원
ISBN 978-89-8015-408-1